国家社科基金项目

Chengxiang Yitihua Tizhi
Duice Yanjiu

城乡一体化
体制对策研究

徐同文　著

人民出版社

目　录

第二篇　体制对策专题研究

第三篇　调查研究

导　言

　　破解城乡"二元经济"结构、实现城乡经济社会一体化的发展目标,是党的十七届三中全会所确定的党在今后一段时间内的工作重点。

　　20世纪90年代中后期,随着市场化改革快速推进和宏观经济环境迅速变化,我国农民收入增长速度放缓,城乡收入差距持续扩大,成为制约国民经济持续、快速、健康发展和全面建设小康社会的一个重要障碍,农业低效率、农村面貌落后和农民增收困难的局面引起了社会各界的高度重视。党的十六大提出了统筹城乡发展战略,党的十六届三中全会提出科学发展观,党的十六届五中全会提出了建设社会主义新农村的重大历史任务。党中央、国务院相继提出统筹城乡发展、推进社会主义新农村建设等重大战略任务,旨在把城市和农村、工业和农业作为一个有机整体,逐步形成城乡资源共享、市场互动、产业互补、共同发展的新格局。党的十七大进一步强调指出,统筹城乡发展,推进社会主义新农村建设,必须建立以工促农、以城带乡的长效机制,形成城乡经济社会发展一体化新格局。党的十七届三中全会指出,我国总体上已进入以工促农、以城带乡的发展阶段,进入加快改造传统农业、走中国特色农业现代化道路的关键时刻,进入着力破除城乡二元结构、形成城乡经济社会发展一体化新格局的重要时期。要建立促进城乡经济社会发展一体化制度,尽快在城乡规划、产业布局、基础设施建设、公共服务一体化等方面取得突破,促进公共资源在城乡之间均衡配置、生产要素在城乡之间自由流动,推动城乡经济社会的发展融合。党的十七届四中全会指出,构建城乡统筹的基层党建新格局,统筹城乡基层党建工作,促进以城带乡、资源共享、优势互补、协调发展。2010年中央一号文件提出:加大统筹城乡发展力度,进一步夯实农业农村发展基础,要"深入贯彻落实科学发展观,把统筹城乡发展作为全面建设小康社会的根本要求,把改善农村民生作为调整国民收入分配格局的重要内容,把扩大农村需求作为拉动内需的关键举措,把发展现代农业作为转变经济发展方式的重大任务,把建设社会主义新农村和推进城镇化作为保持经济平稳较快发展的持久动力"。2010年2月3日,胡锦涛总书记在省部级主要领导干部深入贯彻落实科学发展观、加快经济发展方式转变专题研讨班的讲话中指出,要"加快推进经济社会协调发展,针对社会发展和民生领域的突出问题,大力推进以改善民生为重点的社会建设,加快提高教育现代化水平,加快实施扩大就业的发展战略,加快社会保障体系建设,加快发展面向民生的公益性社会服务,更好推进经济社会协调发展"。

　　2010年召开的中央经济工作会议,在分析我国农村经济发展的客观环境后进一步指出:面对复杂多变的发展环境,促进农业生产上新台阶的制约越来越多,保持农民收入较快增长的难度越来越大,转变农业发展方式的要求越来越高,破除城乡二元结构的任务越来越重。全党务必居安思危,切实防止忽视和放松"三农"工作的倾向,努力确保粮食生产不滑坡、农民收入不徘徊、农村发展好势头不逆转。必须不断深化把解决好"三农"问题作为全党工作重中之重的基本认识,稳定和完善党在农村的基本政策,突出强化农业、农村的基础设施,建立健全农业社会化服务的基层体系,大力加强农村以党组织为核心的基层组织,夯实农业、农村发展基础,协调推进工业化、城镇化和农业现代化,努力形成城乡经济社会发展一体化格局。

我国"三农"问题的凸显以及城乡关系失衡,有着深刻的历史根源和经济根源。新中国成立后,为推行以"赶超"为特征的重工业优先发展战略,确保农业剩余向工业和城市转移,我国制定了一系列城乡分割的二元体制,包括以价格"剪刀差"为核心的农产品统购统销制度、农业税收制度、人民公社制度、户籍制度、就业制度、粮油供应制度、住房制度、社会保障制度,等等。在此基础上,我国很快形成了典型的城乡二元经济社会结构。直到20世纪70年代末,农村家庭联产承包责任制实施之后,我国粮棉油等重要农产品供求关系有了缓和,一些城乡分隔的不合理制度,诸如人民公社、粮油供应、农产品统购统销等制度才逐步被废除;20世纪80年代中期,对农村居民的就业限制也开始松动,农村人口可以离开农村,从事非农产业;此后户籍制度逐渐放开,20世纪90年代以来,一些地方已取消农业户口和非农业户口之分。但是,从总体上看,20世纪80年代中期以后,由于我国改革和发展的重心向城市转移,国家实际上仍然维持了很多城市偏向的制度安排,例如,在城乡交换关系上继续存在的价格"剪刀差"、城市偏向的财政分配体制和土地征用制度、向工业和城市倾斜的金融政策,等等。尽管近年来国家相继采取了一系列向农村倾斜的政策,比如减免以至最终免除了农业税,建立了农村最低生活保障制度、最低生活保障制度、农村合作医疗制度等。但相对农民的实际需要而言,无论在农民增收稳定机制方面,还是在农村劳动力转移、社会保障、收入分配、教育卫生以及其他社会公共服务方面，城乡之间的差别仍然非常明显。因此，加速城乡一体化的体制变革和体制创新，构建城乡均等并适度向农村倾斜的新体制，将是加快推进城乡一体化的基本途径和首要突破口。

对城乡关系的研究一直是学术界关注的热点问题。从 16 世纪早期的空想社会主义者托马斯·莫尔①开始，许多空想社会主义者都注意到解决城乡对立、脑力劳动和体力劳动对立的问题。19 世纪早期，欧文、傅立叶已经提出了城乡一体化概念，主张把城市和乡村结合起来，把工业和农业结合起来，把脑力劳动和体力劳动结合起来。马克思、恩格斯在创立历史唯物主义的过程中，曾将城市与乡村分离和对立基础上形成的城乡关系作为一个基本的理论范畴，对不同历史时期的城乡关系进行了深刻分析，把消灭城乡对立和差别作为他们设想的社会主义社会的重要内容之一。根据马克思、恩格斯的论述，消灭城乡对立和城乡差别的客观条件主要有两个方面：一是生产力的高度发展，特别是大工业的发展。只有通过工业的发展，改变农业的传统技术基础，实现农业工业化、乡村城市化，才能促使城乡分离和对立的消除。二是消灭资本主义私有制，建立社会主义制度。只有在社会主义制度下，才能改变城乡间剥削与被剥削、统治与被统治的关系，合理地配置资源、人口，加强城乡间的有机联系，实现城乡间的均衡发展，并通过创造巨大的生产力最终消灭城乡差别。②

20 世纪 50—60 年代，亚非拉殖民地国家相继独立，深刻的城

---

① 参见托马斯·摩尔著，戴镏龄译：《乌托邦》(1516 年)，商务印书馆 1982 年版。

② 参见《马克思恩格斯全集》第 23 卷，人民出版社 1972 年版，第 390 页。

乡二元结构背景之下的发展问题促进了发展经济学的繁荣。经济学家以发展中国家的城乡二元经济社会结构为背景,围绕农村剩余劳动转移问题提出了从城乡二元到城乡一元的基本思路,如刘易斯(W. A. Lewis, 1954)、拉尼斯(Ranis, Gustav, 1961)费景汉(Fei, J. H. 1961)、托达罗(Todro M P. 1977)等,认为城乡二元结构消失的过程也就是农村剩余劳动力转移的过程。但囿于结构主义思路的制约,其提出的政策建议(唯工业化、唯计划化)不但没有改善发展中国家的城乡二元结构,甚至在某种程度上加剧了城乡分割。70 年代后,随着新古典主义的兴起,以舒尔茨为代表的新制度经济学家意识到制度安排对于农业经济绩效的重要性,并强调通过教育和培训提升农村劳动力的人力资本水平。

改革开放以来,我国学者对城乡关系的研究也一直十分重视,90 年代主要对城乡关系的演变过程、城乡分割体制的形成、困境和后果等进行了大量研究,代表性论著有《失衡的中国》(郭书田、刘纯彬,1990)、《城乡一体化发展决策理论与实践》(张福信,1990)、《城市与乡村——中国城乡矛盾与协调发展研究》(中国科学院国情分析研究小组,1994)、《中国城乡经济及社会协调发展研究》(周叔莲、郭克莎等,1996)、《工业化中期阶段的工农关系研究》(王建,1996),等等。近年来,伴随统筹城乡发展和社会主义新农村建设任务的提出,关于统筹城乡发展的文献大量涌现,如《关于统筹城乡发展和区域发展》(王梦奎,2004)、《从体制入手改善城乡二元结构》(郑新立,2006);国家社科基金相关结项课题有《城乡经济社会一体化发展研究》(陈锡文,2005)、《地市城乡经济协调发展研究》(徐同文,2007)等。

综观现有文献,对于破除城乡分割的旧体制已形成共识,但如何建立城乡经济社会一体化的新体制仍需深入研究。我们认为,传统城乡分割体制是一个系统的整体,很多体制或政策之间相互附着,必须在一个系统的框架内探索各类体制的协调搭配;同时,在尊重实践的基础上,探索促进城乡互动协调发展的发展模式和具体实现机制。

第 一 篇
基础理论与实践经验

第一章　城乡一体化的基本理论与研究综述

一、国外城乡一体化基本理论

自从有了城市,就出现了城乡对立。特别是工业革命以来,城市逐渐成为人类文明和先进的象征,而农村的发展则陷于愚昧、落后的困境。面对这一社会现象,历史上许多思想家、政治家开始研究理想社会,并提出了城乡一体化发展的诸多观点和方案,试图构建一个没有城乡差别、和谐发展的世界,这折射出他们消除城乡差别、实现人类社会协调发展的强烈愿望,其中有许多杰出的理论和学说。

(一)空想社会主义者的乌托邦思想

19世纪,以傅立叶、欧文为代表的空想社会主义者提出了城市与乡村协调发展的新模式,希望通过构建他们理想的社会组织结构来改变当时面临的诸多社会经济问题。英国是资本主义产业革命的发祥地,早在1850年就成为世界上第一个城市人口超过乡村人口的国家,其城市经济的繁荣发展与乡村的贫穷衰败形成了鲜明的对比。资本主义的工业化和城市化导致了城乡阶级矛盾的激化。英国的"圈地运动"使得许多农民失去土地,背井离乡,乡村的手工业也因为工业革命的冲击而日渐凋敝和衰落。在这种社会背景下,以圣西门、傅立叶和欧文为代表的空想社会主义者提出了城乡一体化理论的雏形。摩尔试图通过构建"乌托邦"社会,避免城市与乡村的脱离。19世纪初,法国的圣西门基于对新型城乡关系的渴望与理想,提出城乡人口平等的思想。傅立叶对未来理想社会的设计更为具体,他的"和谐社会"及其基层组织"法郎吉"①,不仅是对未来社会的理想描述,而且是对城乡经济社会一体化思想最早、最系统的论述。他认为和谐社会中不存在工农差别和城乡对立,工业和农业不再成为划分城市和乡村的标志,在一个"法郎吉"中既有农业也有工业,而且以农业为基础。城市不是农村的主宰,乡村也不是城市落后的郊区与附庸,二者是平等的,整个社会是一个城乡、工农等差别逐渐消失的统一的有机整体。欧文在批判资本主义制度的同时,提出了改造社会的一整套计划。他主张用"理性的社会制度",即共产主义制度来代替资本主义制度,这种理性社会的基本细胞是共产主义"新村"。②

　　空想社会主义者十分关注城乡关系问题,从"乌托邦"到"太阳城"和"法郎吉",虽然这这些超越了历史发展阶段的美好理想受当时社会条件的制约,在实践中都以失败告终,但他们都提出了如何使城市与农村协调发展,使工业与农业协调发展这一核心问题。

---

① 参见[美]乔·奥·赫茨勒著,张兆麟等译:《乌托邦思想史》,商务印书馆1990年版,第192—198页。

② 参见[美]乔·奥·赫茨勒著,张兆麟等译:《乌托邦思想史》,商务印书馆1990年版,第207—214页。

（二）马克思主义的城乡融合理论

19 世纪 40—90 年代,马克思和恩格斯批判地吸收了空想社会主义者的观点,创立了科学社会主义学说。马克思、恩格斯把社会主义从空想变成科学,在《资本论》中提出了新的城乡发展理论。从城乡对立走向城乡融合,是马克思对城乡一体化理论的基本概括。马克思、恩格斯认为,在人类历史的发展过程中,城市与乡村的相互关系经历了三个辩证发展的阶段:第一阶段,城市诞生于乡村,乡村是城市的载体,乡村在整个人类社会系统中占据主导地位。第二阶段,从工业革命开始,人类社会的城市化进程加速。随着工业的发展,城市经济逐渐占据人类社会发展的主体地位,并随着城市化、工业化的发展,城市与农村在经济、社会、文化等方面的差异愈加明显。城乡分割、城乡对立等现象也逐渐显露出来。第三阶段,随着城市化的深入发展,城市与乡村之间的依存度大大加强,城市与乡村之间逐步走向融合。城市与乡村通过协调合作实现城乡的一体化发展。恩格斯指出,城市和乡村之间的对立将"消失",城市和乡村将"融合"。实践也证明了城市和乡村能够共同发展。第二次世界大战之后,一些国家在经历了城市人口急剧膨胀之后,乡村和小城镇的人口不断增长,并开始超过了都市人口增长的速度。人们称这种现象为"逆城市化"。这种发展趋势,在一定程度上证实了马克思、恩格斯提出的城乡融合的思想。

（三）霍华德的田园城市理论

近现代以来,城乡矛盾一直很突出,许多西方社会学家和城市理论学家对其进行了诸多研究,试图找出一种方案来解决城乡协调发展问题。埃比尼泽·霍华德的田园城市是其中最具影响力的理论之一。1898 年,霍华德发表了《明日:一条通向真正改革的和平之路》,阐述了他的田园城市理论。他把城市和乡村比喻为磁铁,为了兼顾城市和乡村的优点,提出了城市—乡村磁铁构想。他认为:"城市和乡村必须成婚,这种愉快的结合将迸发出新的希望、新的生活、新的文明。"他主张进行社会结构改革,用城乡一体的社会结构取代城乡分离的社会结构形态。

　　田园城市理论对当代的城市规划思想与方法影响深远,同时也为城乡发展提供了思路。现在看来,城乡一体化理论多少与田园城市理论有渊源。但是,由于受诸多因素的限制,霍华德的田园城市理论并不是为了消灭城乡差别,田园城市理论所想象的也是一种自给自足的生活方式,而且城市—乡村磁铁相对于城市磁铁和乡村磁铁是完全孤立的。因而田园城市理论只是消极地避开了城市和乡村的弊端,试图为人们营造一个看似美好的休闲空间。

(四)沙里宁的有机疏散理论

　　为缓解由于城市过度发展而产生的一系列问题,沙里宁在《城市:它的发展、衰败和未来》中提出了有机疏散理论。该理论认为,城市的发展和自然界的所有生物一样,都是有机的集合体,城市发展的原则可以从与自然界的生物演化中得到相同的启示。沙里宁全面考察了中世纪欧洲城市和工业革命后城市发展的历史,分析了有机城市形成的条件,揭示了现代城市衰败的根源,提出了促进其进一步发展的对策。该理论主张将原来密集的城区分成一个一个的集镇,集镇之间用保护性的绿化地带联系起来。沙里宁的有机疏散理论讨论了城市发展思想、城市经济状况、土地、立法、城市居民教育、城市设计等方面的内容,将城市看做一个既存在有机联系又存在相对分离的区域,从区域角度讲,这是一种城乡差距较小的城乡区域均质体。1918 年,他的理论在实践方面形成了芬兰大赫尔辛基方案。

（五）赖特的广亩城理论

1932年，亨利·赖特提出广亩城设想，将城市分散理论发展到了极致。赖特认为，现代城市不能代表和象征人类的愿望，也不能适应现代生活需要，是一种反民主机制，需要将其取消（尤其是取消大城市）。他在《消失中的城市》一书中指出，未来城市应该是无所不在而又无所在的，这是一种与古代城市或任何现代城市有很大差异的城市，以致我们根本不会把它当做城市来看待。他在后来的《宽阔的田地》一书中正式提出了广亩城设想。这是一个把城市重新分散在一个地区性农业的网格之上的方案。他认为在汽车和廉价电力已经普及的时代，没有必要将一切活动集中于城市；相反，最为必要的是如何从城市中解脱出来，发展一种完全分散的、低密度的生活、居住、就业相结合的新的发展模式。美国20世纪60年代出现的"市郊商业中心"、"组合城市"，可以认为是这种思想的实际体现。

（六）芒福德的城乡发展观

关于城乡关系，美国著名城市地理学家芒福德认为，城与乡不能截然分开，城与乡同等重要，城与乡应该有机地结合起来。芒福德非常同意亨利·赖特的主张，即通过分散权力来建造许多新的城市中心，形成一个更大的区域统一体，通过以现有的城市为主体，就能把这种区域统一体引向许多平衡的社区内，就有可能促进区域整体发展，重建城乡之间的平衡，使全部居民在任何一个地方享受到同样的生活质量，避免特大城市在发展过程中出现的各种困扰，最终实现霍华德主张的田园城市发展模式。

（七）岸根卓郎的城乡融合系统

日本学者岸根卓郎根据日本城乡地域和工农业发展面临的问题，提出建立一个在农业和工业社会合作分工基础之上的城乡融合社会系统。① 他将城乡作为一个整体纳入自然系统和社会系统中来研究，从地理空间和时间上，对国土资源进行优化配置和利用，实现农村地带和城市地带的协调发展，为国民创造一个物与心俱丰的社会。岸根卓郎十分注重人的精神需求和生态环境问题，主张在农林业生产上，推广生物工程技术和电子工程技术，充分发挥农业和农村地区的经济功能、社会公益性功能和生态功能。但是他的理论适用于城市化水平较高、国土资源相对缺乏的区域。

（八）麦基的亚洲城乡一体化发展模式（Desakota）

西方传统的城市化理论是以城市为中心、以经济联系为基础的，即假设城市具有集聚经济优势以及由集聚而产生的规模经济。在这种假设的基础上，由于集聚经济和比较利益的作用，农村向城市的转化被认为是不可避免的，但城市和乡村之间存在着明显的差别，而且这种城乡差别会在城市化推进过程中永远存在。这是一种以城市而并非以区域为基础的发展理论。

1950 年以来，世界上许多国家特别是发展中国家的工业化和城市化进程明显加快，中心城市的空间范围迅速扩张，在城市边缘出现了规模庞大的城乡交接地带；同时由于交通等基础设施的发展，不仅使过去独立发展的城市之间产生了密切的联系，而且在城市之间的交通通道上形成了新的发展走廊，这些区域具有特殊的

---

① 参见［日］岸根卓郎著，高文深译：《迈向 21 世纪的国土规划——城乡融合系统设计》，科学出版社 1990 年版。

既非城市也非农村的空间形态,但又同时表现出城乡两方面的特点,因此被学者称之为"灰色区域"或者"被扩展的都市区"。

加拿大著名学者麦基教授通过30多年来对亚洲许多国家和地区的社会经济发展的实证研究发现,第三世界国家特别是许多亚洲国家的城市化发展过程有着独特的模式。与发达国家相比,其城市化发展模式发生了许多重要的变化。在许多亚洲国家和地区,城市与乡村之间的联系日益密切,城乡之间的传统差别和城乡地域的界限日渐模糊,城乡之间在地域组织结构上出现了一种以农业活动和非农业活动并存、趋向城乡融合的地域组织类型。20世纪80年代中期,他针对这种新型空间结构提出了 Desakota(在印尼语中,desa 是村庄,kota 是城市)的定义,意为城乡一体化,描述的是在同一地域上同时发生的城市性和农村性的双重性的产物,城市与乡村的概念在这种区域变得很模糊。在考察了亚洲许多国家和地区之后,麦基认为中国台湾的台北—高雄走廊、韩国的汉城—釜山走廊、泰国的曼谷大都市区、印尼的雅加达地区、中国大陆的长江三角洲和珠江三角洲等地区,均是城乡关联发展系统已发生较大变化的特殊空间地域。

麦吉的 Desakota 概念打破了城市与乡村这一对传统意义上相对封闭的空间概念,从相互联系和相互作用的角度为开展城乡经济空间形态演进的研究提供了新的视角,他建立起来的以区域为基础的城市化理论,使西方学者认识到了传统的以城市为主导的城市化模式的局限性。同时麦基所设想的这种城乡一体化形态主要是以亚洲国家的社会发展现实为基础的,也必然有其局限性。

(九)其他对发展中国家城乡一体化的研究

发展中国家在乡城转换过程中存在不同方式,麦克·道格拉斯通过对泰国东北部的研究,认为传统的城市极化效应可以带来城市的繁荣,但与此相伴随的是农村的老龄化、区域经济的落后、农民生活的贫困,而采取城乡一体化的方式,建立城乡联系的区域网络系统可以促进区域城乡经济的共同发展。这是一种内生的经济发展战略设想,目的是通过建立网络构架来克服城乡分离,激活区域经济,给小城镇和乡村带来共同的利益。

斯卡利特·爱泼斯坦与戴维·杰泽夫从第三世界国家的发展背景入手,认为它们大多沿袭西方发达国家的经济发展模式,采取"城市偏向"的政策,忽视了乡村地区的发展,其结果是城市基础设施趋于紧张,城市贫民窟人口比例不断上升等城市病出现,所以他们提出一个三维城乡合作模型,包括乡村增长区域、乡村增长中心、城市中心,通过城乡之间的合作可以解决乡村与城市共同面临的贫困问题。

毕雪纳·南达·巴拉查亚提出通过发展小城镇,加强小城镇与乡村之间的联系,为城乡一体化发展提供基础,进而促进乡村发展。总的说来,大多数国外学者把小城镇作为城乡经济增长的连接点,大城市通过产业转移,为小城镇提供更多的就业机会,吸纳农村剩余劳动力,解决大城市的问题。同时随着小城镇人口规模的扩大,可以冲破基础设施建设的门槛,吸引更多的农村剩余劳动力前来就业;而农村人口的减少使得农业生产走向商品化、专业化,以农业为基础的非农产业就会得到发展,从而解决农村贫困问题,带来城乡共同发展。

以上关于城乡一体化的理论与实践,关于发达国家城乡关系的研究,一般把城市与乡村分离开来进行,这些研究大多是站在城市的角度,以城市为中心研究社会发展问题,没有将城乡一体化发展纳入明确的分析框架,没有跳出城市的局限进而站在更加广阔的视野下研究城乡关系。而发展中国家由于生产力水平普遍较低，从实践上来看，其城乡一体化的发展尚处于初期，因此，结合发展中国家的实际，对发展中国家城乡一体化发展的研究则相对较少且未建立起一个明确的理论或学说。我国的城乡关系问题在形成机理、演变过程、城乡关系以及应该采取的对策措施方面，无论是与发达国家相比还是与发展中国家相比，都具有很大的特殊性。显然，国际的理论研究和实践经验虽然对中国城乡一体化发展的研究很有参考价值，但不能直接应用到中国城乡一体化发展的实践中来。

二、国内城乡一体化研究综述

城乡一体化自提出之后，引起了学术界的广泛重视。学术界对城乡一体化的概念、目标、动力机制、实施步骤、实践中遇到的问题与障碍以及实现城乡一体化的对策与建议等，都做了不同程度的分析，这里试图就以上内容对我国城乡一体化研究进行比较和总结，从而力图得到对城乡一体化理论及实践的更为全面的认识。

（一）城乡一体化定义

不同学者从不同的角度出发来定义城乡一体化。城乡一体化的提出源于我国典型的"二元社会"格局，因而对城乡一体化的概念阐释也就试图从城乡两个系统的经济、社会、生态等方面出发去寻求一种城乡共同的发展目标和模式。社会学者们认为，城乡一体化是指相对发达的城市和相对落后的农村要打破相互分割的壁垒，逐步实现生产要素的合理流动和优化组合，促进生产力在城市和乡村之间的合理分布。城乡经济和社会生活紧密结合与协调发展,逐步缩小直至消灭城乡之间的基本差别,从而使城市和乡村融为一体(张雨林,1988;戴式祖,1988;钟逖,1989)。经济学界则从城乡生产力合理布局的角度出发,分析经济发展规律,认为城乡一体化是现代经济中农业和工业联系日益增强的客观要求,是指统一布局城乡经济,加强城乡之间的经济交流与协作,使城乡生产力优化分工、合理布局、协调发展,以取得最佳的经济效益(孙自铎,1989;骆子程,1988)。还有学者从区域生态经济系统出发,认为"城乡一体并不是一种城乡无差别的境界,而一种区域生态群落的合理分布。是生产、生活活动的空间合理分布。城乡一体化是这样一种境界:城市没有制度上的堡垒,乡村没有政策上的栅栏",城乡一体化是"一种区域生态经济良性平衡系统的高境界"(伍新棨,1990)。后来又有人从可持续发展和空间的概念出发,认为城乡一体化是"实现城乡经济、社会、文化持续协调发展的过程,主要包括城乡职能一体化和空间一体化等内容"(石忆邵等,1997)。

(二)城乡一体化的动力机制

关于城乡一体化的动力机制,由于各自视角和出发点不同,可谓仁者见仁、智者见智。汤正刚(1995)认为,城区的经济辐射功能和城市主导作用是实现城乡协调发展的基本动力。上海市《城乡一体化课题组》(1991)经过研究,认为实现城乡一体化的主导在城市。石忆邵、何书金(1997)分析了中心城市的极化效应和扩散效应,认为城乡一体化的动力是大城市的向心力和离心力。一些学者从小城镇出发,重点分析了小城镇在吸纳农业剩余劳动力,带动乡村经济、社会发展方面的作用,提出要加强小城镇的规划与建设(史开国,1998;刘志伟,1997)。还有学者从城市和乡村两大系统出发来探讨城乡一体化的动力。张留征等(1992)认为,重新发动城市化,促进工业化和城市化的同步发展,将是走出二元经济结构,促进未来城乡协调发展的必然战略突破口。并提出国家工业化、城市化同农村工业化、农村城市化的"双向城市化"发展模式。刘君德等(1997)分析了上海郊区的城市乡村转型,认为"自上而下的扩散力机制"、"自下而上的集聚力机制"及"对外开放的外力机制",构成了上海郊区城乡转型的主要动力机制。

(三)城乡一体化模式

城乡一体化的目的是整体实现现代化,因此,城乡一体化既强调乡村跟上城市的发展步伐,逐步实现现代化,也强调城市与乡村的分工协作。从我国部分经济发达地区城乡一体化发展的实践来看,各地区根据各自不同的具体情况而采用了不同的城乡一体化发展模式,其中较具代表性的主要有以下四种:

1.珠江三角洲"以城带乡"的城乡一体化发展模式

珠江三角洲城乡一体化的发展,至今大致经过三个阶段:①商品农业阶段。重点是提高农业劳动生产率,为农村剩余劳动力转移创造条件;②农村工业化阶段。以农村工业化带动农村城市化;③完善基础设施阶段。按现代化城市要求,构筑现代化城市的框架。经过10多年的发展,珠江三角洲已发展成为具有现代化文明的城市群体,形成村中有城、城中有村、城乡一体的新格局。

2.上海"城乡统筹规划"的城乡一体化发展模式

上海市从1984年开始研究城乡一体化问题,1986年正式把城乡一体化作为全市经济和社会发展的战略思想和指导方针。上海市将城乡一体化及城乡关系分为三个层次:第一层次是上海市区与上海郊区9县1区的关系,其特点是工农业产品的交换和横向经济联系较为紧密和直接,与行政管理区域相一致;第二层次是上海市区与上海经济区诸县市农村的关系,其特点是经济来往虽较为密切,尽管分属于不同的行政区域,但经济来往中行政干预的因素比较少;第三层次是上海与全国广大农村的关系,其特点是直接的经济联系较少,主要通过多种流通渠道发生关系。上海城乡一体化的发展战略是以上海城乡为整体,以提高城乡综合劳动生产率和社会经济效益为中心,统筹规划城乡建设,合理调整城乡产业结构,优化城乡生产要素配置,促进城乡资源综合开发,加速城乡各项社会事业的共同发展,保证上海城乡经济持续、快速、健康发展。

3. 北京"工农协作、城乡结合"的城乡一体化发展模式

工农协作、城乡结合是北京市推行城乡一体化的主要做法。工农协作是指城乡工业开展多层次、多渠道的横向经济联合,通过合资经营、合股经营等形式兴办工农联营企业,逐步形成经济协作网络。其具体方式是由城市工业提供设备、资金、技术、管理人员等,由县、乡、村提供厂房和劳动力,联营双方实行利润分成、按股分红,共同承担市场风险;城乡结合多属于纵向经济联合,诸如定点支农、工艺性协作、产品下放、零部件专业化协作等。城市工业通过各种方式向郊区扩散零部件加工或下放产品,大力开展帮技术、帮管理、帮设备、帮培训的"四帮"活动,使城乡经济呈现出城乡协作、优势互补的局面。

4. 以乡镇企业发展带动城乡一体化发展的苏南模式

苏南是指长江三角洲的苏州、无锡、常州。改革开放以来,这里是全国经济发展最快、最活跃的地区之一。尤其是苏南的乡镇企业,已成为苏南经济的支柱。乡镇企业的不断发展壮大,使苏南

可以采取以工补农、以工建农的措施,来协调工农关系,稳定农业生产。他们在全区建立了优质、高效的农业生产基地,推动了农业机械化、良种化、水利化和服务社会化,保证了第一、二、三产业的协调发展。农村经济的发展,打破了传统的二元结构,引起了农村经济社会结构的深刻变化。一大批小城镇脱颖而出,成为联结城乡的枢纽,极大地改善了农民的生产条件和生活质量,大大加快了农村产业结构的优化和城市化进程。

(四)城乡一体化实践中的问题及制度障碍

概括而言,学者们研究认为,改革开放以来我国的城乡一体化建设实践中遇到的问题主要表现为:

(1)产业发展与城市化发展严重不平衡。在城乡一体化的推进过程中,人们更注重农村地区的基础设施及投资环境的改善、产业结构的调整和工业的发展,而忽略了人口城市化的同步推进,导致在经济发展水平、产业、行业结构和城市化水平之间出现严重失衡。

(2)空间布局过于分散,"中心地"功能偏弱。这主要表现为社会经济尤其是工业的空间聚积度很低,布局过于分散,导致作为"中心地"的城镇的产业、人口规模偏小、功能偏弱,客观上就难以承接中心城市某些功能的空间转移,阻碍城乡一体化在更广阔的层面和更深入的层次展开。

(3)条块分割,整体协调不足。城乡一体化的发展包括城乡社会经济发展的方方面面,需要统筹协调发展。但就目前的发展实践来看,由于条块分割突出,同时宏观协调不足,导致行业、部门、地区之间发展相当不平衡。

(4)生产要素的区域流动性低。城乡一体化的发展要求生产要素的自由流动,以实现优化组合和空间上的相对聚集,但是在现实的经济发展中,由于受体制、利益分配及各种因素的影响,生产要素特别是劳动力的跨区域流动性还太低。

学者们认为,城乡一体化中的制度障碍主要表现为:

(1)户籍制度。目前我国实行身份证制度与户籍制度并行,现行的身份证制度虽然突破了原有的户籍制度一户一证不利于单个人口流动的局限性,但个人身份证只能作为个体流动需要的凭证,并不能因此而获得市民身份,凭身份证在城中打工的人依然是"二等市民"。另外,户籍制度对居民居住地点仍有严格的限制,如《关于完善农村户籍管理制度的意见》(国发〔1997〕20号文件),明确提出农民可以进入小城镇,同时规定进镇农民必须买商品房或有合法自建房,实际上是以货币的形式在农民面前筑起了一道门槛;加上要求进城农民首先必须将承包地和自留地无偿上缴,增加了农民进城的风险和机会成本,不利于农村剩余劳动力流动和转化。

(2)社会保障制度。随着农村家庭承包责任制的推行,建立在农村集体经济基础上的原有的社会救济、"五保户"制度和合作医疗等低层次的社会保障制度相继宣告破产。因此,广大农民本能的反应是有地就有饭吃,有儿才能防老,造成农村人口膨胀,剩余人口很难有效转移,人地矛盾突出,进而抑制了城乡一体化、农业产业化的进程,也成为社会不稳定的潜在根源。

(3)土地经营制度。农村家庭承包责任制的推行调动了农民生产经营的积极性和主动性。但过于细碎的土地分割,缺乏规模效益等弊端,不利于农业产业化和现代化。

(4)教育制度。我国目前对基础教育实行分级办学分级管理的政策,这一政策中并没有明确各级政府的具体职责,特别是经济欠发达的农村地区,教育财政日趋吃紧,教学设施简陋,教师工资长期拖欠,学龄儿童辍学成为普遍现象,使乡村儿童输在起跑线上。更为严重的是,许多农民子女通过升学进入城市,大量的农村人力资源流出农村,使农村经济的发展雪上加霜。

(五)推进城乡一体化的对策建议

学者们通过对城乡一体化的理论思考以及对不同时间模式的比较,提出了一些推进城乡一体化的对策建议,概括起来,大致有以下几方面:

(1)清除生产要素流动壁垒,构建城乡统一大市场。计划经济体制下形成的从农村到城市的要素单向流动模式导致城乡差距将越来越大。实现城乡一体化必须打破限制城乡资源有效流动的制度障碍,构建各种资源从非农产业和城市向农业和农村流动的机制和平台,具体包括:①改革户籍制度,引导城乡劳动力的畅通流动;②完善信贷机制,构建城乡资本市场,消除农村经济发展的资金瓶颈;③发展城乡统一的人才市场,整合智力资源,吸引人才到农村创业。

建立和完善城乡统一的市场,打破城乡、地区和所有制界限,建设包括商品市场、各类要素市场在内的综合市场体系,并规范市场行为,实现工农衔接、城乡衔接以及农户与市场衔接,实现经济要素向利益最大化的产业部门和空间区位的自由流动,保证资源配置的效率。特别是建立城乡统一的劳动力市场和人才市场,统一管理城乡就业,满足城乡经济发展的需要。

(2)推进城乡一体化规划,实现城乡各类资源的整合。改变过去那种就城论城、就乡论乡的城乡分割型的规划建设做法,把更大区域范围内的居民点、工业布局、基础设施网络作为整体进行统一规划和建设。尤其要重视土地利用的总体规划,促使城乡职能一体化与空间一体化的有机结合。

(3)以产业发展为支撑促进城乡经济协调发展。产业发展是推进城乡一体化的基本动力。农业是推进城乡一体化的原始动力,工业是实现城乡一体化的根本动力,第三产业是加速城乡一体化的后续动力。没有第一、二、三产业的互动和城乡经济的相融,也就没有城乡一体化的经济基础和持续发展。

(4)以县城和有条件的区域中心城镇为重点构建区域性城乡一体化的体系。我国现在大多数城镇综合功能不强,区域中心地位不明显,不能有效成为城乡一体化的空间载体。因此发展县域经济,要以产业发展为依托,以县城、区域中心城镇为重点,统筹城乡经济社会发展。按照统筹区域发展的思路,必须选择具有区域性辐射功能、基础设施较齐全、产业基础发展较好的县城和区域中心城镇为重点,率先发展,形成布局合理、功能完善的市域城镇体系,有效推动城乡一体化发展。

(5)完善相关的配套政策,为城乡一体化提供制度保障。城乡一体化是一项长期的、系统的工程,各个部门必须制定相关的配套政策,包括城乡户籍制度、就业制度、土地使用制度、财政金融制度、城乡行政管理制度、社会保障制度等。

第二章 发展战略偏向、分割体制与 我国城乡关系演变

城乡关系由分离到融合是经济、社会发展的必然趋势。但是，由于特殊的工业化战略、计划经济体制和城乡分割的二元制度安排，我国形成了典型的城乡二元经济结构。改革开放以来，城市偏向的发展战略和城乡分割体制的延续，使得这种局面没有发生根本性改变，并日益成为制约国民经济持续、协调发展的一个重大障碍。进入新世纪以来，我国在城乡关系方面提出了城乡统筹发展的科学发展观，并启动了社会主义新农村建设的伟大行动。党的十七大进一步明确提出要加快形成城乡一体化发展新格局。认真回顾、总结我国城乡关系的历史演变，厘清我国城乡二元经济社会结构发展演变的内在逻辑，有利于把握我国城乡一体化新格局的政策关键，从而采取有针对性和系统的政策措施加速推进城乡一体化发展。

一、新中国成立初期城乡同步发展 与新型城乡关系的确立

新中国成立初期，由于长期战乱造成了城乡分隔、交通设施破

坏以及严重通货膨胀的局面,城乡之间的商品交流受到严重阻碍,中央政府集中力量开展城乡物资交流,发展集市贸易,打击不法资本家的非法活动。很快,城乡经济交流活跃,各地区之间的经济联系加强。同时,中央政府十分重视农副产品与工业产品的比价问题,在经济十分困难的情况下,依然于 1951 年 11 月和 1952 年 2 月、9 月、12 月分四次提高农副产品价格,降低工业品价格。在整个国民经济恢复时期,农产品采购价格提高了 21.6%,缩小了工农业产品价格"剪刀差"。中央政府采取的一系列措施,加强了城乡经济联系,大量农村人口迁入城市,城市人口的比重由 10.64% 上升到 12.46%,城市人口数量由 5765 万增加到 7163 万,增加了 1398 万人。[①] 从旧中国的城乡关系转变为新中国的社会主义城乡关系,并呈现出崭新的面貌。

"一五"时期(1953—1957 年),国家开始进行大规模工业建设,在重点建设苏联援助的 156 个项目的同时,兴建和发展了一批中小工矿企业,新建和扩建了部分城市,从 1952 年到 1957 年新增加城市 22 个,城市就业机会增加,大量农村人口流向城市。这一时期由农村迁到城市的人口为 1500 万左右。[②] 同时,国家继续采取提高农产品收购价格,基本稳定农村工业品零售价格的政策,进一步缩小了剪刀差。从 1952 年到 1957 年,农副产品收购价格指数提高了 24.6 个百分点,而农村工业品的销售价格指数只提高了 2.4 个百分点,农民从价格上得到了好处,对发展农业生产、巩固工农联盟起了积极作用。

---

① 参见《中国统计年鉴(1985)》,中国统计出版社 1985 年版。
② 参见陆学艺、李培林:《中国社会发展报告》,辽宁人民出版社 1991 年版,第 284 页。

总之,由于新中国成立初期国家比较重视城乡物资交流,不断提高农产品收购价格,城乡之间生产要素的流动是比较自由的,此时工业化和城镇化建设也转移了大量农村劳动力,城乡关系总体上是开放的,并大体上沿着协调的方向发展。

二、赶超型重工业优先发展
战略与城乡关系失衡

从 1958 年开始,由于对经济发展形势估计过热,国家盲目追求高速度,发动了"大跃进"运动和人民公社化运动,经济发展过分偏向工业特别是重工业,提出了以钢为纲、全民大办工业的总路线,致使出现了爆发性的工业化和超高速城市化。当然,国家在当时的社会历史条件下选择重工业优先发展,还受到其他因素的制约或引导,比如,当时的国内市场条件和国际环境的约束,以及当时国际流行的发展理念和苏联成功经验的引导。[1]

(一)重工业的自身特点对城乡二元结构的影响

首先,重工业是典型的资本密集型产业,在封闭的农业经济基础上优先发展重工业,其资本积累的任务自然落到了农业和农民身上。为索取农业剩余,国家对农产品实施统购统销制度,通过压低农产品收购价格的"剪刀差"政策和税收等形式转移农业剩余以支持城市工业化。1952—1978 年,国家通过"剪刀差"从农业汲

---

① 参见林毅夫、蔡昉、李周:《中国的奇迹:发展战略与经济改革》,上海三联书店、上海人民出版社 1994 年版,第 20—27 页。

取资金 3917 亿元,以税收等形式转移出资金 935 亿元,两项合计 4850 多亿元,扣除同期国家财政支农资金,农业净流出资金 3120 亿元,相当于同期全民所有制非农企业固定资产原值的 73.2%。[①]

其次,重工业的另一个显著特点是其劳动力吸纳能力相对较弱。据统计分析,每亿元投资用于轻工业能容纳劳动力 1.6 万人,用在重工业只能容纳 5000 人,前者是后者的 3.2 倍。[②] 长期的重工业优先发展致使农村剩余劳动力非农化转移滞后,表 2-1 详细

表 2-1　1952—1978 年中国产业结构、就业结构与城市化变动趋势

年份	GNP 结构(%)			就业结构(%)			城市化(%)	结构偏差*	结构偏差**
	第一产业	第二产业	第三产业	第一产业	第二产业	第三产业			
	A	B	C	a	b	c	U	(Ⅰ)	(Ⅱ)
1952	50.5	20.9	28.6	83.5	7.4	9.1	12.5	33.0	4.0
1957	40.3	29.7	30.1	81.2	9.0	9.8	15.4	41.0	3.4
1960	23.4	44.5	32.1	65.7	15.9	18.4	19.7	42.3	14.6
1962	39.4	31.3	29.3	82.1	8.0	9.9	17.3	42.7	0.6
1965	37.9	35.1	27.0	81.6	8.4	10.0	18.0	43.7	0.4
1970	35.2	40.5	24.3	80.8	10.2	9.0	17.4	45.6	1.8
1975	32.4	45.7	21.9	77.2	13.5	9.3	17.3	44.8	5.5
1978	28.1	48.2	23.7	70.5	17.3	12.2	17.9	42.4	11.6

* 结构偏差(Ⅰ)=(B+C)-(b+c);** 结构偏差(Ⅱ)=(b+c)-U。

资料来源:根据《中国统计年鉴(1998)》、《中国人口统计年鉴(1999)》整理。

---

　　① 参见王积业、王建:《我国二元经济结构矛盾与工业化战略选择》,中国计划出版社 1996 年版,第 33 页。

　　② 参见何光:《当代中国的劳动力管理》,中国社会科学出版社 1990 年版,第 61 页。

反映了国家工业化资本积累阶段,就业结构转变滞后于 GNP 产值结构转变的情况。从 1952 年到 1978 年,第一产业产值比重下降了 22 个百分点,但就业比重仅下降了 13 个百分点,期间非农产值与非农就业之间的结构偏差长期保持在 40 个百分点以上。与这种状况相对应的是我国城市化的长期滞后性。在经历了 20 世纪 50 年代的快速扩张后,我国城市化水平始终在 17% 徘徊,非农就业结构变化与城市化之间总体上呈低水平吻合状态,二者间的结构偏差总体上较小,表明农村非农产业匮乏,农村城镇化滞后。

(二)重工业优先战略对城乡分割体制的客观要求

为了保证重工业优先发展战略的顺利实施,我国在政策取向上采取了促进城市和工业发展而固化农村的制度,即通过建立一套严密的政治、经济制度来强化资源控制,把农村和城市割裂开来,从而形成了城乡不同的独立发展局面。

1. 高度集中的计划经济体制

大规模经济建设开始后,由于缺乏社会主义建设经验,我国便按照马克思主义基本原理中的某些观点和前苏联模式,建立了高度集中统一的计划经济体制,其中包括以中央计划为核心的国民经济管理体制、统收统支的国家财政体制,对重要生产资料实行"统配"的集中管理体制、高度集中管理的商业流通体制和基建管理体制。这种计划经济体制凭借强大的中央集权力量,控制全部经济资源,在分配中向国有企业和城市倾斜,保证重工业为主的工业化的超高速发展。这种管理体制否定市场作用,使城乡生产要素不能自由流动,不利于城乡经济的平等竞争。

2. 政社合一的人民公社制度

低价、垄断性地从农户手中强制征购农副产品,受到了农户们的抵制。为节约政府交易成本,农业集体化运动开始加速。从1958年8月开始,农村掀起了人民公社化的热潮,政社合一的人民公社制度在农村普遍建立起来。人民公社体制实行土地的集体所有制,通过"三级所有,队为基础"控制各方面资源,实现了对农民的集中管理和控制,为粮食统购统销体制顺利运行提供了组织保证;同时把农村人口和劳动力有效地捆绑在土地上,确保农业剩余从农村向城市转移。

3. 统购统销制度

伴随1952年国民经济的恢复和大规模经济建设的开始,城市人口迅速增加。到1953年,城镇人口达7826万人,比1949年增加了2016万人,加上当时因受灾减产而造成的缺粮人口,需要供应商品粮的人口有1亿左右。[①] 由于当时粮食市场的混乱,出现了1953年粮食供需矛盾骤然加剧的严峻局面。在这种情况下,为了缓解粮食问题,中央于1953年10月接连召开几次粮食会议,并于1953年11月19日通过了《关于实行粮食计划收购和计划供应的命令》,其中规定:"在城市、机关团体、学校、企业等的人员,可以通过其组织实行供应;对一般市民可发给购粮证,凭证购买或凭暂住户口簿购买。"这样就逐步形成了国家对粮食市场的计划收购、计划供应、强制市场管理和中央统一管理的粮食购销体制。通过这一体制,国家垄断了农产品的全部收购,控制了食品和其他农产品的销售,从而限制了城乡间商品流通的渠道,阻碍了城乡物资交流。统购统销的实质是工农业产品价格"剪刀差":一手压低农产品价格,用变相无偿形式把农业剩余收上来,配给工业劳动者;

---

① 参见刘应杰:《中国城乡关系与中国工人农民》,中国社会科学出版社2000年版,第56页。

另一手抬高工业品价格,将工业部门获得的垄断高额利润通过财政渠道进一步转化为工业化积累资金。

4. 社会福利制度

早在 1951 年 2 月,政务院就发布了《劳动保险条例》(以下简称《条例》),1953 年又进行了修改。《条例》详细规定了城市国营企业职工所享有的各项劳保待遇,主要包括职工病、伤后的公费医疗待遇、公费休养与疗养待遇,职工退休(职)后的养老金待遇,女职工的产假及独子保健待遇,职工伤残后的救济金待遇以及职工死后的丧葬、抚恤待遇,等等。《条例》甚至规定了职工供养的直系亲属享受半费医疗及死亡时的丧葬补助等。国家机关、事业单位工作人员的劳保待遇,国家是以病假、生育、退休、死亡等单项规定的形式逐步完善起来的。至于城市集体企业,大都参照国营企业的办法实行劳保。除上述在业人员享有劳保待遇外,50 年代形成的城市社会福利制度还保证了城市人口可享有名目繁多的补贴,在业人口可享有单位近乎无偿提供的住房等。

5. 城市就业制度

1952 年 8 月,政务院发出《关于劳动就业问题的决定》。由于在当时的历史条件下,国家实行的劳动用工制度,原则上只负责城市非农业人口在城市的就业安置,不可能吸收整批的农村劳动力到城市就业,因此必须做好农民的说服工作,不允许农村人口进入城市寻找职业。1957 年 12 月,国务院发布《关于各单位从农村中招用临时工的暂行规定》,明确规定城市“各单位一律不得私自从农村中招工和私自录用盲目流入城市的农民。农业社和农村中的机关、团体也不得私自介绍农民到城市和工矿区找工作”。甚至规定“招用临时工必须尽量在当地城市中招用,不足的时候,才可以从农村中招用”。

6. 粮油供应制度

1953 年以后，随着粮食统购统销政策的实行，中国开始实行粮油计划供应制度。这一制度原则上规定国家只负责城市非农业户口的粮油供应，不负责农业户口的粮油供应。1953 年 11 月，政务院发布《关于实行粮食的计划收购和计划供应的命令》，其中规定：“在城市、机关、团体、学校、企业等的人员，可通过其组织进行供应；对一般市民，可发给购粮证，凭证购买，或暂凭户口簿购买。”1955 年 8 月，国务院发布的《市镇粮食定量供应暂行办法》则统一规定了市镇非农业人口一律实施居民口粮分等定量，并按核定的供应数量按户发给市镇居民粮食供应证，居民凭证使用粮票购买口粮的粮食供应办法。与此同时，国家对粮食市场加强了管理。1953 年 11 月，政务院发布《粮食市场管理暂行办法》，其中规定：“所有私营粮商，在粮食实行统购统销后，一律不准私自经营粮食。”“城市和集镇中的粮食交易场所，得视需要，改为国家粮食市场，在当地政府统一领导下，以工商行政部门为主会同粮食部门共同管理之。”“城市居民购得国家计划供应的粮食，如有剩余或不足，或因消费习惯关系，需作粮种间的调换时，可到指定的国家粮店、合作社卖出，或到国家粮食市场进行相互间的调剂。”上述规定基本上排除了农村人口在城市取得口粮的可能性。

7. 城乡分割的户籍管理体制

与以上制度安排逻辑相一致，需要对城乡人口、劳动力流动作出制度约束，从而既把劳动力这种生产要素固定在农业中，又将享受低生活费用的城市居民人数固定下来。为了应对农村人口盲目流入城市而对城市造成的冲击，1956 年 12 月，周恩来总理签发了《国务院关于防止农村人口盲目外流的指示》，此后，中央政府又相继出台文件，要求地方政府采取强有力措施坚决制止农民外流。

1958年1月,第一届全国人大常委会第91次会议通过《中华人民共和国户口登记条例》,其中的第十条第2款对农村人口进入城市作出了带约束性的规定:"公民由农村迁往城市,必须持有城市劳动部门的录用证明,学校的录取证明,或者城市户口登记机关的准予迁入的证明,向常住地户口登记机关申请办理迁出手续。"这一规定标志着中国以严格限制农村人口向城市流动为核心的户口迁移制度的形成。户籍管理制度将中国社会的全部人口以出生地为基础划分为农村人口和城市人口,两种户口类型不能随意转换,把城市和乡村截然分开,限制了城乡人口的流动。

这些政策虽然大部分在20世纪50年代初期就陆续提出了,但是直到1958年利用人民公社这种政社合一的体制,才能强制性地全面落实。也就是在人民公社时期,国家才实现了最大限度地从农民手中获取低价农产品,维持限定的城市人口的低工资和低消费水平,以得到更多的剩余价值来实现积累的目标。

三、改革初期发展战略转向、体制 松动与城乡关系短暂改善

(一)改革后城乡二元结构变动趋势

为了比较全面地反映改革以来我国城乡二元结构变动趋势,表2-2采用多项指标进行了描述。农业比较劳动生产率为农业部门的产值比重与其劳动力比重的比率,反映了一定劳动力投入条件下农业部门的生产效率,该指标在改革初期有明显改善,但1985年后一直下降;城乡收入差距显示了同样的变动趋势,城镇居民人均可支配收入与农民人均纯收入的比值从1978年的2.57

迅速缩小为 1985 年的 1.86,而 1985 年后又持续扩大,2004 年达 3.21。城市化水平反映了城乡社会结构的变化,尽管改革后这一指标有了明显提高,但相对于经济结构的变化而言,社会结构的转变是滞后的。结构偏差(Ⅰ)反映了非农就业结构滞后于非农产业结构的情况,1985 年后该指标没有明显改善,结构偏差一直高达 33 个百分点左右;结构偏差(Ⅱ)反映了城市化水平滞后于非农就业结构的情况,表明改革后城市化与非农就业间的结构偏差总体上呈扩大趋势。总之,各类指标总体上表明,从改革之初到 20 世纪 80 年代中期,我国城乡二元结构在短期内有了明显改善,但 1985 年后又呈加剧态势。

表 2－2　1978—2004 中国城乡二元结构变动趋势

年份	农业产值比重	农业就业比重	农业比较劳动生产率*	城乡收入差距	城市化水平	结构偏差（Ⅰ）	结构偏差（Ⅱ）
1978	28.1	70.5	0.40	2.57	17.92	－42.4	－11.58
1980	30.1	68.7	0.44	2.50	19.39	－38.6	－11.91
1985	28.4	62.4	0.46	1.86	23.71	－34.0	－13.89
1990	27.1	60.1	0.45	2.20	26.41	－33.3	－13.49
1995	20.5	52.2	0.39	2.71	29.04	－31.7	－18.76
2000	16.4	50.0	0.33	2.79	36.22	－33.6	－13.78
2004	15.2	46.9	0.32	3.21	41.76	－31.7	－11.34

* 农业比较劳动生产率＝农业产值比重/农业劳动力比重;结构偏差(Ⅰ)＝非农就业比重(%)－非农产值比重(%);结构偏差(Ⅱ)＝城市化率(%)－非农就业比重(%)。
资料来源:根据《中国统计年鉴(2005)》计算整理。

(二)改革初期二元结构短暂缓解的原因

　　始于 1978 年的改革开放打破了城乡隔绝的状态。改革首先从农村开始,以家庭联产承包责任制为基础的农村经济体制改革调动了农民的生产积极性,解放了农村生产力,农村经济高速增长,城乡各方面差距明显缩小。1978—1984 年间,我国农业总产值按可比价格计算增长 55.4%,年均增长 7.6%,农业增加值年均增长 7.3%。从农民收入看,1978—1984 年农民人均纯收入经历了年均 16.5% 的高速度增长,城乡收入比也从 2.57 倍缩小为 1.83 倍,成为改革以来城乡收入差距的最低水平。

改革初期从集体制向以农户为基础的农作制的制度变迁,是农业增产和农民增收的主要因素。另外,以下因素也对农业增产和农民增收发挥了巨大作用:第一,国家大幅度提高农副产品收购价格,农副产品收购价格总指数 1980 年比 1978 年平均提高了 30.8%,农副产品收购国家牌价 1980 年比 1978 年平均提高了 21.2%。第二,国家在谷物收购和市场流通政策方面也采取了几项重要改革,放松了对农产品收购市场的管制。如 1985 年 1 月中央下发 1 号文件,正式取消农副产品派购制度,代之以合同定购和市场定购。第三,上述改革刺激了农民对农业生产要素(劳动、资本等)投入的大幅度提高,尤其化学肥料的大量使用,是该时期农业连年丰收的一个重要原因。第四,我国当时处于温饱型经济发展阶段,农产品处于普遍的短缺状态,这为农产品价格提高提供了广阔的市场空间。第五,农村乡镇企业的异军突起,为开辟农民就业途径、增加农民收入作出了重大贡献。可见,改革初期各项利好因素促进了农村经济增长,改革前长期失衡的工农关系得以改善,城乡经济呈现出良性循环的新局面。

四、20世纪80年代中期后分割体制
延续与城乡二元结构加剧

从20世纪80年代中期开始,我国改革的重心从农村转向城市,城乡二元结构再次呈加重趋势。对此,我们可从短期和长期两个角度来认识这个问题。农村体制变革的效应在20世纪80年代中期以后减弱甚至消失,是城乡差距在短期内进一步拉大的直接原因。例如,1983—1984年我国家庭承包责任制改革的完成,就使农业产出增长率下降至前期水平的差不多一半。化肥投入的增长率由1978—1984年的年均8.9%降至1984—1987年的年均3.7%,劳动力增长率也由1978—1984年的年均2.3%降至1984—1987年的年均-8.6%。[①] 但从长期看,20世纪80年代中期以后国家继续采取了"城市偏向"的发展战略和城乡分割的二元体制,则是城乡二元结构延续和加剧的根源。

1. 在城乡交换关系上仍然存在价格"剪刀差",阻碍了农业效益提高和农民收入增长

据专家估计,20世纪90年代以前,通过国家对农产品的统购统销和合同定购,农民为我国工业化所做出的资金贡献在6000亿元到8000亿元左右;20世纪90年代后,由于国家取消农用生产资料补贴,农业生产费用大幅度上涨,而很多行业工业消费品价格

---

① 林毅夫曾用格里克斯(Griliches)生产函数法评估了农业各项改革对农业增长的影响,详见林毅夫:《制度、技术与中国农业发展》第三部分"中国的农村改革和农业增长"(上海三联书店1992年版)。

仍处于垄断状态,致使工农产品价格剪刀差每年仍高达1000亿元左右。

2.国家城市偏向的收入分配体制使农业和农村基础设施投入不足

农业作为一个弱势产业,在市场化转轨过程中,政府加大对其基础投入和产业扶持是义不容辞的责任。然而自20世纪90年代以来,我国财政支农力度却逐步减弱,财政支农比重从1991年的10.3%降到2001年的8%,比1980年的12%约低4个百分点。支农财政不仅数量明显偏低,而且支出结构不合理。统计资料显示,支农财政大约2/3用于支援农村生产支出和农林水利气象部门的事业费,而这其中相当一部分用于这些部门的人头费;支农财政的第二大项是农业基本建设支出,这其中绝大部分用在了水利建设和生态环境改善上,对农业的直接支持很少。根据田维明等人的研究,按照OECD的计算口径,1995—1998年间我国财政对农业的支持平均每年仅293亿元人民币,仅为同期美国农业支持总量的6%和欧盟农业支持总量的4%,其中对生产者的直接支持竟为-419.5亿元。相反,为支持城市改革和维持乡村庞大的行政体制运转,农民担负着农业税(牧业税)、农林特产税、村提留、乡统筹以及各种名目繁多的集资、收费、摊派等,农村的教育、卫生、道路等方面的投入很大程度上依靠农民集资来解决。

3.现行金融体制对农村吸多贷少,致使农村资金大量流失

除中国农业银行外,我国其他几家国有商业银行很少在农村地区贷款,其在农村吸收的资金绝大部分转进城市;农业银行随着商业化改革的推进,其竞争的视角也逐渐从农村转向城市,从农业转向工商业;即使与广大农民最贴近的农村信用社,每年通过交纳存款准备金、转存中央银行、购买国债和金融债等方式,也使得大

量资金流出农村。尤其近年来,四大国有商业银行大规模撤并县以下分支机构,上收基层机构贷款权限,制约了基层行贷款发放的灵活性和时效性。金融机构现行体制和做法导致农村资金大量流失。1979—2000 年,仅通过农村信用社和邮政储蓄机构两大渠道,农村资金净流出量就高达 10334 亿元(韩俊,2002)。另外,由于没有可抵押资产,现行体制下农民几乎不可能贷到生产经营必要的资金,而乡镇企业大多属非国有中小企业,信用担保缺位以及抵押条件不具备也很难使其从金融机构获得必要的资金支持。

4. 不合理的土地流转使农民蒙受重大损失

农村土地的集体所有权对于农民是一种虚置的权利,从法律性质看,农民土地承包权一开始就是以债权的形式出现的。由于农民集体土地所有权的具体归属不明晰,农民土地承包权的性质不够明确,以及缺乏对征地的有效监管,在农用土地流转和土地征用过程中,侵犯农民土地合法权益的现象大量存在。据有关部门粗略估计,在工业化和城镇化过程中,国家城市偏向的土地征用制度至少造成我国农村 2000 余万农民失去土地,通过征地"剪刀差",至少使农民蒙受了 2 万亿元的损失(张晓山,2003)。目前我国被征地农民 4000 多万,今后每年还将有 200 多万的农民失去土地。滥占耕地的另一个恶果是我国耕地面积锐减,从 1996 年的19. 51 亿亩减少到 2004 年的 18. 37 亿亩,8 年间平均每年减少1425 万亩。全国人均耕地面积也从 1996 年的近 1. 6 亩降到目前不足 1. 2 亩,是世界人均水平的1/3,而且这种趋势还在进一步加剧和扩大。

5. 城乡分割的户籍制度和劳动就业制度限制了农村富余劳动力向城镇转移

伴随农业劳动生产率和农业资本有机构成的提高,农村富裕劳动力向非农产业和城镇转移是经济发展中的一般规律,也是发展中国家消除二元经济社会结构的根本出路。改革后,我国阻碍城乡人口流动的户籍约束和城乡壁垒依然存在,大大束缚了农村富余人口向外转移的步伐。统计资料显示,从1978年到2004年,我国乡村劳动力净增1.9亿人,在劳动力接近于无限供给的条件下,受土地边际生产力递减规律制约,劳动边际生产率很低。过多劳动力滞留在农村,致使农业细碎化和低效率,从根本上制约了农村的综合发展和农民收入水平的提高。

以历史的眼光分析,我国城乡二元经济结构的形成和演变有着深刻的经济和制度根源。改革开放前,城乡二元经济结构的形成是重工业优先发展战略以及与这个战略相配套的制度安排的结果;改革开放后,城市偏向的发展战略和城乡分割体制的延续,致使城乡二元经济结构趋向固化。随着近年来我国宏观经济环境的变化和总体经济实力的提高,从根本上逐步消除城乡二元经济结构、促进城乡经济协调发展,成为新时期我国面临的一个重大战略任务。由于城乡二元经济结构形成的深刻历史根源和制度困境,新时期必须由中央政府主导进行发展战略和分配格局的重大调整,改变过去"以农补工、以乡养城"的城市偏向的发展战略,以城乡一体化的制度变革为突破口,尽快建立工业反哺农业、城市服务乡村的长效机制。城乡二元经济结构的深远历史根源和现实刚性,决定了从根本上改变这一格局的长远性和艰巨性,因此,必须采取各种措施,相互配套,将其作为一个长远战略常抓不懈,切实推进。

第三章　城乡一体化的国际
经验与启示

　　西方发达国家已经先后完成了城市化,步入了城乡一体化发展的新阶段。一些发展中国家对城乡一体化发展也进行了有益探索,取得了丰富的经验。

一、美国城乡一体化的主要特征

(一)技术革命是城乡一体化的根本动力

　　美国是一个以农村、农业开始其历史的国家,美国革命时期,农村人口比重在95%以上,但美国农村城市化速度和范围可与任何发达国家相媲美,到1920年城市人口就超过了农村。美国农村城市化同技术革命关系密切,尤其是交通运输技术发展对城市化发展及布局影响很大。根据交通发展与城市化演变情况,可以把美国城市与农村的一体化发展划分为五个阶段,如表3-1所示。

表3-1 美国城乡一体化的发展阶段及其主要特征

阶段	初始阶段	加速阶段	郊区化雏形阶段	城乡一体化阶段	城市与农村的融合
时间	1880年前	1880—1920年	1920—1950年	1950—1990年	1990年至今
动力	马力、畜力、风力、帆船	建立连接全国城镇的铁路网	遍布全国的高速公路	科学技术发展带来交通通讯的革命	信息与知识的高度发达
产业	农业占据主导地位	工业	汽车和石油业	第三产业崛起,制造工业衰落	第三产业为主导产业
发展状况	城市迅速发展	城市化发展的迅猛时期	中心城市规模扩大,城市集聚达到顶点	农村发展速度第一次超过了城市	城市网络化发展,城市化趋于平衡
城市人口	1800年6.1%,1870年为25.7%	1920年城市人口为51.2%	非农劳动力占87%左右,城市化水平为64%	郊区人口在总人口中的比例越来越大	1990年超过45%的美国人居住在郊区

注:资料源于高强、王富龙:《美国农村城市化历程及启示》,《世界农业》2002(5):
  12-14。

(二)选择适合国情的工业化道路,形成工业化、城市化和农业现代化的良性循环

美国的工业化是从棉纺织业开始的,经过几十年的发展,到1860年时,工厂制度已在各个工业部门如棉毛、纺织、面粉、肉食罐头等行业占据了支配地位。19世纪最后30年里,一系列新兴工业部门如石油工业、汽车工业、电气工业、化学工业、炼铝工业等得以建立和迅速发展;工业的部门结构也发生了巨大变化,按产值大小的次序排列,1860年时名列前茅的是面粉、棉纺织、木材加工、制鞋等轻工部门,19世纪末排在前面的则是钢铁业、屠宰和肉

类罐头业、机器制造业、木材加工业。美国这种工业化特点使农业等基础产业发展较快,反过来又刺激了工业发展,农工协调发展促进了城市化较快发展。农业发展对城市化的促进作用表现在:一是为城镇化解决了粮食问题、提供了原料和广大的国内市场;二是为城镇化提供了大量资金积累。

(三)全球范围内吸引、配置劳动力资源,为城市和农村的发展奠定了坚实的基础

美国是一个地多人少的国家,城市化面临劳动力不足的问题,国际移民正好满足了这一需求。1851—1860 年从欧洲到美国的移民为 248.8 万,1881—1890 年增长到 473.7 万,1901—1910 年更高达 821.3 万。在这些国际移民中,工人占近 50%,专业技术人员占近 25%,来自英、德、法等国的移民带来了先进的冶铁、纺织、炼油和其他工业部门的知识和技术,对美国工业化发挥了重要作用。外来人口也是城镇人口增长的主要来源,外来人口中从事农业的只有 16% 左右,绝大部分转移到了城市。目前,美国运用各种可能的机会或方式,千方百计地吸引全世界的优秀人才到美国工作、生活,尽其可能地使全球的人力资源服务于美国利益,从而为城市和农村的协调发展奠定了雄厚的基础。

二、德国城乡一体化的基本经验

德国城市化与英、法、美相比,起步较晚,启动较迟,但是速度快、水平高,到 1910 年德国基本实现城市化;比法国和美国分别早 20 年和 10 年;到 1996 年,德国城市化水平已达 94.6%。德国的独特之处在于境内城市分布均衡,城乡一体,形成一种城乡统筹、分布合理、均衡发展的独特模式。城乡之间、地区之间,经济、社会、环境协调发展。城市的发展与资源配置和产业结构的变化紧密相连。在德国既没有过度拥挤、高楼林立的市中心,也没有破旧不堪的农村地区。德国城乡一体化的经验包括:

(一)德国的均衡持续发展观及其政策措施

德国在联邦宪法中规定,追求全德国区域的平衡发展和共同富裕。因此在城乡建设和区域规划的政策上,有两项最高宗旨:一是在全境内形成平等的生活环境,减小各地区的差异;二是追求可持续发展,使后代有生存和发展的机会。德国的政治、经济和文化中心职能分散在全国各地城市,有利于形成全国城市均衡分布的局面。第二次世界大战后成立的联邦宪法法院,放在巴登符腾堡州的卡尔斯鲁厄市(28万人口)。德国房地产建设银行的总部设在施瓦本哈尔县城(18万人口)。网络与通讯的发展使空间距离大为缩短。

政府和企业通过技术改造和加大环保投入,不仅改善了环境,更提高了土地利用效率,实现了资源的优化配置、持续发展,创造更高的综合效益。保护城市绿地是城市可持续发展的重要方面。增加市区中心的绿化,不仅可以改善环境,减少城市"热岛"现象,环境优良的市区中心有助于解决城市交通问题,为城市留有发展的空间,防止城市环境恶化、犯罪率上升、城市空心化等城市衰败问题,实现城市的可持续发展。

（二）德国的城乡规划管理体制为城市提供了自由发展的空间

德国在城乡管理上有四级机构,联邦一级有联邦规划局,其主要任务是制定政策框架,通过部长会议衔接和协调联邦与联邦州以及联邦州之间的规划,联邦通过制定框架性法律《联邦规划法》规定基本的规划目标、职能划分、区域规划的操作过程。联邦政府通过不断发布区域规划报告,指导全国的城乡建设。联邦州以下具体编制和执行规划。联邦州有区域规划法。根据联邦州的有关法律,各市共同制定土地使用规划,通过城市共同协商确定。土地使用规划是高一层次的规划,其一旦确立,就作为法律,不可更改。各市在土地使用规划的指导下,编制城市的建筑规划。同时,土地使用规划对可建用地的类别划分并不十分详细,为各市发展规划的具体操作留下很大的自由空间。

（三）统一、健全的社会保障体系为城乡人口流动降低了门槛

德国在宪法上规定了人的基本权利,如选举、工作、迁徙、就学、社会保障等平等的权利,在社会上没有明显的农工、城乡差别,可以说农民享有一切城市居民的权利。农工之间只是在从事的工作性质上存在差别。因此,在政策上没有农业人口转化的政策门槛,只要农民进城工作,按章纳税,进入社会保障,就成为城市居民。在政策上保障了人口的自由流动和农业人口向城市转移。

20世纪50年代德国出台了农民养老机制。为了促进土地的流转,集中土地,提高农业效率,鼓励农民脱离传统农业,政府出台了农民卖地退休补贴政策。对农民卖地退休者国家给予额外退休金,使农业用地集中,适合农业向现代化大生产的生产方式转变。同时,脱离农业的劳动力转变为工业和服务业的劳动者,加速了生

产力的转移和城市化的进程。

（四）方便的交通系统为城乡均衡发展提供了重要保障

德国现在还有大量的有轨电车,甚至超过了公共汽车。有轨电车有相当多的优点:运量大,无污染,安全,速度快而且准时。由于有了这条有轨电车,为城市的跨区域发展提供了条件。2000年,德国各类公路总长约46.1万公里,其中高速公路1.15万公里,高速公路长度居世界第四。2000年,全国注册机动车共5136.5万辆。同时,方便的公共交通将各个市镇连接起来,形成网络,加之小轿车的普及,人们的活动半径扩大。人们可以居住在小镇而到别的城市工作,良好的居住环境往往成为人们居住的首选目标。城市单元之间的空间距离已变得不重要,而时间距离才是人们所关心的。

（五）注重广泛的市民参与

在市级的城市规划中,都有市民广泛参与的过程。在编制控制性详细规划中,市政府要向市民公示,广泛听取市民的意见,对市民提出的意见和建议,市政府或者规划局必须给出书面的答复,要向市民逐条解释说明。因此,对自己的城市,特别是居住地附近的规划要求,市民非常了解。因此,大家都有主人翁的意识,对周边的建设管理形成自觉的共同监督,共同管理。可以说市民参与制定具体地区的详细规划,有助于在规划执行过程中的社会监督,防止违反规划行为的发生。同样,广泛的市民参与,增强了市民的参与意识,形成共建共管的良好氛围。

三、日本和韩国的城乡一体化

由于日本和韩国具有基本一致的城市化和农村发展历程,因此将其作为城乡一体化的一种模式加以总结。

(一)城乡发展的主要特征

1. 典型的"城市拉动型的城市化",最终形成高度集中的城市化模式

日本、韩国虽然是市场经济国家,但政府对工业发展和城市时空布局起着重要的作用。从明治时代开始,日本中央政府就建立了国家工业企业作为"导航工厂";第二次世界大战后,在工业建设用地、工业区的准备、工业用水和交通设施的建设以及技术帮助等多方面,中央、地方两级政府持续提供了多种多样的金融支持和帮助。在韩国,从20世纪60年代初开始,政府就致力于建立一种"政府指导的资本主义体制",或实行"政府主导性增长战略"。结果是,日本城市化在向太平洋沿岸城市移动的过程中,形成东京、大阪、名古屋三大城市。1998年,三大城市市区人口占全国人口的46.8%。而1993年韩国四分之一的人口集中在首都汉城(现称首尔)。

2. 工业化与城市化同步推进

日本表现的更为突出,其轻重工业之间关系比较协调,轻工业吸纳了工业化过程中从农业转出的大量劳动力,而重工业则始终保持高技术密集性,劳动生产率高,技术进步快,为整个国民经济的发展提供了先进的技术设备。此外,日本工业的另一特点是中

小企业发挥着十分重要的作用,中小企业吸收了大量的劳动力。

3.内力作用和外力作用相结合的城市化

在日本经济发展中,尽管以本国资本为主,外资占的比重较少,但由于外资主要集中在电子、钢铁、公路、铁路、机械、石油、化工和海运业等基础生产部门,因此为推动日本工业化和城市化提供了直接动力。在战后,日本国内资金严重不足,20世纪50年代引进的28.5亿美元外资对日本经济的起飞起到了重要作用。韩国的城市化也得到美国等发达国家的大力支持。

(二)日本和韩国城乡一体化过程中产生的问题

首先,大城市人口的过度膨胀,导致教育、交通、土地、住宅等一连串的问题。其次,农业、农村发展困难。1958—1960年,日本到非农产业就业的农业劳动力每年为68.6万人,其中有41.1万人流入城市,占59.5%,形成农村人口稀疏、产业衰退、社会设施奇缺、文化水平落后等不利局面,农业发展出现严重衰退。韩国从60年代以来的30多年时间内,相对忽视了农村的发展,造成农村一定程度的衰落。人们认为韩国农村已面临"5000年来最大的危机",农村已变成了"不能生活"和"迟早要离开"的地方。

(三)日本、韩国促进农村发展的措施

日本政府主要采用以下措施:(1)用法律手段促进城乡协调发展。日本在城市化中后期注意到农业和农村发展问题,制定了大量法律促进农村发展,如《过疏地区活跃法特别措施法》、《半岛振兴法》、《山区振兴法》等。(2)加大对农村的投入,促进城乡一体化。日本各级政府十分重视对农村的投资,日本农村城镇化水平高,实际上是政府大量投资的结果。

韩国政府通过"新村运动"促进农村发展,具体参见表3-2所示。

表3-2　韩国"新村运动"的基本状况

阶段	基础建设阶段	扩散阶段	充实提高阶段	自发运动阶段	自我发展阶段
时间	1971—1973年	1974—1976年	1977—1980年	1981—1988年	1988年以后
目标	改善农民居住条件。	改善农民居住环境,提高生活质量。	发展畜牧业、农产品加工业和特产农业、农村保险业。	改善农村生活环境和文化环境,继续提高农民收入。	社区文明建设与经济开发。
措施	政府无偿提供物资,激发农民建设新农村的积极性、创造性和勤勉、自助、协同精神;建中央研修院,培养新农村指导员。	修建公用设施,建住房,发展多种经营,进行新村教育;提供贷款、优惠政策;推广科技文化知识和技术。	推动乡村文化的建设与发展,为广大农村提供各种建材,支援农村的文化住宅和农工开发区建设。	完善民间组织,通过规划、协调、服务,提供财政、物资、技术服务;调整农业结构,发展多种经营和农村金融、流通。	政府倡导公民抵制社会不良现象,致力于国民伦理道德建设、共同体意识教育和民主与法制教育;积极推动城乡流通业的健康发展。
主导力量	政府	政府	民间自发	国民	民间组织机构

注:本表内容由作者整理而成。

四、拉美国家城市化的教训

19世纪末,一些拉美国家开始启动现代化进程;到20世纪50年代,大多数拉美国家先后进入了现代化的起飞阶段。一些拉美国家全面推进工业化,工业发展战略由以初级产品出口为主转向以进口替代工业化为主;各国政府集中全国的资源,重点和优先发展与工业化相关的基础设施,并大力投资制造业。这期间,它们实施了牺牲农业、扶植"幼稚工业"的产业倾斜政策和一系列吸引外资的优惠政策。由于现代化进程的快速推进,拉美国家城市化取得了令人瞩目的成就。1950 年的城市人口占总人口的 41.6%,1980 年达到 65.6%,已接近欧洲的城市化水平。

但是拉美国家遭遇了"过度城市化"问题。到 20 世纪 70 年代中期,拉美城市人口的比重已占地区总人口的 60%,但工业人口的比重却不超过 20%—30%。过度城市化造成的严重后果表现在:(1)城市化过程中的贫困化。90 年代末,10 个贫民中有 6 人住在城市。(2)严重的失业问题。由于经济发展缓慢,城市人口膨胀,导致拉美城市的失业率很高。形成一个相当大的非正规部门及其多种表现形式的存在。(3)城市的首位度①奇高,是首位城市的发展面临巨大的压力。(4)沉重的外债负担和不利的外贸条件。一方面,拉美国家对外资利用率较低,许多国家还债能力差;70 年代末 80 年代初,西方发达国家发生了经济危机,实行贸易保护主义,普遍提高利率,拉美利用外资和对外贸易的条件日益恶化,导致一些国家背负沉重的债务负担,最后引发了"债务危机"。(5)严重的社会问题。在许多拉美国家,城市人口恶性膨胀导致就业机会不足,城市中的贫富差距拉大,社会不稳定因素急剧增加,暴力活动、毒品犯罪、道德沦丧问题泛滥成灾。(6)许多拉美国家城市资源与环境承载力已达极限。城市环境污染严重,交

---

①　城市首位度,是指一国或地区最大城市人口数与第二大城市人口数之比值,通常用它来反映该国或地区的城市规模结构和人口集中程度。

通拥挤,供水困难。(7)拉美国家的这种逆城市化使城市的规模不断扩大,造成"贫民窟包围城市"的尴尬局面。

五、国际经验对我国城乡一体化的启示

(一)对城乡一体化的重新认识

第一,农民进城只是城市化的一种表象。城市化的实质在于现代化,即在于社会生产方式、生活方式、价值观念的现代化,而不仅仅是人口在地域空间上单纯的移动问题,也不仅仅是居住区向城市的汇集,更重要的是乡村传统封闭的文化向城市现代化开放文化的转变和人们的生产方式、生活方式向城市的存在方式和运行方式发展。第二,韩国的经验表明,在促进城乡一体化发展过程中,政府应充分教育农民、调动农民;农民应当逐渐自我发展,形成自生能力。第三,城市化的根本在于经济的快速发展。美、德、日、韩和拉美国家发展从正反两个方面说明,经济发展是城市化的基础,城市化是地区经济发展的产物,城市化和社会经济发展水平应保持在一个相互适应的区间之内。城市化的规模和速度,必须以经济发展为基础,经济不发展,就谈不上城市化的发展。通过行政措施可以引导和促进城市化,但是单靠行政手段无法实现城市化的健康发展,而且行政力量推动的城市化,其发展是不可持续的,必将带来很多问题。第四,城乡一体化是一项系统工程,受多种因素制约,要处理好各方面的关系。我国是一个后发城市化国家,农村城市化滞后,既有农业、农村方面的原因,又有城市本身的原因;既有生产力方面的原因,又有生产关系、上层建筑方面的原因;既有宏观的原因,又有微观的原因;既有产业发展的原因,又有制度建设的原因。因此，只有从各方面形成一整套配套的改革措施，才能推动农村城市化的快速发展。

（二）在探索过程中形成与国情相适应的城乡一体化模式

通过上述分析和总结可以看出，美国是在市场经济和技术革命的基础上的城市和农村互动同步发展一体化模式，德国是以均衡、持续发展为特征的民主式城乡一体化模式，日本、韩国是先城市后农村、由政府主导的非均衡城乡一体化模式，而拉美国家总体看来是工业化和城市化失调的过度城乡一体化模式。

我国存在东、西、中三个不同的经济发展带，各个地域差距过大，城市发展东部快于中部，中部快于西部，东部地区已进入城市化发展中期阶段，中部地区正处于初期向中期的过渡阶段，西部地区仍处于城市化发展的初期阶段。城市分布不均带来经济发展的不平衡。面对中国这种区域发展极不平衡的现象，城市化不应采取一种模式，要根据其城市化水平及城市结构等特点，因地制宜地选择和实施不同的城市化发展模式——即"多元化道路"。对于东部地区，应以现代化和国际化为目标，重点加强"中心城市"建设，控制大城市的人口数量，发展卫星城；中部地区应以大力发展中等城市为目标，走集中与分散并举的城市化道路；西部地区城市化水平低，大中小城市发展都显不足，在资金、人才、技术、资源有限的情况下，应走集中型城市化发展道路。选择基础好、交通便利的城市，集中投资、集中建设，使其成为当地新的中心城市，带动区域城市化与现代化。只有走多元化的发展道路，我国各地区才能更好地协调发展，促进城乡一体化。

(三)树立协调理念,坚持可持续发展

世界各国城乡发展过程中正反两方面的经验一再验证着一个结论或规律,即协调、持续发展是城市化、农村发展不可逾越的阶段。根据我国人口众多、人均资源匮乏、发展起步晚的严峻现实,要特别注重城乡的均衡协调发展,注重城市中自然、人与社会的和谐统一。

近年来,随着城市化进程的加快,土地非农化流转速度惊人,给城乡社会发展带来十分不利的影响。加入世界贸易组织(WTO)后,我国农业将处于竞争劣势的地位,农地经济效益将更加低下,在比较效益驱动下,若不严格控制,农地非农化趋势将不可遏制,将给我国粮食安全、农业可持续发展、环境保护带来难以估量的损害。因此,在城乡一体化的过程中一定要进一步加强对土地资源的保护。同时要注重城市环境保护工作,保持优良的生存环境;实行公交优先战略。在大建城市交通的今天,注重大力发展城市乡村公共交通系统。

(四)注重城乡规划的科学性和权威性

在城乡一体化过程中,区域规划是实现均衡、高效、快速、持续、健康发展的关键。这需要:(1)注重科学发展,打破"诸侯规划"。行政区划的影响,无形中会形成城乡一体化发展中的一些贸易和生产的壁垒,成为一个重要的体制上的障碍,结果导致地区同质化竞争、重复建设、盲目发展等问题。科学发展就是要淡化行政区划的概念,强化区域协调,加强城市之间的横向联系,追求城市之间的差异化发展,以社会、经济、环境的均衡发展为追求目标。要更多地看到自身是否得到发展,是否达到双赢。(2)区分规划的层次,注重规划的权威性与灵活性的统一。学习德国的经验,明

确不同层级的规划控制内容。在规划中首先明确哪些是不可动的,哪些是可以建设的。对不可动的,要严格控制,而该放开的就要允许其充分的自由度。(3)加强市民对城市规划建设的参与,区分好市民参与重大战略决策的范畴。在战略上的城市总体规划,应该由决策者、专业部门、专家学者来制定。对于贴近市民的详细规划,要注重充分听取驻地群众的意见,充分让群众参与其中,让群众参与规划、参与监督、参与管理。

(五)以农村、农业现代化和城市化有机结合为目标,以机会公平为基础,以产业化经营为纽带

第一,把农村、农业现代化和城市化有机结合起来。我国现阶段工业化和城市化的水平都还不高,主要矛盾仍然是如何进一步转移农村劳动力和人口的问题。但是我国必须从现在起就高度重视农村和农业的现代化问题。因为,只有将城市化与农业的现代化同步推进,才能在农村人口转移不充分的情况下,有效增加农民收入,缓解农村人口转移的压力;只有发展高效益的现代农业和农产品加工运销业,才能为小城镇的发展提供更有力的产业依托,为农村劳动力向小城镇的转移创造更广阔的就业空间,进而推进农村内发型的城市化进程,实现城乡一体化。

第二,机会公平是指逐步缩小城市居民与农民在各项待遇上的差距,逐步降低农民进入城市的门槛,使每年进城打工的农民逐步居住在城市,转化为城市居民;使放弃土地的农民与城市居民享有同等待遇,从根本上实现国民待遇的平等;加强农民的职业教育,促进其生产方式的转化;不断创新,逐步实现人口的自由流动;同时需要大力加强城市和农村的公共基础设施建设,进一步完善公共产品与服务的供给体制,尤其是交通、通讯网络的构建与

发展。

第三,在农村城市化过程中应促进农业经营的现代化。美国的经验表明,一方面,在工业化、城市化过程中,农业劳动力的快速转移促进了农业规模经营的发展;规模经营的发展,又大大地提高了农业劳动生产率。农业规模的扩大为农场主的增收及农业持续发展创造了条件。另一方面,美国农业工业化也促进了农业发展。从20世纪50年代起,美国就非常重视农产品产后的加工、运输、储存、销售的产业化经营。从我国实际情况看,我国农业生产超小规模经营,乡镇企业的快速发展并没有解决小规模问题。在新一轮推动农村城镇化的过程中,一定要促进乡镇企业向城镇集中,促进农业人口的动态转移,促进农业规模的扩大和农业产业化的发展。

第四章 我国城乡一体化的探索与启示

近年来,各级政府为推进城乡经济协调发展和社会主义新农村建设,采取了一系列政策措施,对城乡经济社会一体化做了许多有益的探索和尝试。总结不同地区的做法、措施和经验,有利于我们更深刻地理解城乡一体化的动力、机制和体制保障,从而提出方向更加明确、更有针对性的体制对策。

一、东部地区城乡一体化的经验

(一)上海市城乡一体化的经验与对策

早在1986年,上海市就提出了城乡一体化的发展目标。近几年又提出了围绕城乡一体化,加快农业现代化、农村城市化和农民市民化的新思路和新要求。

1.基本原则

(1)城乡统筹、协调发展的原则。(2)以工哺农、以城带乡的原则。(3)分类指导、稳步推进的原则。(4)体制创新、利益公平的原则。

2. 工作重点

加快推进城乡经济一体化。进一步明确郊区产业定位,加快建设现代制造业中心。通过优化结构、产业升级、中心城市服务业扩散,大力发展郊区物流、旅游、房地产等第三产业,实现城乡三次产业协调发展。

加快推进城乡基础设施一体化。进一步加大农村基础设施建设投入力度,加快城市基础设施向农村延伸,加快形成城乡系统配套、相互融合的基础设施,形成完善的道路、交通、电力、天然气、供排水、能源、防灾减灾、农业基础设施等多方面、多层次、多功能的基础设施网络,做到城乡基础设施统一布局。

加快推进城乡社会事业一体化。打破城乡社会事业二元结构,鼓励引导城市社会事业和公共服务事业向农村延伸,缩小城乡差别。实现城乡社会事业资源共享,使农村居民在教育、文体、卫生、科技、广电和信息等公共事业方面与城镇居民基本享受同等水平,实现城乡社会事业一体化。

加快推进城乡生态环境一体化。高度重视郊区生态环境建设,全面实现由梯度转移型向互动互补型转化,使郊区成为调节城市生态的平衡区域,基本形成城乡生态环境高度融合互补、经济社会与生态协调的城乡一体化的生态发展格局。

3. 主要措施

高起点制定城乡一体化实施规划,明确城乡一体化发展方向。一是按照全市生产力结构布局和郊区"二、三、一"产业方针,制定城乡一体化的产业发展规划,实现城乡产业融合发展、产业人口配套发展。二是按照1966城镇体系规划和"三个集中"的要求,建设若干城镇化示范点,探索经验,提高郊区城镇化水平,优化人口布局。三是通过制定规划,实现中心城区教育、卫生、文化、体育等社会事业设施有序向郊区扩散,在郊区形成特色区域,提升郊区城镇的城市功能。

加大郊区社会公共事业的投入和建设力度,逐步完善郊区城镇的城市功能。一是把公共财政对社会公共事业的投入重点放到郊区。合理调整"三级政府、三级管理"体制,做到专业规划和公共财政全覆盖,并适当调整市、区两级公共财政对郊区公共事业投入的比例,加大市级公共财政投入的比重。二是提升郊区教育发展水平。增加对农村基础教育的转移支付,确定生均公用经费基本定额标准,使城乡青少年得到质量比较均衡的基础教育。三是加强郊区卫生设施建设。根据城镇人口分布的新格局,调整医疗机构布局,真正形成分布合理、质量均衡的区域中心医院和社区卫生服务中心格局。四是大力提高郊区公共文化设施的建设水平。对公益性的文化设施财政应给予大力支持,对经营性的文化设施要加快改制,走市场化、企业化的发展道路。

建立城乡统一的劳动就业和社会保障制度,确保城乡一体化进程中的农民利益。一是健全就业服务体系,加快建立政府扶助、社会参与的职业技能培训机制。全面清理有碍农村劳动力自由平等流动的规章制度,使进城务工农民与城镇居民享受平等待遇。二是建立健全与经济发展水平相适应的农村社会保障体系,按照稳定城保、推广镇保、完善农保、提高低保的要求,进一步巩固和完善农村社会保障制度,增加财政对农村社会保障的投入。建立公共财政对农保和农村合作医疗的托底保障机制,形成由政府财政+企业(集体经济组织)+个人构成的交费制度。

建立郊区农民增收和财富积累的长效机制,为城乡一体化提供更坚实的物质基础。一是通过土地流转、规模经营、组建农民专业合作社、培育专业化农业经营大户等,扩大农民在农业产业链和农业衍生领域的就业空间,提高农业经营性收入。二是拓宽非农就业领域,增加农民非农就业收入。继续落实推进农民非农就业的各项政策,确保每年转移非农就业劳动力10万人左右。加大对中青年农民和失地农民的职业技术培训,提高他们非农就业的本领。三是改革农村集体土地使用制度,增加农民财产性收入。继续实施并推广农民宅基地置换政策、"征地留用"政策,盘活农村集体非农建设用地,积极探索"土地换保障"的机制。四是加大帮扶和财政转移力度,对经济薄弱地区实行市与区(县)、区(县)与镇村的挂钩扶持政策,带动这些地区更快发展。

(二)浙江省城乡一体化的经验与对策

1. 总体情况

(1)政策背景。浙江省第十一次党代会和十届人代会都明确提出,要统筹城乡经济社会发展,加快推进城乡一体化。2004年2月,浙江省制定了《中共浙江省委、浙江省人民政府关于统筹城乡发展,促进农民增收的若干意见》,浙江省政府和地市县各级政府都成立了城乡一体化办公室。

(2)城乡一体化实践。从区域经济和城乡一体化发展特点来看,浙江省城乡一体化实践主要有三种类型。一是"以城带乡,城乡结合"。主要是大中城市及其周边联系紧密区域。主要特点是根据中心城市发展要求,统筹城乡规划建设,共同构建现代化城市框架。同时,通过城市的功能辐射和产业扩散,优化生产要素配置,带动郊区农村经济和各项事业的共同发展。如杭州、宁波、温州等大中城市及其郊区就是这一类型。这些地区在农业产业化、农村工业化、基础设施网络化、生产经营市场化、文明卫生标准化、群众生活小康化、服务体系社会化、行政管理法制化、生态环境美化等方面都领先于全省其他地区,已属于准城市化或半城市化地区。二是"以乡促城,城乡互动"。主要是乡镇工业(包括专业市场)发达和小城镇建设较快的地区。金华、绍兴、台州、嘉兴等地区,其城乡一体化的模式就属于这种类型。三是欠发达地区的"人口内聚外迁、产业内聚外引、农民出村入城、工业出村入园、小企业大集群、小县域大县城"的发展类型。"人口内聚外迁",就是实施人口再分布工程,一方面,引导农村劳动力和人口向城镇与交通沿线集聚,并按照"搬得下、稳得住、富得起"的要求,将下山脱贫点布局与小城镇发展、工业园区建设结合起来;另一方面,积极鼓励劳务输出或人口向区外迁移,实现异地开发。

2. 浙江省绍兴市城乡一体化的主要做法

统筹规划,优化城乡一体的空间布局。按照"人口向城镇集中、工业向园区集中、土地向规模经营集中"的原则,在不断完善中心城市和县域中心城市规划的同时,逐步健全城镇体系和村庄布局规划,基本形成了中心城—中心镇—中心村—一般行政村—自然村的框架体系,大部分中心镇和中心村都制定了详细的功能性规划和建设规划。

统筹建设,打造城乡一体的发展平台。一是统筹城乡交通设施建设。在完善重大交通路网建设的同时,以乡村康庄工程为载体,加快城乡交通网的建设。二是完善城乡信息设施建设。以农村广播电视入户工程为主要抓手,在全市初步建立起覆盖城乡的信息化基础网络设施和服务体系,让农民群众享受与城市居民同样的信息网络。三是加强城乡人居环境建设。通过生态保护、污水治理、燃气普及和农村环境综合整治,提高城乡环境质量。

统筹服务,提升城乡一体的社会文明。大力发展教育、卫生、文化等农村社会事业,提升农民的文明素质和健康水平。通过推进优质教育均衡化,大力加强农村教育设施和师资队伍建设。围绕让农民群众"少生病、有地方看病、看得起病、看得好病",着力构筑农村医疗卫生体系。同时把城市服务网络向农村延伸,营造文明的生活方式。以"百镇连锁超市、千村放心店"工程为载体,着力建设现代流通网、监管责任网、群众监督网和商品准入制度等"三网一制度",大力加强消费安全建设。

统筹保障,构筑城乡一体的和谐体系。一是统筹城乡社会就业。以"百万农民培训工程"为抓手,建立以成人职业教育中心为主体、乡镇和部门配合的农民培训体系,确保每年培训农民10万人,为农民转移就业提供方便。二是统筹城乡社会保险。在全面提高养老、医疗、失业、工伤、计划生育五大社会保险覆盖面的同时,全面实施被征地农民养老保险,解决失土农民的后顾之忧。三是统筹城乡社会救助。全面落实最低生活保障制度,实现动态管理下的应保尽保;全面落实农村五保和城镇"三无"对象集中供养制度、新型合作医疗制度和大病医疗补助制度。四是统筹城乡社会帮困。

(三)江苏省城乡一体化的经验与对策

1.总体情况

江苏省是我国沿海经济发达省份之一。2003年,江苏省率先进入工业化中期,苏南地区已进入工业化的中后期。江苏省委、省政府审时度势,及时提出突破就农业抓农业、就农村抓农村的传统思路,坚持依靠工业化来致富农民、依靠城市化来带动农村、依靠产业化来提升农业,初步走出了一条城乡互动、工农互促的发展道路。

统筹城乡发展规划,推进城乡经济融合、产业联动、设施共享。

按照"城市现代化、农村城镇化、城乡一体化"的基本思路,把城市和农村作为一个整体,统筹规划、合理布局、协同推进。一是积极稳妥地调整行政区划;二是做大做强中心城市;三是积极推进南京、苏(州)(无)锡常(州)、徐州三大都市圈建设;四是加快发展县城和中心镇。

统筹国民收入分配,加大对农业和农村的投入。早在1996年,江苏省就提出"两个高于"的要求,即各级财政支农预算支出安排和实际完成数的增长幅度,要分别高于财政一般预算支出安排和实际完成数的增长幅度,建立了财政支农资金稳定增长机制。

统筹城乡政策体系,着力营造有利于城乡共同发展的体制机制。在统筹城乡就业方面,江苏省建立了统筹就业的责任制度、登记制度、准入制度、培训制度和信息发布制度。在户籍制度方面,从2003年开始,全面建立以居住地登记户口为基本形式,以合法固定住所或稳定职业为户口准迁条件的新型户籍管理制度,促进农民向城镇转移。在社会保障制度方面,重点推进以农村最低生活保障制度、农村养老保险制度、新型农村合作医疗制度和农村医疗救助制度、五保户集中供养制度、农村特困户子女免费入学制度、失地农民基本生活保障制度为主要内容的农村社会保障体系建设。

2. 苏南地区城乡协调发展的新经验与新探索

大力发展乡镇工业,通过农村工业化促进农村劳动力向第二、三产业转移。苏南地区田少人多,要农民致富就要减少农民,要减少农民就要大力发展工业,吸纳农村剩余劳动力,于是乡镇工业异军突起。在不太长的时间内(大约20到30年),苏南地区基本实现了农村工业化,基本解决了农村剩余劳动力向非农产业转移的问题。乡镇工业经过改制后,政府通过财政转移支付,帮助薄弱村发展第二、三产业,变贴钱为扶持创业,使农村、农民从工业中得到了大量的补贴,加速推进了农业现代化、农村城镇化进程。

城市化和农村工业化、农业现代化紧密结合,推进城乡一体化发展。苏南地区较早注意到改变城市建设与农村建设"两张皮"的倾向,强调城市化和工业化、非农化同步推进。苏州市实施的"一个突破、两次补偿、三个接轨、五个统一"就是一个很好的例证。一个突破,就是突破城乡二元分割体制,制定规划和落实政策措施,实行城乡一体化。二次补偿,就是通过推行社区股份合作制、建立农村社会保障体系、对农民进行培训教育等形式,运用政府财力和集体可支配收益,对农民进行二次补偿。三个接轨是指政策接轨,逐步将城乡分开出台的政策合二为一;管理接轨,在规划、城建、就业、社保等方面实行城乡统管;标准接轨,无论是就学、就业,还是社会保障等,都实行城乡统一的标准,达到同等水平。五个统一,就是统一城乡劳动力市场,统一城乡土地市场,统一城乡产业结构,统一城乡保障体系,统一城乡区域,实现城乡一体化,最终将目前的产业二元(工业和农业)、区域二元(城市和农村)、劳力二元(工人和农民)全面推向一体化。苏南地区在城市化中,还把做大做强工业园区作为最好的发展平台,通过发展工业园区统筹城乡工业布局,最大限度地促进产业集群,形成工业特色和支柱产业。统一小城镇与工业集中区的规划建设,共享基础设施,加强城乡资源整合和对接,强力推进招商引资。

强县扩权,大力发展县域经济。发展县域经济是实现城乡统筹、解决"三农"问题的战略基础,苏南地区城乡经济之所以协调发展得好,关键是大力发展县域经济。一是进一步简政扩权,上级政府给县级政府更大的自主权,支持和鼓励他们一切从本地实际出发,创造性地谋发展。二是制定一系列有益于县域经济发展的政策和法规,破除县域经济发展的体制性障碍,激发县域经济发展的内在活力。三是培养有竞争力的特色产业,促进工业集聚发展,民营经济快速发展。四是省市财政通过转移支付,给县域经济以更大的扶持。五是以中心城市为依托,在交通、信息、教育、文化、基础设施等方面加大对县级区域的支持和辐射。

实施政策推动,依托市场化运作,为农村注入强劲的发展活力。苏南地区各市善于把政府的政策推动与市场运作结合起来,在政府主导下,加快市场化步伐的同时,制定和用好、用足各种惠农政策,激活农村活力。如较早实现免征农业税,落实各项减免政策;加大市区财政转移支付力度,支持农田水利、乡村道路、饮用水等基础设施建设和教育卫生事业发展等。

发展都市农业、现代农业,推进农业融入市场化和城市化。提高农业经济功能,进一步优化农业布局,逐步形成有区域特色的农副产品基地。强化农业的生态功能,通过大规模地推进沿江、沿路、沿城的绿化,为城乡发展提供良好的生态环境。引导"三资"资本投资开发现代农业,鼓励城市工商业大户到农村流转土地,兴办生态园区和现代农业基地,加快发展外向农业、品牌农业和高效农业,全面增强农产品市场竞争力。兴办各类市场,以市场带动产业,以产业带动农户。延伸城市文化功能,整合城乡旅游资源,开辟农家乐、观赏农业等旅游线路,大力推介农业旅游的专业镇、村,积极与城市旅游接轨。

多方拓宽增收渠道,促进农民收入持续增长。一是大力推进农村劳动力向第二、三产业转移,提高农民工资性收入。二是深化农村各项改革,建立村级经济新型管理体制、经营机制和分配方式,增加农民财产性收入。三是做好农民创业园、原创型企业基地的规划和建设,使农民无障碍地自主创业,使民营企业无障碍地自主发展,鼓励村干部带头创业致富、带领农民共同致富。四是创新土地使用制度,用足用好农村集体土地资源,把集体非农建设用地集中规划到开发区、城镇工业小区或集中居住区,实施资产资本运作,壮大集体经济实力,增加农民收入。

以"三集中"为抓手,建设社会主义新农村。苏南地区在实践中摸索出实现城乡协调发展的"三集中",即工业向园区集中、土地向规模经营集中、农民住宅向城镇(农村社区)集中。总的看,三集中是集约经营、特别是节约土地资源的有效途径。江阴市提出在统一规划下,完善村庄布局和新型农村社区规划,划分城镇型农村居民点(分布在镇区和社区周围)和农村型农村居民点(以分布在农村为主),强调农村型居民点要考虑服务半径、耕作面积、历史文化遗存和特色村庄的保留等因素。

(四)山东省加快城乡一体化的主要做法及成效

近年来,山东省认真贯彻落实科学发展观,统筹城乡经济社会发展,对农村实行"少取、多予、放活"等一系列政策,加大公共财政向"三农"的倾斜力度,推动城市资金、技术、信息等要素向农村流动,着力推进城乡基础设施共建共享、城乡基本公共服务均等化。一是推进城乡发展规划一体化。把城镇和农村作为一个有机整体考虑,制定和完善统一的土地利用总体规划和城乡产业发展、基础设施建设、社会事业发展、生态环境保护等专项规划,形成城乡统筹、相互衔接、全面覆盖的城乡规划体系。二是推进城乡产业一体化。积极适应城乡经济不断融合和产业联动发展的趋势,统筹规划和整体推进城乡产业的发展,努力形成城乡分工合理、特色产业鲜明、生产要素和自然资源禀赋优势得到充分发挥的产业空间布局,形成三次产业相互促进、协调发展的现代产业体系。三是推进城乡基础设施一体化。进一步加强农村公路升级改造和路网建设,完善农村公共交通网络,加快乡镇客运站建设。大力推进农村供水城市化、城乡供水一体化。四是着力推进城乡公共服务一体化。进一步强化政府社会管理和公共服务的职能,统筹规划、合理布局城乡教育、卫生、文化等公共服务资源,加快城市优质资源进入农村的步伐,为农民提供更多优质廉价的服务。

1. 莱芜市城乡一体化的主要做法

在工作重点上,努力推进"四个一体化"。一是推进城乡经济发展一体化。按照"经济布局区域化、产业发展集群化、资源配置市场化"的要求,大力发展"三大产业板块",优化区域布局。在北部,发挥山水生态资源优势,以雪野旅游区为重点,发展生态旅游板块。在中西部,发挥姜蒜产业优势,以莱城姜蒜产业区为重点,加快发展姜蒜加工储运板块,努力打造国内一流的种质资源基地、标准化种植基地、储运加工基地和产品信息交易中心;拥有加工企业320多家,实现年加工能力50万吨。在南部,发挥钢铁产业优势,以服务配套莱钢为重点,加快发展钢铁加工物流板块。"三大产业板块"涉及16个乡镇,覆盖1300平方公里的面积,集聚了全市70%以上的经济总量。同时,积极探索产业互动、村企融合发展的新途径,引导各级走工业带动、大企业带动、园区带动、旅游开发带动等各具特色的路子,推动城乡经济一体化。泰钢集团按照村企一体、优势互补的思路,整合周边10个村、1.4万人,组建7个实业公司,依托泰钢发展配套加工项目。原10个村4800多名适龄劳力全部进厂务工,60岁以上老人每月可从泰钢领取70元养老补助金,实现了村庄变企业、农民变工人、村民变市民。房干村整合周边生态资源,组建房干帅旗集团,大力发展生态旅游,去年集体收入超过3800万元;80%以上的农户依托旅游搞经营,农民人均年纯收入达到 1.4 万元;村民全部住上楼房,65 岁以上老人每年还享受 1000 元的生活补贴。

推进城乡规划建设一体化。已基本编制完成新一轮城区、镇、村和居民点布局规划,按照新的规划,将形成中心城、重点镇、农村新社区、居民点梯次分明、发展有序的城乡空间新格局,原来 1070 个行政村将建设为 480 个新的社区居民点。同时,启动了 26 个大型新社区的建设和改造。大力推进城市基础设施向农村延伸,实现了村村通客车、通自来水、通有线电视,城市公交线路延伸到 8 个乡镇,城乡联网供水覆盖面超过 50%。

推进城乡社会事业发展一体化。重点促进教育、卫生等公共服务向农村覆盖。如在农村卫生事业发展上,引导城区医院对乡镇卫生院进行兼并、托管、合作,乡镇卫生院领办村卫生室。目前所有乡镇卫生院都与城区医院建立了托管合作关系,81% 的村卫生室被乡镇卫生院领办,农村医疗服务水平大幅提高,城市医院也拓宽了发展空间。莱城区羊里镇卫生院被莱城区医院托管后,门诊量、住院人数、业务收入都翻了一番多,农村群众享受到了城市医疗服务,但费用却降低了 20% 左右。同时,按照"城乡一体、全面覆盖、低点起步、逐步提高"的思路,从制度层面建立起养老、医疗、住房、就业、救助等十大民生保障体系。如积极探索农民养老保险制度,将 50 周岁以上的农村居民全部纳入保障范围,目前参保率达到 83.6%,65 周岁以上的参保对象去年每人每月领取 30 元养老金,今年提高到 40 元。

推进城乡生态环境建设一体化。对境内山川、河流实行一体化的规划、治理和保护。如对横贯城乡的牟汶河进行综合整治,在长达 56 公里的河面上修建了 39 座拦河坝,形成了 54 公里的连续水面,相当于新增一座 1 亿方的大型水库,既增加了蓄水,又改善了生态。针对农村垃圾造成的环境脏乱差问题,以市场化的方式建立起"村收集、镇清运、市区处理"的农村垃圾治理体系。目前全市所有行政村按每 300 户配一人的要求配齐了保洁员,各乡镇都通过整体招标方式确定了清运保洁队伍,农村已像城市一样做到了垃圾日产日清。

在发展途径上,做好"三篇文章"、促进"三个集中"。一是做好土地流转的文章,促进土地向规模经营集中。按照依法、自愿、有偿的原则,大力推行土地经营权互换、转让、出租和入股等,目前全市共流转土地 64.9 万亩,其中耕地 14.5 万亩,占耕地总面积的17.6%;林地 50.4 万亩,占宜流转面积的 78%。二是做好"飞地经济"的文章,促进工业向园区集中。为提高产业聚集度,依托济青高速南线,规划建设了市高新区、雪野旅游区、钢城经济开发区和莱城工业区"四个功能区",出台了"飞地经济"政策,规定凡异地建项目的,形成的地方财政收入至少拿出 60% 归引进方,鼓励不适宜发展工业的乡镇在市内异地建设项目,促进产业集聚发展。三是做好户籍管理体制改革的文章,促进人口向城镇集中。出台《关于深化户籍管理制度改革的意见》等文件,取消农业户口、非农业户口分类管理模式,建立了城乡统一的"居民户口"登记制度、统计制度和户口迁移制度,制定了有利于促进城乡劳动就业、社会保障一体化发展的相关政策,为人口向城镇集中提供了制度和政策层面的保障。

在工作推进上,强化"两个体系"。一是强化规划政策体系。先后出台了《莱芜市统筹城乡一体化发展纲要》,编制了《莱芜市城乡总体规划》,制定了 12 个方面的专项规划和 12 个方面的配套政策,初步形成了以《莱芜市统筹城乡一体化发展纲要》为龙头、规划为先导、政策相配套的规划政策体系。二是强化工作推进体系。莱芜市成立了由市主要领导任组长的领导小组和市分管领导任组长的8个专项推进工作组,设立了市推进统筹城乡一体化发展办公室,并将推进城乡一体化发展列入各级政府的责任目标考核,形成了统筹协调、分线推进的工作机制。

在工作导向上,努力做到"三个坚持"。一是坚持把发展作为第一要务。把实现科学发展、又好又快发展作为城乡一体化的根本目的,努力促进农民增收、财政增长、区域实力增强。特别是把镇域经济作为城乡一体化发展的基础和关键,制定了《促进镇域经济财政发展奖励政策》、《促进乡镇地方财政收入过千万元扶持政策》等一系列激励扶持政策,市里每年拿出1000万元采取以奖代补等方式,鼓励乡镇培植财源,促进镇域经济发展。二是坚持把创新体制机制作为根本动力。在全市深入开展"工作创新奖"评选活动,引导各级干部在思想观念、体制机制、方式方法上不断改革创新。三是坚持一切从实际出发。在推进城乡一体化发展中,严格遵循"三条原则",即坚持尽力而为、量力而行的原则,充分考虑本地经济发展水平和群众实际承受能力,不加重财政和农民负担;坚持循序渐进、积极稳妥的原则,对城乡一体化每项工作,都坚持规划先行、试点带动、稳步推进;坚持因地制宜、分类指导的原则,根据各地情况和实际需要,鼓励探索不同的发展路子。

2.寿光市推进城乡一体化发展的主要做法

一是统筹空间布局,推进城乡规划一体化。坚持规划先行,打破城乡规划分割的局面,高起点、高标准、高质量地编制城乡一体发展的各项规划,以规划一体化引领城乡经济社会发展一体化。编制完善了城乡发展战略规划、城镇总体规划、城镇体系规划、村庄建设规划等专项规划,把市域内每一块土地都纳入规划范畴,实现了城乡规划的全覆盖,目前全市14处镇街道和95%以上的村完成了新一轮总体规划,各镇街道详细规划覆盖率达到80%。在此基础上,加强了城市规划与农村规划、总体规划与专业规划之间的衔接,以城乡一体规划打破城乡二元结构,促进了平等和谐、良性互动的新型城乡关系的形成。

二是统筹资源配置,推进城乡产业发展一体化。科学配置城乡资源,调整优化产业结构,推动城市资源"下乡"、农村资源"进城",努力实现城乡产业融合发展、联动发展。着力推动农业向第二、三产业延伸,深化农业产业化经营,大力发展农产品加工业、生态旅游业和农产品物流业,不断拓展农业功能,全市农产品加工率达到65%,打响了以蔬菜博览会为主体的农业旅游品牌,培育形成了长江以北最大的蔬菜批发市场,今年又开工建设了总投资20亿元的国家级农产品物流中心;着力推动工业向园区和城镇集中,目前全市70%的规模以上工业企业落户在三大园区和乡镇工业项目区;着力推动第三产业向农村拓展辐射,积极引导城市商贸、金融、物流等第三产业开拓农村市场,扩大面向农民的服务,使农民与市民一样享受到了方便快捷的服务。

三是统筹城镇化发展,推进城乡建设一体化。坚持把小城镇作为统筹城乡发展的重要载体,确定了"123456"的长远规划,即突出羊口"一个次中心",围绕潍高路、羊田路"两大主轴线",以侯镇、稻田、台头等重点镇为"三大支点",以洛城、文家、北洛、胡营"四个组团"为带动,全力构筑东部生态旅游服务区、南部现代农业示范区、西部市场物流区、北部先进制造业聚集区和寿北海洋化工基地等"五大板块",力争到2010年,全市城镇化水平达到60%以上。重点实施了城郊"四大组团"集群开发,在"两保障、两到位"(保障居住面积、生活水平,养老、医疗保险到位)的前提下,对四大组团内村庄进行撤村并居、迁村并点,集中建设新型社区。文家街道将18个城中村规划为四大社区,洛城街道将32个村规划为五大社区,古城街道将20个村规划为五大社区,孙家集街道将78个村规划为10个"中心社区",并按照先易后难、逐步推进的思路着手建设,打造了农民就地转移、集中居住和服务共享的新平台。

四是统筹公共服务,推进城乡文明一体化。充分发挥政府的主导作用,坚持把新增财力主要用于城乡公共事业,重点向"三农"倾斜,初步建立起城乡一体的教育卫生、公共文化、社会保障、生态环保服务体系,实现了城乡公共服务均等化。2007年,全市财政用于"三农"的支出达4.6亿元,占财政支出的23%,比2000年提高了10.5个百分点,全市新农合参合率达到96.2%,五保老人集中供养率达到80%以上。教育、文化、科技、卫生、环保、广播电视和计划生育等社会事业均步入全省乃至全国先进行列,被评为"全国教育工作先进市"、"全国民政工作先进市"、"全国科技进步先进市"、"全国社会文化先进市"、"全国创建文明村镇工作先进市"。

二、中部地区城乡一体化的探索

(一)湖南省长沙市城乡一体化的经验与措施

1. 基本原则

一体规划、梯度推进原则。在明确城乡规划总体目标的基础上,区分功能定位,立足现有产业、基础设施,有效整合城乡资源,对城乡一体化进行高标准规划。

以人为本、维护权益原则。坚持富民为先、以人为本的原则,把富民与强市有机统一起来,正确处理城乡关系,维护好城乡人民的利益。防止借推进城乡一体化的机会,剥夺农民的合法权利。

村民主体、合力推进原则。发挥村民主人翁的作用,增加村民的建设积极性,发挥村民在建设中的监督作用。整合各种资源,形成统筹合力,大力推进要素配置和投资建设集约化。充分发挥财政资金的杠杆作用,充分利用民间资金。

政府主导、制度创新原则。充分发挥政府宏观管理的主导作用,通过制度创新促进农村经济社会的发展,形成一整套有利于城乡一体化的制度支持系统,促进城乡劳动力、资金、信息的自由流动,保障农村村民与城市居民在教育、就业、社会保障、社会福利等方面的同等权利。

以城带乡、以乡促城原则。坚持城市化优先发展战略,增强城市对农村的带动作用,推动城市基础设施向农村延伸、城市社会服务向农村延伸、城市文明向农村辐射,促进农村的发展,增加农民的收入,提高农民的生活水平,增强农村对城市的促进作用。

三化互动、协调发展原则。坚持城市化、工业化和农业产业化的联动互进,不断推进城市化,提升工业化,加快农业产业化,推动工业向园区集聚,农村人口向城镇集聚,农村劳动力向非农产业集聚,促进城乡一体化。正确处理好经济发展与人口、资源、环境的关系,实现经济社会和生态环境的协调与可持续发展。

2. 主要措施

统筹城乡基础设施规划建设,促进城乡建设一体化。按照优化城乡生产力和人口布局的要求,把城乡的居民社区、基础设施和生态环境作为一个整体进行规划和建设,形成城乡一体化的生产环境、人居环境和生态环境。一是加快乡村公路建设,为城乡一体化发展提供快捷的交通条件。二是加强一般乡镇灌装液化气站点、农村沼气池的建设,改善农民生活环境,优化农村生态环境。三是加强农村电信网络及广播电视网络建设,做到广播电视、电话村村通。四是加大对农村生态环境建设的投入,加快推进改路、改水、改线工程及违章建筑拆除工程。

统筹城乡居民就业,促进城乡劳动就业一体化。一是建立城乡统一的户籍制度,实行按实际居住地和稳定收入来源来登记户口的户籍管理制度,消除农民进城就业的制度障碍。二是建立城乡并重的就业制度和统一开放的劳动力市场,取消对进城就业农民的各种限制,取消各种不合理收费。三是科学配置城乡劳动力资源,根据城乡劳动力劳动技能的差异,有针对性地为农村劳动力提供合适的就业机会。四是强化对农民的职业技能培训,提高农民的整体素质,增强农民的就业技能。

统筹城乡产业结构的战略性调整,促进城乡经济一体化。一是以提高产业竞争力为核心,以发展先进制造业、现代服务业和现代农业为导向,大力推进城乡产业结构的战略性调整,形成区域分工合理、特色优势鲜明的产业结构和空间布局。二是在保持良好生态环境前提下,着重发展特色种植业、效益养殖业、生态观光农业。

统筹城乡社会事业发展,促进城乡公共服务一体化。一是统筹城乡教育事业发展。加大农村义务教育管理体制改革的力度,巩固以政府投入为主的经费保障机制,保障农村中小学实施免费义务教育。通过制度调整,促使城市与农村老师间的相互流动,鼓励城市的优秀老师到农村中小学任教。选拔优秀大学毕业生补充到教师紧缺的农村中小学,增强其师资力量。二是统筹城乡医疗卫生事业发展。建立农村卫生专项转移支付制度,增加公共财政对乡村卫生院(室)的支持,加强对农村医务人员的继续教育与培训。三是统筹城乡社会保障事业。加快建立农村最低生活保障制度,积极完善多层次、多类型的农村医疗保障制度。

统筹城乡配套改革,促进城乡经济社会一体化。一是扩大公共财政在农村支出中的比例,增加对农村的公共产品供给,健全农村公共服务体系。二是加快土地征用制度改革,切实维护农民的财产权利,切实维护失地农民的利益。三是加快农村金融体制改革,增加对农村的贷款规模特别是信用贷款规模。

(二)河南省济源市城乡一体化大开放型城市战略

1.实施城乡一体化大开放型城市战略

面对融入中原城市群和作为城乡一体化试点城市两大新的发展机遇,根据产业发展现状及未来产业取向,济源市必须充分发挥豫西北门户、能源基地、旅游基地、建材基地、新焦济工业带节点的优势,为中原城市群提供重要的带动作用、支撑作用、展示作用、节点作用、通道作用和服务作用。在被确定为城乡一体化试点市之前,济源市已于2004年提出大开放型城市战略,将1931平方公里的行政区域作为一个整体进行全盘规划建设,在全市范围内加快推进城市化进程,逐步形成以城市为龙头,以特色区域为轴线,以景区为基础,市区与村镇充分融合、相互促进的组团式市域一体化的发展格局。通过实施大开放型城市战略,在与豫晋两省周边城市的相互吸纳中,极力抢占未来经济社会发展和更大区域内的制高点,达到快速发展自己又不被边缘化的目的。

2.以项目建设加快城乡大开放,项目建设已成为拉动济源经济增长的主动力

着眼于城乡一体化的发展要求,济源市连续四年开展"项目建设管理效益年"活动,加强协调服务、台账管理、观摩督察,在全

市形成了大上项目、上大项目、上好项目的建设热潮。济钢、豫光、豫港焦化等不少企业年年都在进行项目扩张。各乡镇、街道办事处上项目也是你追我赶,明争暗赛,竞相发展。济源市采用项目融资、股权投资、经营权转让、企业并购、公司上市、战略合作等多种形式,最大限度地吸引市外投资主体前来投资。

为了确保安商、扶商、富商,济源市高度重视服务外来投资企业发展,创造性地建立了联席办公会议制度,实行项目代办、一卡通等服务措施,使经济发展环境不断优化,对外来项目的集聚力不断增强。

3. 努力"做大、做强、做新",探索适合本市实际的新型工业化道路

"做大"主要是在规模大、份额大、投入大、贡献大方面做大文章,使企业在全国要有大地位,在国际上要有大影响。"做新"是指一个强大的企业不仅仅体现在厂大、人多,更主要表现在技术水平强、领导班子强、竞争实力强、市场意识强。"做新"是指工业创新,济源市的主要做法有:

(1)积极引导企业开展技术创新活动,进一步加强企业技术研发,加快高新技术产业发展,企业自主创新能力明显增强。根据企业技术创新能力调查的结果,济源市及时推出了一批市场前景好、技术水平高、实施后经济效益显著,并能够形成自主知识产权的高新项目。

(2)积极推动企业与高等院校、科研院所开展技术转让、技术入股、联合开发等多种形式的合作。面向企业和企业研发中心,整合现有科技资源,加快大型科研设备、科技成果转化等以企业需求为导向的公共服务平台的建设。通过加强产学研联合攻关,不少企业开发出了系统内具有自主知识产权和极具市场竞争力的新

产品。

（3）发展循环经济，提高资源利用率，改善生态环境，在落实科学发展观方面取得新成效。思礼乡的万洋冶炼有限公司、承留镇的金利有限公司等继烟化提锌项目取得明显效益后，又分别新上了富氧底吹铅熔池熔炼项目。企业负责人表示，项目建成后，不仅会带来可观的经济效益，而且还将有效节约资源、保护环境，为企业低成本健康运行、高速度可持续发展提供充足的后劲。

（4）实施名、优、特、新品牌带动战略，成为提升企业形象、提高企业经济效益的可行之路。贝迪地能空调有限公司的系列产品，依靠超强的环保节能优势和良好的使用性能被北京奥运场馆所采用，使该企业充分认识到只有符合社会发展需求的精品项目，才是开拓市场的最有力武器。

4. 率先在中原地区实现全面建设小康社会、率先在河南省实现城乡一体化的具体措施

（1）自被列为城乡一体化试点城市以来，济源市以实施"三个集中"，即工业向园区集中、人口向城镇集中、土地向规模经营集中为路径；突出抓好"三个延伸"，即公共卫生基础设施向农村加快延伸、公共服务体系向农村加快延伸、劳动保障制度向农村加快延伸，缩小了城乡差距，加快了城乡一体化进程。

围绕建设现代化中等城市的目标，按照"中心城市+三个组团+三个重点区域"的整体布局，济源市初步完成了50平方公里城市总体规划，总面积达169平方公里的曲阳湖组团、轵城组团、克井组团规划和总面积30平方公里的五龙口重点区域、坡头及西霞湖旅游度假区、邵原重点区域规划。

济源在户籍管理、劳动就业、社会保障等方面推出多项优惠政策，有意引导人口向城镇和中心村集中，引导产业发展向城镇和园

区集中。同时,加快迁村并户步伐,引导不具备基本生活条件的散居自然村向中心村集中。从 2003 年至今,有 5030 人搬出了原先的偏僻与闭塞的村子,开始了另一种全新的生活。

(2)为加快小城镇建设步伐,缩小城乡差距,济源市财政列支5000 万元,引导鼓励 12 个乡镇完成小城镇建设投资 1.6 亿元,启动 64 个建设项目,使城镇对农村的辐射带动功能不断增强。城镇化的快速发展,带来了第三产业的繁荣。截至 2006 年上半年,轵城镇、承留镇、思礼乡等乡镇就地转移农民均在 1 万人以上,农民人均纯收入中非农收入占 80% 以上。

(3)济源市一方面注重发展特色产业和龙头企业,提高其大规模经营土地的能力;另一方面注重深化土地流转体制改革,积极探索土地转让、互换、转包、租赁、入股等形式,加快土地向规模经营集中。全市实现规模经营土地已达 5 万亩,面积超过 1000 亩以上的农业园区已达 40 多家。

(4)农民摒弃小农意识向新型农民转变。提高农民收入,壮大农村集体经济,实现城乡一体化,建设新农村,农民的观念首先必须转变。通过组织农民致富报告团、举办培训班等多种形式,大多数农民逐渐由传统意义上的农民向有文化、懂技术、会经营的现代农民转变。农业机械化水平进一步提高,93 万千瓦的农机总动力,78% 的耕、种、收综合机械率,让农民真正实现了大解放。科技化水平逐步提升,23 个农业科技示范点,100 余个农业新品种,使农业科技转化率达 98%,农业科技贡献率达 48%,更多的群众已经从传统的小农经济意识中走了出来,从有限的土地上走了出来,从农村走了出来。农民开始由单一依靠种植业向多种经营和多业并举转变,农民收入来源也发生了新变化——种植业收入占农民收入的比重在下降,来自畜牧业、非农产业的收入比重在上升,尤其是劳务经济成为农民增收的新亮点。

（5）着眼于城乡一体化的发展要求，科学规划了一大批事关长远和全局发展的基础设施项目。济源市坚持"不求最大、但求最好"的城市创新理念，规划出50平方公里的中心市区，已建成35平方公里。城市规划注重文化特色，建设讲究艺术品位，众多高品位基础设施的构架支撑，使城市市容市貌在中原城市群中光彩夺目。全市16个乡镇、街道办事处所在地，以前按卫星镇规划发展，现在按城市"功能区"开发建设。从中心城区到乡镇村落，济源随处都在释放实施大开放型城市战略的新鲜气息。

（6）不断优化中小学布局，促进高中向城市集中，初中向城镇集中，小学向人口密集区集中。据了解，2008年，全市所有中小学要达到省定办学条件，2010年将全面普及高中阶段教育工作。

（7）农村改革由注重单向改革向深层次综合改革转变。农村综合改革全面推开，各项改革措施综合配套推进，已经完成了乡镇机构改革、农村税费改革、国有粮食购销企业改革和农村信用社改革，乡镇财政体制改革、水利管理体制改革、林权制度改革、畜牧兽医体制改革、土地管理制度改革等稳步推进，并收到明显成效。

农业管理体制和方式由简单粗放向集约化、科学化转变。随着农村经济的快速发展，济源市更加注重发挥市场机制在资源配置中的基础作用，更加注重调动农民群众、龙头企业的积极性，更加注重运用经济、法律等手段促进农业和农村的发展。另外，各项支农惠农政策全部得到落实，更增强了发展城乡一体化、建设新农村的信心。

三、西部地区城乡一体化的实践

（一）四川省成都市城乡一体化的经验与对策

1.总体情况

从 2003 年开始，四川省在成都市实施了以推进城乡一体化为核心、以规范化服务型政府建设和基层民主政治建设为保障的城乡统筹、"四位一体"的科学发展总体战略，实施了一系列重大改革试点。

2004 年 2 月，成都市出台了《关于统筹城乡经济社会发展推进城乡一体化的意见》，标志着城乡一体化在试点的基础上全面展开。随后相继出台了《关于统筹城乡教育改革和发展的意见》、《关于调整优化乡（镇）行政区划工作的意见》、《关于深化乡（镇）机构改革的意见》等一系列配套文件。2007 年 6 月，国务院批准在成都设立"全国统筹城乡综合配套改革试验区"，在国家战略层面上进入了统筹城乡发展的新一轮探索。2007 年 7 月，中共成都市委、市人民政府出台了《关于推进统筹城乡综合配套改革试验区建设的意见》，首次提出"全域成都"理念，把成都 1.24 万平方公里面积作为一个现代化的都市区来统筹发展，推动市域经济、政治、文化、社会建设一体发展，努力构建现代城市和现代农村和谐交融、历史文化与现代文明交相辉映的新型城乡格局。

2.主要做法

成都市运用政府和市场两支手，通过改革旧体制打破城乡分治的政策环境，激活生产要素，用一体化统筹城乡同发展、共繁荣。

政府规划推动，市场配置资源。着眼城乡经济、社会、自然和人的协调发展,结合土地利用总体规划和城市总体规划修编,明确分区功能定位和产业发展重点,凸显区域经济比较优势和特色,突出抓好县域政府所在地和有条件的区域中心镇的市域城镇体系规划。提出力争在10年内基本形成环绕中心城市的4个中等城市、11个小城市、45个区域中心镇相互呼应的城镇体系。在规划实施中,要统筹带动性强的重点项目、区域比较优势明显的项目、价值链和关联度高的项目,目标明确地激励各类资源配置主体作出相对理性的预期和分散的决策。

强化产业支持,立足多元特点。按照"集约发展、效益优先"的原则,坚持走工业集聚发展的道路,主要工业布局在成都高新区、成都经济技术开发区和各区(市)县工业集中发展区;以两级工业发展区为载体,重点打造电子信息、机械(含汽车)、医药、食品(含烟草)、冶金建材、石油化工六大工业基地,形成高新技术产业、现代制造业和区域特色产业三大工业经济区域。同时,特别强调在中心城市和区(市)县政府所在地及有条件的区域中心镇,搞好第三产业,注重业态转换和结构的升级。在不具备城市化和工业化条件的其他农村地区,大力发展特色农业。

创新制度设计,促进要素流转。重点围绕建立城乡统一、开放的劳动力市场,先后就失地无业农民安置、失地无业农民再就业、农村劳动力培训和就业工作,以及与农村剩余劳动力转移流动密切相关的征地农转非人员社保、城乡居民最低生活保障、一元化户籍管理等城乡一体化工作出台了系列配套政策。以"公司+农户"或"协会+农户"的形式,针对具有比较优势的某些农林产业或经济作物,遵循样板引导、农户自愿的原则,进行土地承包经营权的流转。

聚焦公共产品,联结城乡发展。采取政策资源组合配套、系列推出的方式,在城乡一体化进程中,针对"乡"这个矛盾的主要方面,卓有成效地用"看得见的手"来聚焦和供给公共产品。其切入点是:实施教育强乡(镇)建设工程、帮困助学工程,提高农村普通中小学预算内生均公用经费。建立新型农村合作医疗、市县乡财政管理体制、公共财政制度,实施中心城区农民新居工程等。

搞好配套改革,推动城乡发展。转变政府职能。2004 年,成都针对乡镇辖区面积较小、发展空间不足、经济基础薄弱等问题,调整优化乡镇行政区划,制定严格的乡镇撤并标准,进而又确定了30 个重点镇。在精简机构和人员方面,截至 2005 年 4 月,成都市共撤销乡镇事业单位 1945 个,裁减财政供养人员 6756 名。与此同时,成都市以"三个强化三个弱化"为原则,大幅度调整乡镇政府职能,即强化规划、协调、服务的职能,弱化直接参加生产经营的职能;强化城乡统筹发展的职能,弱化传统单一农业管理的职能;强化公益事业发展的职能,弱化一般事务性的职能。增强基层财政保障能力。该市出台了《关于推进县乡财政管理体制改革,逐步建立公共财政制度的意见》,要求经济相对发达、财政收入规模大增长快的乡镇,进一步完善和健全乡镇财政管理制度,实行相对规范的财政管理体制;经济欠发达、财政收入规模小的乡镇,可积极探索实行"乡财县管",由县级财政保障其必要的支出。在这一原则指导下,成都市对公用经费定额分三类制定了统一的最低保障标准,并通过建立规范的财政转移支付制度,淡化乡镇政府财政支出与财政收入在量上的直接关系,通过转移支付满足乡镇政府与其履行职能相适应的财力。完善农村社会化服务体系建设。2005 年出台了《关于加快农村社会化服务体系建设的意见》,将农村社会化服务体系分为农业生产、农村基础设施和农村社会事业发展服务这三大系统,并划分为 27 个子系统。2006 年进一步提出建立全覆盖和全方位的五大农村社会化服务体系,探索构建新型农村社会化服务体系的长效机制。根据农业和农村经济发展的实际,结合农业产业布局、结构调整规划以及服务半径等因素,建立农业片区站,作为县级农业行政主管部门的派出机构。在全市240个乡镇和涉农街办组建农业片区站227个,实现了农业推广方式的转变。

(二)甘肃省华亭县实施以工补农、以城带乡加快推进城乡一体化的实践

推进城乡一体化发展是实现经济社会科学发展的重要途径。为了积极探索破解城乡二元结构特征明显难题的有效途径,华亭县在以工补农、以城带乡,加快推进城乡一体化工作方面进行了积极的探索。

1. 以工补农、以城带乡战略现状

华亭县以工补农、以城带乡的实践,主要有四个特点:

(1)"一个转移"明方向。全县工作重点由注重抓工业经济向既抓工业又抓农业转移,用工业化思维谋划农业,用工业发展成果反哺农业,在促进工农、城乡健康协调发展的同时,县域经济发展重心开始由"强县富民"向"富民优先"转移,"三农"工作重点由单一抓农业产业化开发向既抓农业产业化开发又抓农业工业化(龙头企业建设)和基础设施建设方向转移。在全市率先提出了"一体两翼"工作部署,实行全员招商和全民创业,用老板的钱办发展的事,用财政的钱办农民的事,使更多的财政资金流向农村,农村经济发展势头空前强劲。

(2)"两股劲力"促发展。一是支农资金"推"。2005年以来,累计投入县财政支农资金7723万元,其中贴息668万元,撬动信

贷资金4300多万元,采取专项、贴息、补助、奖励的办法,重点扶持农业产业开发、龙头企业建设、农村基础设施建设等七个方面,加快农村发展。二是整合项目"拉"。将各级各部门、各渠道争取、引进的农业综合开发、道路、水利和良种引进推广、高新技术试验示范等项目资金和县财政支农资金有机整合,集中投放,发挥项目和资金的集聚效应。3年整合各类涉农项目64个,整合资金近4.9亿元,拉动社会投资5.8亿元,有效解决了"三农"发展资金紧缺的困难。

(3)"三个反哺"惠民众。坚持把发展现代农业、改善农村基础设施建设、推进农村社会事业发展作为"以工补农、统筹城乡发展"的重点,公共财政广泽桑梓,不断提高农民的"幸福指数",促进城乡和谐发展。一是统筹城乡产业开发,着力"反哺"农业支柱产业。二是统筹城乡基础设施建设,强力"反哺"农村基础设施。三是统筹城乡社会事业发展,大力"反哺"农村社会事业。

(4)"四项机制"做保障。一是完善目标管理机制。二是推行贴息放贷机制。三是坚持择优扶持机制。四是健全监督考核机制。

2.存在的问题

(1)城乡差距缩小难。主要表现在"三个持续拉大":一是城乡居民收入差距持续拉大。城乡居民收入比为3.4∶1,且有逐步拉大趋势。二是城乡基础设施建设差距持续拉大。农村道路、饮水、通讯等基础设施建设明显滞后于城镇,农村群众住房等人居环境明显落后于城镇居民。三是城乡社会事业发展差距持续拉大。农村科教文卫、社会保障事业发展缓慢,农民群众享受教育、医疗、文体娱乐的需求远远得不到满足。城郊居民与林缘山区贫困农民收入差距更为悬殊。同时,区域之间的"剪刀差"也非常明显,特别是城郊村与偏远山区村的居民收入、基础设施、社会事业、农民科技文化素质等方面的差距比较悬殊。

（2）农业产业开发难。近年来，县委、县政府把煤电化运和新农村建设确定为全县两大工作重点，着力改善农村面貌，基本实现了农村自来水化、乡乡通油路、通村公路农一级化、主干村道硬化目标。相对而言，农业产业开发明显滞后，有产业无规模、有基地无效益的问题比较突出，三大支柱产业收入仅占农民人均纯收入的41%。

（3）贫困群众贷款难。虽然县财政每年都安排一定数额的贴息贷款资金，但大多数困难群众仍难以获得贷款支持。以2007年为例，当年协调贴息贷款1000万元，放贷911.85万元，在未落实的88.15万元中，大多是安排给贫困户的贷款指标。

（4）农民素质提升难。华亭县农民群众普遍存在思想观念落后，文化和科技素质低下，法治意识淡薄等问题。近年来，虽然在农民培训方面做了大量的工作，但收效甚微，大多数农民群众还难以依靠文化和技能创业致富。

3. 关于加快推进城乡一体化的思考

（1）不断壮大工业经济实力，夯实"反哺"基础。（2）全面落实强农惠农政策，加大"反哺"投入。（3）倾斜支持农业产业开发，突出"反哺"重点。（4）加快推动农业转型发展，彰显"反哺"特色。（5）努力健全金融服务体系，增强"反哺"活力。（6）着力提升农民幸福指数，明确"反哺"宗旨。（7）切实加强项目资金管理，保障"反哺"成果。（8）积极探索多种有效模式，拓宽"反哺"渠道。

四、全国城乡一体化的基本经验总结

一是高度重视城乡统一规划,把其作为推进城乡一体化的核心内容。这些地区按照"城市现代化、农村城镇化、城乡一体化"的基本思路,把城市和农村作为一个整体,统筹规划、合理布局、协同推进。明确各个区域的功能定位,有效整合城乡资源,立足现有产业发展、基础设施、公共服务等城乡发展基础,把广大农村纳入城市规划范围,把城市的基础设施延伸到农村、社会服务设施配套到农村。

二是大力改善农村基础设施,把其作为推进城乡一体化的重要条件。统筹城乡交通设施建设,在完善重大交通路网建设的同时,加快推进重要道路与高速公路、国省道及市区的互通连接,搞好城乡交通网络。完善城乡信息设施建设,以农村广播电视入户工程为抓手,完善农业、气象、水利、农机等信息化服务,逐步形成覆盖城乡的共享性、集约化信息网络。加强城乡人居环境建设,通过生态保护、污水治理、燃气普及和农村环境综合整治,提高城乡环境质量。

三是产业协调发展,把其作为推进城乡一体化的主要支撑。顺应城乡经济不断融合和三次产业联动发展的趋势,统筹规划和整体推进城乡产业的发展,不断提高产业的竞争力。完善城乡产业布局,积极推进高效生态农业的专业化生产、集约化经营和区域化布局,大力推进农村工业向城镇集聚,着力形成城乡分工合理、区域特色鲜明、生产要素和自然资源禀赋优势得到充分发挥的产业空间布局。强化城乡产业内在联系,以工业化的理念推进农业产业化,以现代农业的发展促进第二、三产业升级,以现代服务业的发展推动产业融合,实现城乡产业的联动发展。

四是健全公共财政制度,把其作为推进城乡一体化的重要措施。积极优化财政支出结构,调整收入分配格局,逐步加大公共财政向农村基本公共服务领域的投入,重点抓好重大公共服务项目的实施,把更多的资金投向农村。加快完善公共财政体制,努力形成支持公共服务一体化财政投入的长效机制。

五是完善社会保障体系,把其作为推进城乡一体化的重要内容。按照"一体化、多层次、广覆盖"的原则,不断完善农村社会保障体系,逐步缩小城乡差异,实现城乡社会保障同步、协调发展。加快推进职工基本养老保险、失业保险、基本医疗保险、工伤保险和生育保险的全覆盖,提高城乡最低生活保障水平,加快新型农村合作医疗及医疗救助、被征地农民基本生活保障、农村五保对象和城镇"三无"人员集中供养、资助贫困家庭子女入学和廉租住房等制度建设。

六是促进社会和谐发展,把其作为推进城乡一体化的主攻目标。坚持以人为本,充分调动广大干部群众的积极性和创造性,注重人的整体素质的提高。把土地、生态环境等方面的保护作为重要内容纳入城乡一体化规划,合理开发,促进城乡资源、环境与人口的可持续发展。

第 二 篇

体制对策专题研究

第五章 公共财政体制建设 与城乡一体化

公共财政是推动城乡一体化发展的重要保障。财政的资源配置在缩小城乡差距、促进城乡统筹发展过程中发挥着重要的作用。当前，要实现城乡经济社会一体化，我国公共财政的任务尤其繁重。具体来讲，一方面，公共财政要向农村提供与城市基本均等的公共服务；另一方面，公共财政还承担着历史所赋予的特殊使命，即在工业反哺农业、城市支持农村的特殊时期，需要特别加大支农的力度，促进农业发展、农民增收。

党的十七大报告在阐述和部署社会主义新农村建设任务时明确提出，要建立以工促农、以城带乡的长效机制，形成城乡经济社会发展一体化新格局。这是党中央对统筹城乡发展提出的新方针和新要求，是打破城乡二元结构、加快农业和农村发展、促进农民富裕的根本途径，为下一步推进城乡经济社会协调发展指明了方向。城乡社会发展一体化格局中的城乡基础设施建设一体化、城乡公共服务一体化等的实现，必须依赖公共财政的大力投入。

一、公共财政在城乡一体化中的作用

公共财政是指在市场经济条件下,国家按照社会公众的集体意愿提供市场机制无法有效提供的公共物品,以满足社会公共需要的经济活动或分配活动。它的核心是政府对社会财富的再分配,但与以往我们常提到的财政制度相比,它更注重分配过程中的公共性、市场性和法制化。

公共财政概念和理论的提出,很快得到了社会多方面的认同,并不断得到充实和完善。建立"公共财政",不仅仅是一种字面上提法的改变,更重要的是体现了财政的目的开始向公共性转移,体现了面向平民纳税人的一种民主化财政的新起点。从公共性上说,虽然我国一直对财政收支秉持"取之于民、用之于民"的原则,但建设公共财政,更有利于这种理念的实现。因为它的核心理念之一,就是以规范财政的方式,减少甚至取消财政对一般竞争性领域的投资,同时将投资转向国家安全、义务教育、公共卫生、医疗保健、环境治理等更关乎民生的公益领域,从而改变长期以来财政供给"越位"、"错位"的现象,保证国家对公共物品的供应。从市场性上说,我国的公共财政还意味着在社会主义市场经济条件下,规范和明确"市场"与"政府"间各自的角色与定位。过去(包括现在),我们的政府将过多精力放在了本应由市场调节的领域,将财政大量投入,却忽视了自己本应发挥主要作用的公共领域的投资与建设。在公共财政之下,市场与政府二者应各自明晰各自的职权范围。政府要将基础性调节作用让渡给市场本身,将一般性经济资源交由市场来自发配置。同时,在公共领域等市场顾及不到或作用不灵的地方,发挥政府的主导功能。从法制化上看,公共财政意味着从今以后,任何对财政的使用都必须有法律依据,要严格按照全国人大通过的预算内容和数额来执行,逐步减少我国财政支出体制中存在的"任意性"、"长官意志"等现象。

随着社会主义市场经济体制的建立,我国的最高决策层也在20世纪90年代末提出了构建公共财政基本框架的目标。自此,公共财政理念开始成为政府和社会的共识,并且随着政府职能的转变以及各项政策的推动,公共财政的目标正在被逐渐逼近。在市场经济条件下,公共财政具有公共性、市场性和法制化的特征,并以实现公共服务的均等化为最终目标。然而,当前在打破城乡二元结构的特殊历史时期,只是追求公共服务的均等化,对于我国的公共财政而言还是远远不够的。

城乡社会一体化的核心,实质上是资源配置的问题,而公共财政正是解决资源配置问题的主要手段之一。当前在我国现代化建设中显现的比较突出的城乡二元分割现象,归根结底是资源配置在城乡之间失衡的问题。是什么导致了这种资源配置失衡?这种现象有着其深刻的历史原因,从机理上分析,长期的城市、工业导向的财政体制是重要的一个方面。当前,随着公共财政体制框架的初步建立,随着政府手中公共财政资源的逐步丰裕,一种呼吁从政府手中掌握的公共财政资源出发进行配置重构,纠正城乡二元分割现象的呼声就开始变得不绝于耳,而这也是一种合理的诉求、内在的需要,是我国公共财政必须解决好、面对好的重大课题。

(一)促进农业增产、农民增收

马克思说过:"农业劳动是其他一切劳动得以存在和发展的自然基础和前提。"我国历来高度重视农业的基础地位,创造了以世界7%的耕地养活22%人口的奇迹。但是由于我国人口多与土地少之间的矛盾突出、灾害多发,粮食生产并不十分牢靠。同时,长期以来农业生产率低下,导致城乡之间的收入差距不断扩大,农业发展缺乏自身积累能力,生产率提升缓慢,成为城乡之间差距不断扩大的根本原因。尽管近年来农民收入增速加快,但无论是与城市居民收入增长相比还是与 GDP 增速相比,仍然偏慢,城乡收入差距继续扩大。加快农业发展、增加农民收入、实现农业现代化已成为当前"三农"工作的核心。

党的十七大以来,我国正在试图建立以工促农、以城带乡的长效机制。公共财政在调整国民收入分配格局、为农业发展输入新鲜血液方面,负有不可推卸的责任。20 世纪 90 年代中期以来,我国财政秩序逐渐规范,财政收入多年来以超常的速度增长,国家财力逐渐丰盈,为公共财政支持农业生产、向农村输血提供了条件。公共财政在确保国家粮食安全、推进农业结构战略性调整、加快农业科技创新、加强农业基础设施建设、建立新型农业社会化服务体系、促进农业可持续发展等方面,均须发挥主要作用。在此过程中,公共财政的着力点是进行超常规投入,实现农业现代化,推动农村生产力的发展和农业生产效率的不断提高。

(二)提供城乡基本均等的公共服务

党的十七届三中全会指出,我国要建立促进城乡经济社会发展一体化制度,尽快在城乡规划、产业布局、基础设施建设、公共服务一体化等方面取得突破,促进公共资源在城乡之间均衡配置、生产要素在城乡之间自由流动,推动城乡经济社会发展融合,统筹城乡基础设施建设和公共服务,全面提高财政保障农村公共事业的水平,逐步建立城乡统一的公共服务制度。

长期以来,城乡差距的扩大,集中体现在公共物品供给和公共服务上存在着的不公平。在公共物品的供应上,应坚持城乡平等的非歧视原则,向城市和农村提供大致均等的公共物品,以加快农村经济社会发展,减轻农民负担。当前,亟待加强的农村公共服务包括农村教育事业、农村医疗卫生事业、社会保障体系、基础设施和环境建设、农村扶贫开发、农村文化事业等。党的十七届三中全会勾勒出 2020 年农村改革发展的宏伟蓝图,要求城乡基本公共服务均等化明显推进,公共财政在其中必须大有作为。

二、城乡二元分割财政体制回顾

新中国成立后至 1978 年的近 30 年,是我国实行计划经济体制的时期,也是二元社会经济结构形成的关键时期。新中国成立后,国家经济发展水平极低,工业自身积累水平极弱,农业是主导产业,因此,不得不将积累的重任放在农业身上,依靠牺牲农业来发展工业,实现工业化。这期间,财政从农业转移资源,采取了工农业产品"剪刀差"和征收农业税等手段。1950 年至 1994 年,国家通过工农业产品"剪刀差"从农村转移资金 20100 亿元(刘书明,2001)。为配合国家工业化建设的需要,财政投资方向主要向工业项目和城市倾斜,国家对农业的支出比重与农业占国民收入的份额和劳动力在农业的就业比重不相称,导致了城乡二元结构的形成。改革开放后至 90 年代末,中央和地方政府的改革重心向城市经济体制和社会管理方向转移,为了保证城市改革的顺利推进,财政资金和各种资源配置进一步向城市倾斜。在此期间,财政对农业投入的比例不断下降;农民税费负担不断增加、农民收入增长缓慢;农村公共物品供应长期短缺,城乡差距不断扩大。

自2000年以来,党中央、国务院以科学发展观统领经济社会发展全局,按照统筹城乡发展的要求,采取了一系列支农惠农的重大政策,财政开始向农业和农村倾斜,从工业化发展的成果中集中部分资源,对农业和农村进行反哺。财政加大了对农业、农村的支持力度,先后进行了农村税费改革、农村综合改革,增加了对农业生产、义务教育、合作医疗等方面的资金支持,健全了农业补贴制度,加快了农业基础设施建设速度。以上种种措施,使得近年来我国农业和农村发展呈现出难得的好局面,粮食连续多年增产,农业生产全面发展,农民收入持续较快增长,生活水平明显提高,农村基础设施加快改善,社会事业发展和扶贫开发迈出重大步伐,农村发展活力不断增强,为改革发展稳定的全局作出了重大贡献。

三、我国公共财政的缺陷

(一)农民隐性税费负担沉重

在农村税费改革之前,我国农民负担主要表现为直接税费负担较重,从税收负担与其收入比例角度看,农民税费负担远高于城市居民,影响了农民增收和农村经济发展。农村税费改革之后,农民负担主要体现为隐性税费负担。这些隐性负担至少包括流转税负担、增值税进项税负担、工农业产品价格"剪刀差"、土地收益转移等。由于现行税制原因,农民承担的流转税大部分被征入城市使用,农民不缴纳增值税,又使得农业投入的进项税全部由农民承担。根据城乡人口数量、主要流转税收入和城乡居民人均消费抽样调查数据测算,2006年农村居民承担的流转税为5518亿元。

根据农民人均家庭经营费用支出和购置生产性固定资产开支抽样调查数据测算，2006年农村居民承担的增值税进项税为1480亿元。柳思维(2006)认为，传统的工农业产品"剪刀差"并未消亡，还在顽强表现；刘书明(2003)估计，改革后每年通过工农业产品"剪刀差"转移到城市的资金为811亿元。肖屹等(2008)认为，由于政府垄断、市场失灵等原因，扭曲了土地收益分配格局，使得土地征用中农民土地权益受损严重，以江苏省为例，每亩土地农民至少损失约6.7万元。根据近年来国土资源部公布的数据，每年被征用的耕地超过200万亩，按此数据测算，每年全国农民因土地收益转移而承担的负担约为1340亿元。除此之外，农民承担的隐性税费负担还包括乡镇企业缴纳的税费、城乡服务业价格"剪刀差"等。若仅据以上四项测算或估计数据，可以计算得出，2006年农村居民承担的隐性税费负担至少有9149亿元。

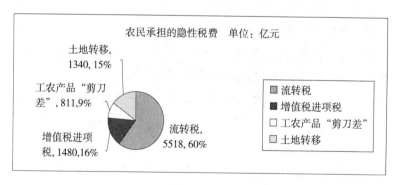

图5-1　2006年中国农村居民承担的隐性税费负担预测图

注：图中土地转移、工农产品"剪刀差"数值分别为引用的估计值。

(二)公共财政对三农的投入力度不足且结构不合理

2000年中央决定进行农村税费改革试点，2003年在全国推开,2006 年全面取消农业税,原先对农民征收的农业税、农林特产税、三提五统和其他税外收费、摊派全部取消,每年约为农民减负1200 亿元。然而与9149 亿元隐性负担比较,农村税费改革仅仅是解除了农民的一小部分负担。2001 年以来,国家用于农业的支出连年增长,2001 年至 2006 年分别为 1456.73 亿元、1580.76 亿元、1754.45 亿元、2337.63 亿元、2450.31 亿元、3172.97 亿元,占财政支出比重分别为 7.71%、7.17%、7.12%、9.67%、7.22%、7.85%。尽管国家用于农业的支出连年增长,幅度较大,但其在财政支出比重中的上升幅度较小。如图 5-2 所示,自改革开放以来,财政用于农业的支出占财政支出的比重总体上呈下降趋势,该比例 1978 年为 13.43%,1980 年为 12.20%,2003 年降至最低为7.12%,2006 年回升至 7.85%,尽管 2003 年后有所回升,但其仍然处于历史较低水平。徐光春(2008)估计,发展中国家财政用于农业的支出占财政支出的比重约为 10%—20%,发达国家约为15%—30%。显然,就国际比较而言,作为一个农业大国和发展中国家,我国对农业投入规模仍然偏小,公共财政对三农的投入力度仍然不足,远不能满足城乡一体化发展的需求。

如果与农民承担的9149 亿元间接税费相比较,国家用于三农的投入数目显然还很小,同时国家用于农业的支出并没有都用于三农,存在结构上的不合理。2006 年,财政支农支出中用于农、林、水利和气象支出的为 1956.85 亿元,占比为 90.5%,其中相当部分为相关事业费支出。国家财政支农支出中,用于养人吃饭的钱多,用于办事建设的钱少,生产性支出少,非生产性支出多,经常出现行政费挤占事业费、事业费挤占生产性支出的现象。同时,农业支出中许多用于大江大河治理、生态环境建设、退耕还林等外部效应很大的项目,对于促进农民增收等的直接作用却比较有限。

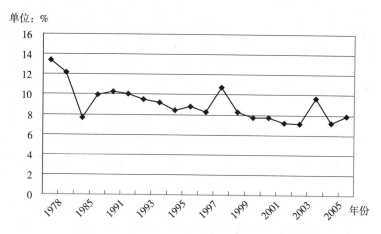

单位：%

图5－2　国家财政用于农业的支出占财政支出的比重

注：①图中横轴分别为1978、1980、1985、1990、1991至2006各年；②根据《中国统计年鉴2007》测算得出。

（三）农村公共物品的公共财政资金来源保障不足

　　我国农村公共物品提供长期不足的状况，在近年来得到了一定程度的缓解，向农村提供与城市基本均等的公共服务的呼声不绝于耳。由于近年财政支出的倾斜，农村基础设施建设、农村社会保障、农村生态环境保护等方面有了一些进步，但是并没有改变长期以来农村公共物品提供短缺的现实。目前的财政支出仍然是向城市居民倾斜的，农村居民从财政得到的公共服务数量和质量均远远落后于城市居民。农村的公共安全、行政管理、医疗卫生、乡村道路、农田水利、广播电视、乡村电力、科技推广、社会保障等公共物品提供，大多仍需要农民自己负担，并且成本高昂，满足不了农村的要求。

　　农村公共物品提供的投入保障不足的根源是资金匮乏问题。农村税费改革以后，社会普遍认为既然农村不提供税收，那么其获得的公共物品的资金只能依靠政府的"惠农"政策予以扶持,而农村"一事一议"的公共物品提供方法在很多地方出现了操作难、效果差的情形,导致农村一些重要公共物品的提供几乎陷入了瘫痪。1994年税制改革以来,财政资金越来越向中央、省、市集中,而事权不断向县乡政府下移,陷入了恶性循环。根据受益原则,农民缴纳的税费应当与其从政府获得的公共服务相对应,但目前农民承担的隐性税费并未返还给农民,这是造成农村公共物品的提供资金匮乏的主要原因。即使将农民承担的所有隐性税费均还给农民,由于农村居民的收入本身还不及城市居民的1/3,城乡公共服务水平肯定仍有很大差距,而现在隐性税费的返还机制根本没有建立,仅仅依靠财政支农的办法,解决不了农村公共物品的提供难题。

四、公共财政体制的改革思路与方向探讨

(一)公共财政的思维需要突破

财政体制对城乡协调发展的制约源于以城市为中心的工业优先发展战略、政府职能的缺位和政府间职能划分的不合理,是以上三个因素共同作用的产物,但最为核心的是不合理的经济发展战略。要想在短时间内扭转我国现行财政制度具有明显的城市偏好这一长期以来形成的思维、体制等,并非易事。党的十七届三中全会指出,农业是安天下、稳民心的战略产业,没有农业现代化就没有国家现代化,没有农村繁荣稳定就没有全国繁荣稳定,没有农民全面小康就没有全国人民全面小康。可见,"三农"问题已经成为我国能否实现现代化的关键所在。

不改变工业优先发展的战略,不打破计划经济传统的思维定式,就不可能有财政支出的农业倾斜和城乡的协调发展。截至目前,城乡分割现状依然,城乡差距并没有缩小,反而有进一步扩大的趋势。既然长期以来国家财政采取了向城市、工业的倾斜政策,那么现在处于"工业反哺农业,城市支持农村"的新时代,应当彻底解放思想、转换思维,可以采取非常措施、特别手段。

城乡一体化发展的最终目标是消除城乡差距,消除城乡二元结构现状,但其实现必然是渐进的过程。如果仅是做到给城乡发展提供一样的平台,但由于城乡之间本身现存的差距巨大,在发展力量、后劲方面,仍然相距甚远,如此一来,城乡差距消除的目标仍难企及。因此,公共财政作为国家有力调节经济社会发展的手段,在推进城乡一体化发展中,应当着力倾斜农村,并且这种倾斜必须是具有很大力度的,具有开拓性和非常规性的。

(二)公共财政对农村的"少取、多予"

少取,就是要巩固税费改革、综合改革等改革成果,使得农民能够在较长时间内得以休养生息。税费改革之后,农民显性税费负担降低了,而隐性负担却丝毫没有减少,这些隐性负担至少包括流转税负担、增值税进项税负担、工农业产品价格"剪刀差"、土地征地收益转移等。据相关学者测算,这部分隐性税收负担每年数额远超过税费改革取消的显性税费负担,并且有些隐性负担还呈现增长趋势。这些隐性负担顺着当前的财政收入渠道,多数都流入并用于城市,只要这种趋势不停止,"少取"的方针就不会真正落到实处,对农民休养生息的政策就难以真正奏效。因此,必须将农民隐性负担这一问题解决好,把资金源源不断地从农村流向城市的渠道彻底斩断,才有可能做到真正的"少取"。由于从总量上来看,当前财政对三农的投入力度仍然不足,所以需要在"少取"的基础上,发挥公共财政的优势,对"三农""多予",加大对农业支出的力度,同时必须考虑总量、结构、效益等方面的协调。

五、公共财政促进城乡一体化的体制对策

党的十七大提出了城乡一体化的概念,指出要"建立以工促农、以城带乡的长效机制,形成城乡经济社会发展一体化新格局"。这一论断是从根本上解决"三农"问题的理论创新,构成了新时期农村政策体系的基点。公共财政在城乡经济社会一体化发展中责任重大,承担着相当繁重的任务,必须拓宽思路,进行制度创新。

(一)建立适度倾斜于农村的税收制度

"多予少取"是近年来"三农"工作的指导思想之一。减轻农民税收负担,一方面,要巩固农村税费改革成果,禁止农民负担反弹;另一方面,可考虑建立适度倾斜于农村的税收制度,发挥税收对农业的促进作用。长期以来,城乡不统一的税制被认为是导致城乡差距扩大的重要原因,统一城乡税制成为社会的主流诉求。然而,仅仅是统一税制难以发挥公共财政对农村发展的支持作用。有些学者提出要将增值税课征范围延伸到农业部门、对部分农林特产品征收消费税、在农村全面开征个人所得税等。就增值税而言,如果大面积铺开,存在大部分农户达不到起征点、进项税抵扣难以管理等难题,操作起来难度很大。就个人所得税而言,若按现行城市标准,全国绝大多数农民达不到征税的标准,意义并不大。

单纯追求农民和城市居民享受一样的税收待遇,并不利于解决"三农"问题。

在税制方面,我们建议增值税、个人所得税等税种不急于向农村推行,而应维持农民务农免税的现状。更为紧迫的是应当在税制中设置一些利于农业发展、农民增收的税收优惠政策,例如对农业企业、农村合作组织、农户个人所获收入,对工业企业向农业、农村投资所获收入,对金融、商业等企业为农村服务所获收入等,在流转税、所得税方面给予税收优惠;对农村集体、农户、农业企业的财产收益、转移等方面在征税方面给予税收优惠;对人才、技术等生产要素向农村投入给予税收优惠等。国家可以考虑出台《"三农"税收促进法》,从国家法律的高度,确立适度倾斜于农村的税收制度,发挥税收的杠杆作用,促进农村的自我发展,鼓励资金流向农村、鼓励农村增强自身的积累和发展能力。

(二)建立农村公共物品提供的财政资金投入保障体制

一方面,应建立农民隐性税负归还渠道,作为农村公共物品提供的主要资金来源。农民承担的间接税费,应当成为农村公共物品提供的资金投入保障。目前由于过度集中的财政管理体制,农民承担的间接税费大部分都流入并用于城市。应对隐性税费进行科学测算,建立归还渠道,将农民应当享用的税收以公共物品方式还给农民。这样做的好处在于,能制度化地解决农村公共物品的资金保障问题。农村公共物品提供最终还需要农村自己解决,长期依靠国家扶持、城市反哺是不现实的。近年来,国家财政收入连年高速增长,财政实力有了空前提高,可以选择适当时机,从财政收入中或经济体制改革收益中划出部分资金,建立农村公共物品提供保障基金,并运用到农村公共物品提供上。在县乡级以下的预算管理和转移支付方面,公共财政也必须尽快突破。如果能建立相关渠道,将农民隐性税费负担还给农民,则可以开辟长期的、稳定的资金来源。公共财政应当进行制度创新,考虑通过完善转移支付、完善预算管理体制等手段,扩大县及以下地区基层发展的自主权,增加一般性转移支付、促进财力与事权相匹配,使得财力下沉,保证资金能用到农村最基层。同时,必须对当前财力过度集中于城市的现状进行改革,首先做到取之于农民的用于农民,然后要逐步实现多予。

另一方面,国家必须建立对农村公共物品提供的额外资金支持机制。因为即便是将农民承担的间接税费全部以公共物品的形式返还给农民,但由于城乡收入差距很大,不可避免地出现城乡公共物品提供上的巨大差异。因此,如果要实现城乡公共服务均等化的目标,光靠农民自己是远远不够的,国家必须承担起相当一部分对农村公共物品提供额外资金补偿的责任。公共财政应该承担向农村输血的任务,使得农村从公共财政中得到更多的比例,分享更多的改革成果。向农村输血的资金来源,应当从更广阔的视野中进行筹集。我国城市、工业对农村、农业事实上形成了长期的历史欠债,这笔债务的偿还,完全可以从城市改革发展中的收益中分割出一部分,例如国有资产减持、土地出让收益等,无偿地投入农村,实现资金的回流,增强农村的发展投入,提高农业、农村的自主发展能力。城乡公共服务的均等化必然是一个长期的过程,必须分阶段逐步实现,财政应尽快建立额外补偿的资金和制度保障机制,分步骤提高农村公共服务水平。

(三)进一步加大财政用于农业支出的投入规模

我国农业的特殊性在于农业生产率和收益率低下,难以满足自身发展的积累需要。除提供公共物品外,财政还必须对农业进行输血,增强农村经济的自主发展能力,强化对农业的产业保护与支持。当前我国对农业的投入规模仍然偏小,同时存在着资金分散、管理多头、行政耗费过大、挤占挪用等弊端。应从两个方面加大财政对农业的投入,一是将财政对农业投入结构的调整和投入数量的增加有机结合起来。随着政府财力的不断增长,应逐步提高财政用于农业的支出占财政支出的比重,长期坚持在国家新增财力的安排中向农业倾斜政策,从现在起每年可将该比重提高1%,直至该比重达到15%—20%。优化支出结构,把财政用于农业的资金切实用到最能产生效益的地方。二是充分发挥财政职能,优化资源配置,打通城乡市场梗阻,促进资源和生产要素的城乡互动,支持农村产业发展,打破城乡分割,加快城乡产业融合,增强城乡产业关联度,促进城乡产业优势互补、一体发展。

(四)充分发挥公共财政的杠杆作用

公共财政在市场经济中的地位与计划经济时代的财政有很大差异,政府或者财政并不能解决农村中存在的所有问题,财政在城乡一体化实现中更需要发挥杠杆作用。一方面,应发挥财政资金和政策"四两拨千斤"的作用,引导社会各方资金投资农业。通过对现有财政支持农业资金使用方式和政策进行适当调整,运用财政补贴等手段鼓励农民和企业充分利用市场机制进行融资扩张和发展,改变财政包揽过宽的局面。2008年6月,财政部、国家税务总局发布了《关于农民专业合作社有关税收政策的通知》,为农民专业合作社发展提供税收优惠。党的十七届三中全会提出要加大对农村金融的政策支持力度,拓宽融资渠道,综合运用财税杠杆和货币政策工具,定向实行税收减免和费用补贴,引导更多信贷资金和社会资金投向农村。另一方面,应通过灵活的产权制度安排等手段,为其他经济主体投入农业提供帮助,例如对于一些小范围受益的准公共物品,可以考虑将农民组织起来,通过财政补贴的方式将准公共物品以外包的方式由私人提供,将产权、收益权、管理权赋予出资人,调动其积极性,减轻政府负担。

在我国的城乡一体化过程中,公共财政需要在制度和政策方面进行有效的协调安排。关键是要重视体制机制建设。破解城乡二元结构,要依靠政府公共财政的一系列制度创新,彻底解决农民税费负担问题,并建立适度倾斜于农村的税制,保障农村公共物品供给所需的资金来源,充分发挥公共财政的杠杆作用,加大农业财政的支出规模。同时,在现有的体制机制下,要注重公共财政政策的灵活积极运用。当公共财政的蛋糕不像想象中的那样一下子达到统筹城乡社会发展需要时,则应当在现有的基础上,努力创造条件,发挥政策优势,因势利导地解决问题。

第六章 农村金融体制改革与创新

我国农村金融由政策性金融、商业性金融、合作金融及民间金融构成。但是,作为政策性银行的农业发展银行,其功能局限在支持粮棉油购销储业务上;邮政储蓄机构以前只存不贷的特殊经营制度,造成了农业发展资金外流;农业银行系统大举撤离农村市场,各县级行把吸收的存款几乎全部上存,成了名副其实的"抽水机";农村信用社名义上是农村金融的主力军,但因其资本充足比率低,竞争不充分,融资功能有限;民间金融因受到种种限制,发展有限。多年来,农村金融发展的滞后已经对我国农村经济发展、农业产业结构转型和农民增收产生了巨大的消极影响。

"三农"问题从根本上影响着中国的社会经济发展及其现代化进程。2004—2009 年,中央连续 6 年一号文件锁定"三农",在 6 个文件中都提出了要加快推进农村金融体制改革,改善农村金融服务。在 2008 年 10 月召开的党的十七届三中全会上,农村金融改革亦成为核心议题之一。全会明确指出,为促进城乡统筹发展,应建立现代农村金融体制。本章在对我国金融发展的城乡非均衡发展状况进行分析的基础上,提出农村金融体制改革与创新的对策建议。

一、金融发展的城乡非均衡分析

目前,我国农村金融体制按照是否取得金融许可证,可分为正规金融和非正规金融两大类,其中正规金融包括中国农业发展银行、中国农村信用合作社、邮储银行、中国农业银行等;非正规金融涵盖各类小额信贷机构、民间私人借贷、新型农村合作基金会等。

但是,正规金融为中国农村经济发展提供金融服务的能力不断减弱,非正式金融仍受到抑制,导致农村金融有效供给不足。其实,自从改革开放以来,对于中国农村金融改革的试验就从未停止过。政府一直试图通过改革中国农村金融体制、改善农村金融资源配置来推动农村经济的发展。但是一个无法回避的现实是:正规金融体制并未解决长期以来存在的农村资金供求矛盾,农村资金供求失衡状况也未因此而发生实质性的改变。在我国众多城市居民和企业享受着现代化金融服务带来的便利和愉悦的同时,我国广大农民和农村企业却求贷无门。城乡金融二元对立的现象非常突出,已经成为制约城乡一体化的瓶颈之一。

(一)农村资金外流严重,信贷投放不足

与我国整体快速发展的金融业相比,农村金融发展要慢得多。改革开放以来,特别是近年来,随着金融业市场化和商业化的推进,一些商业银行纷纷将其分支机构撤离农村,农村资金外流现象十分严重。

以陕西省佳县为例(王艳华,2008):这是一个连续19年陕西省倒数第一名的全国贫困县,全县有金融机构3家,其中农行在全

县只有 1 个网点,信用社有 24 个网点。2008 年 5 月末,全县金融机构存款总额是 6.08 亿元,其中农村信用社 2.8 亿元,农业银行 2.3 亿元,邮政储蓄 8828 万元。贷款总额 3.7 亿元,其中信用社 2.8 亿元,农业银行 8433 万元,邮政储蓄 510 万元。这就是一个贫困县的金融服务全貌:信用社存贷基本平衡,但根本无法全面覆盖农村信贷需求;农行现在基本上只存不贷,从佳县抽走资金;邮储银行刚刚起步,还在探索阶段,而且邮储目前能提供的贷款也都是质押贷款,服务农村金融需求的作用不大。

农村资金主要通过如下几个渠道外流:

1. 以农业银行为代表的国有商业银行系统的资金外流。四大国有商业银行随着改制和发展战略调整,开始追求集约化经营,向"大城市、大企业、大银行"的目标迈进。为此,从 1998 年开始至 2001 年间,四大国有商业银行从县域共撤并 3.1 万个网点,并上收了贷款管理权限,各商业银行信贷业务重点转向中心城市,对农村的放款也限于大型基础设施、国债配套资金和生态建设等大型项目,使农户的农业生产和中小企业的金融服务处于萎缩状态,造成农村资金通过商业银行严重外流。农业银行涉农贷款比重显著降低,目前农业贷款所占比重已经下降至 10% 左右。

2. 农村信用社非农化倾向所造成的资金外流。农村信用合作社是中国农村金融体系的主力军。农村信用社的管理体制使合作金融的发展偏离了合作制的方向,大多数农村信用社效仿商业银行的经营管理,参与到商业银行相互竞争的博弈中去,趋于以利润为导向,开始实行选择性贷款,将信贷资金由农业领域转入能提供更高利率的非农业领域,有的甚至通过证券公司国债委托理财投向股市。农村信用社脱离了自己原先的主要服务对象,造成服务功能和效益目标发展冲突,使得支农服务功能弱化,在实质上起的是从农村抽走资金的作用。

3. 邮政储蓄渠道的资金外流。自 1986 年恢复邮政储蓄业务以来,邮政部门利用其遍布城乡的网点优势不断开发新的邮政金融业务,储蓄存款稳步上升,到 2003 年年末,邮政储蓄存款余额接近 8984 亿元。由于 2003 年 8 月 1 日前邮政储蓄属中央资金,转存人民银行的利率为 4.131%,高出金融机构存款准备金率 2.24个百分点,受利益驱动,资金全部用于上存,导致邮政储蓄全额流出。虽然 2003 年 8 月 1 日以后邮政储蓄新增存款转存人民银行的利率与金融机构存款准备金率同为 1.89%,但受零风险驱使,基层邮政部门采取种种手段抢占存款市场,套取人民银行利率补贴,致使邮政储蓄增长过快。邮政储蓄存款分流成为农村资金外流的主要渠道。2007 年成立的邮政储蓄银行正处在试行阶段,虽有放款业务,但效果还不太明显。

我们按照宋宏谋(2003)的计算方法,估算农村信用社和农村邮政储蓄机构渠道的资金外流具体数据(参见表 6-1)。

表 6-1　农信社和邮储渠道的农村资金外流数据估算

（单位:亿元）

年份	信用社各项存款余额	邮政储蓄（农村)存款余额	信用社和邮政储蓄（农村)存款合计	信用社各项贷款	存款和贷款差额	农村资金净流出
1978	166.0	0	166.0	45.1	120.9	9.3
1979	215.9	0	215.9	47.5	168.4	47.5
1980	265.1	0	265.1	81.6	183.5	15.1
1981	318.6	0	318.6	96.4	222.2	38.7
1982	388.7	0	388.7	121.2	267.5	45.3
1983	486.1	0	486.1	163.1	323.0	55.5

续表

年份	信用社各项存款余额	邮政储蓄（农村）存款余额	信用社和邮政储蓄（农村）存款合计	信用社各项贷款	存款和贷款差额	农村资金净流出
1984	623.9	0	623.9	354.5	269.4	−53.6
1985	724.9	0	724.9	400.0	324.9	55.5
1986	962.3	0	962.3	568.5	393.8	68.9
1987	1225.2	0	1225.2	771.4	453.8	60.0
1988	1399.8	0	1399.8	908.6	491.2	37.4
1989	1663.4	20.5	1683.9	1094.9	589.0	97.8
1990	2144.9	45.8	2190.7	1413.0	777.7	188.7
1991	2707.5	88.0	2795.5	1808.6	986.9	209.2
1992	3478.5	124.7	3603.2	2453.9	1149.3	162.3
1993	4297.3	215.2	4512.5	3143.9	1368.6	219.3
1994	5669.7	339.0	6008.7	4168.6	1840.1	471.5
1995	7172.9	546.9	7719.8	5234.2	2485.6	645.5
1996	8793.6	740.0	9533.6	6364.7	3168.9	683.3
1997	10555.8	882.8	11438.6	7273.2	4165.4	996.5
1998	12191.5	1079.0	13270.5	8340.2	4930.3	764.9
1999	13358.1	1262.7	14620.8	9225.6	5395.2	464.9
2000	15129.4	1632.7	16762.1	10489.3	6272.8	877.6
2001	17263.5	2024.9	19288.4	11971.2	7317.2	1044.4
2002	19154.2	2511.8	21666.0	14251.0	7415.0	97.9
2003	23710.2	3066.1	26776.3	16978.7	9797.6	2382.6
净流出						9686.0

资料来源:《中国金融年鉴》(1986—2004)。

从表6-1可以看出,1978—2003年间,不包括农业银行,仅通过农村信用社和邮政储蓄渠道的农村资金外流就高达9686亿元,这严重影响了农村经济的发展和农民收入的增加,加剧了城乡金融资源的不平衡和经济社会发展的不平衡。

4.作为政策性银行的农业发展银行支农作用难以有效发挥。农发行不断调整其职能方向,业务范围收窄,演变为只专营粮、棉、油等农副产品收购资金贷款的银行。此外,政策性贷款被挤占挪用现象严重。据《财经》杂志报道,从2002年年初至2004年5月,仅中国农业发展银行吉林省榆树市支行,就有317亿元粮食贷款被挤占挪用。农业发展银行对农业和农村发展的促进作为较为有限。

(二)金融资源城乡分布不均衡

从金融资源分布情况分析,金融资源向城市倾斜,农村所占金融资源比重低。

首先,从存贷款分布情况来看,城乡金融资源很不平衡。在1978—2002年间,农村存款余额平均约占全国存款余额的14.6%,而农村贷款余额平均约占全国贷款余额的12%。① 2005年年末,我国全部金融机构人民币贷款余额19.5万亿元,与"三农"密切相关的各项短期农业贷款、乡镇企业贷款,占全部贷款余额的比重分别为5.92%、4.06%,两项贷款合计仅占全部贷款余额的9.99%。按宽口径统计,即在短期农业贷款中加上农业中长期贷款、农副产品收购贷款,2004年年末我国农业贷款余额为21055亿元,占全部金融贷款余额的11.8%。② 2005年年末,农村地区人均贷款余额不足5000元,城市人均贷款余额超过50000元,差额10倍多。

其次,从金融机构网点覆盖看,在四家大型商业银行不断撤并

---

① 根据相关年份《中国金融年鉴》整理而得。
② 参见中国人民银行货币政策分析小组:《中国货币政策运行报告》(2005年第4季度)。

县域营业网点的同时,其他县域金融机构的网点也在减少。2005年年末,全国银行业机构网点约17.5万个,平均每万人1.34个;而其中农村银行网点仅为2.7万个,平均每万人0.36个;全国平均每万人金融服务人数城市为43人,县及县以下为11人,行政村平均不到1人(唐双宁,2006)。央行2008年9月公布的《中国农村金融服务报告》显示,至2007年年末,全国县域金融机构的网点数比2004年减少9811个。

再次,从服务水平看,城市金融创新较快,业务品种相对丰富,银行卡、电子银行、代客理财、衍生产品、资产证券化等新的金融产品层出不穷,基本能够满足城市居民的需求。而目前农村金融只能提供基本的存、贷、汇"老三样"服务,农村金融创新能力不足,业务品种缺乏,服务方式单一,结算手段落后,难以满足多元化的金融服务需求。

由此可见,金融资源的城乡配置很不合理,金融发展的城乡二元性程度较高。根据姚耀军(2005)的计算,中国金融扭曲程度 I 在1991—2002年间平均约为8.2,明显大于最优值1。

从图6-1可以看出,城乡贷款额之比(农村贷款额为农业贷款与乡镇企业贷款额之和,城市贷款额即为全部金融机构贷款额减去农村贷款额)、城乡居民储蓄额之比与同期的城乡收入差距的运行趋势相同。城乡居民人均储蓄之比与城乡收入之比基本相似。所以,我们可以推断城乡金融资源配置的非均衡以及由此带来的城乡动员金融资源的不同能力会对城乡收入差距产生显著影响,即金融资源的城乡配置非均衡扩大了城乡收入差距。

(三)农村金融抑制下的非正规金融发展

正规金融为中国农村发展提供金融服务的能力不断减弱,而

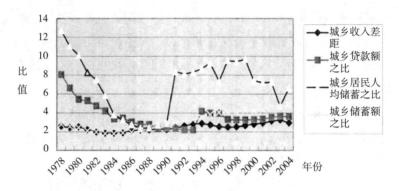

图 6 - 1　中国城乡资源分布情况图

农村金融需求旺盛,因此,农民只能转而借助于"非正规金融"。所谓非正规金融,是相对于正式的、有组织的金融体制之外的金融活动,是政府金融管制外一种民间自发形成的融资关系,俗称"民间金融"、"地下金融"、"草根金融"等。民间借贷在农村盛行,高利贷等违法金融活动猖獗,也从侧面印证了正规金融机构对"三农"投入的不足。

　　国家有关部门对非正规金融的打击和限制从未停止过。自1989 年以来,国家对非正规金融实行了多次大规模清理整顿。系统性地对半官方和民间金融组织及其活动进行清理的文件,当推国务院办公厅1998 年 7 月发布施行的《非法金融机构和非法金融业务活动取缔办法》和1998 年 8 月颁发的《转发中国人民银行整顿乱集资乱批设金融机构和乱办金融业务实施方案的通知》(国办发[1998]126 号),这两个文件把原来民法、合同法和刑法允许的许多组织和行为宣布为非法,从而极大地限制了民间金融组织及其活动的生存空间。尽管 2006 年中央一号文件《关于推进社会主义新农村建设的若干意见》(以下简称《意见》)提出要"规范民间借贷",已经表明要放宽民间金融,但《意见》中"规范"一词属于模棱两可的表述,意味着既可能打击和抑制民间金融,也可能扶持和促进民间金融。

但民间金融依然顽强地生长着。民间借贷市场融资规模逐年扩大,组织形式越来越严密。据调查,2006年年末至2008年3月末,样本企业民间借贷户均余额由54.3万元增加到74.1万元,增长36%;样本自然人民间借贷户均余额由1.1万元增加到1.6万元,增长45%。民间借贷资金来源以个人为主,融资渠道及形式多元化。除个人和企业间直接借贷、企业集资(集股)、私募基金、合会或抬会、资金中介以及地下钱庄外,小额贷款公司、典当行、担保公司、自发性金融与产业协作组织等机构大量参与民间借贷,组织化程度有所提高。① 各地民间借贷利率水平差异较大,利率市场化特征明显。与世界各国一样,我国非正规金融市场利率显著地高于银行贷款利率(Besleyetal,1993;Aryeetey,l998;齐春宇,2008)。

民间非正式金融占据了全社会投资的相当比重。根据田广宁、李建军(2005)对15个省份调研测算的结果显示,农户通过非正规金融途径获得的借贷占农户全部借贷规模的比重为56.78%,也就是说,农户只有不到一半的借贷来自银行、信用社等正规金融机构。据全国农村固定观察点对2万多个农户的调查,2003年农户借款中,银行信用社贷款占32.7%,民间借贷占65.97%,是银行信用的两倍。

正规金融供给的不足使民间借贷有了发展的空间,并在一定程度上缓解了中小企业和"三农"的资金困难,促进了农村经济的

---

① 参见中国人民银行:《2008年2季度货币政策执行报告》,第21—23页。

发展。但是，民间借贷游离于正规金融之外，存在着交易隐蔽、法律地位不确定及容易滋生非法融资等问题，同时，一些民间借贷呈现明显的高利贷特征，沉重的利息负担超出了农户和企业的可承受范围，使农民的低收入增长雪上加霜，有可能导致城乡收入差距的进一步扩大。

(四)农户贷款难,难在缺乏抵押

农村金融服务供给不足，农户贷款难，大致可以从两个方面进行分析。

从贷款需求方角度看，主要是抵押和担保难。农民"贷款难"的很大原因是没有合格的抵押物。1998年以来，商业银行普遍实行了抵押、担保制度。2000年上半年，全国金融机构抵押贷款占60％，担保贷款占33.7％，信用贷款仅占6.3％（赵群，2004）。《中华人民共和国土地法》和《中华人民共和国担保法》明确规定，包括农业用地和宅基地在内的与农村居民联系最为紧密的生产资料不能进行抵押或者转让，使大部分农户都缺乏必要的符合农村金融机构要求的抵押品。类似地，乡镇企业和农业企业主要是中小企业，其资产抵押担保的资信能力低，贷款风险较大，银行也不愿意发放贷款。

从贷款供应方看，则是成本收益问题。向农户和农村企业发放贷款，比在城市发放贷款的综合操作成本要高出很多。由于农户居住分散，相应区域范围内资金需求量少，商业银行在农村设立相应的分支机构，难以获得规模效益。单个农户和农业企业的经营规模不大，贷款数量小，贷款频率高，因而商业银行对同额贷款所付出的费用，农村总是高于城市。据调查，银行对中小企业贷款的信息成本和管理成本是大企业的5—8倍。但与此同时，现行政策却规定,对中小企业贷款利率最多可以上浮 30%,这样,商业银行发放"三农"贷款的收益无法弥补成本,自然就制约了其对农户和涉农小企业的金融支持。

二、建立多层次广覆盖可持续的农村金融体制

现有的农村金融机构,提供的金融服务与农村金融的多元化需求形成强烈反差。要打破现有格局,一方面需要对现有机构进行改革,另一方面必须进行制度创新和金融组织结构创新,特别是放宽金融机构准入,建立适合农村需求特征的金融组织结构。具体内容包括:

专栏:农村金融改革历程

·2003 年 6 月 27 日,国务院出台《深化农村信用社改革试点方案》,拉开新一轮农信社改革序幕。

·2005 年 5 月,中国人民银行明确 4 省进行"农村小额信贷组织"试点,成立 7 家小额信贷试点公司。

·2006 年 7 月,中国农业银行的基本改革路径确定,主要原则是"整体改制,服务三农,择机上市"等。

·2006 年 12 月 31 日,中国邮政储蓄银行挂牌,不承担政策性业务,主要定位于服务农村金融。

·2006 年年底,中国农业发展银行改革启动。银监会批准农发行开始农业综合开发业务。

·2006 年 12 月 20 日,银监会下发《关于调整放宽农村地区银行业金融机构准入政策、更好支持社会主义新农村建

设的若干意见》,将资金互助组织、村镇银行和贷款公司纳入试点范围。

　　·2007年1月,银监会颁布《农村资金互助社管理暂行规定》。

　　·2007年1月,银监会颁布《村镇银行管理暂行规定》。

　　·2007年3月1日,中国第一批四家农村金融机构挂牌成立。

　　·2007年3月9日,中国第一家全部由农民自愿入股组建的农村合作金融机构——百信农村资金互助社挂牌营业。

　　·2007年8月6日,银监会发布《关于银行业金融机构大力发展农村小额贷款业务的指导意见》。

　　·2007年10月,经国务院批准,村镇银行等试点工作扩大到全国31个省(区、市)。

　　·2008年5月8日,中国人民银行、银监会发布《关于村镇银行、贷款公司、农村资金互助社、小额贷款公司有关政策的通知》,明确四类农村金融机构相关政策。

　　·2008年5月8日,银监会、中国人民银行联合下发《关于小额贷款公司试点的指导意见》。

(一)正规金融机构的市场化改革

1.国有商业银行改革

商业性金融是农村金融服务的重要力量,四大国有商业银行在农村的金融服务要坚持商业性可持续原则。只有商业上可持续,才能吸引更多的社会资金投向农村。实践证明,利率市场化并使之能覆盖风险和成本,有利于商业性金融实现可持续发展,商业银行才能够稳定县域机构、网点和业务,不断加大对“三农”的信贷支持力度,满足农村的金融需求。

对于农业银行,在2007年10月21日召开的国务院常务会议上,审议并原则通过的农行股改总体方案,对农行的定位非常明确:面向"三农"。目前,农行正在借助股改和上市的时机,成立"三农"事业部,应该说这是一个非常合理的选择。农行有多年的国家信用基础,有县域商业金融主渠道的优势,有长期服务"三农"的品牌和信誉,已经具备了在这些地区开拓县域市场的坚实经营基础。但是,如何在服务"三农"的同时实现自身的价值目标,将是农行面临的最大挑战。因此,对于贫困地区低于市场平均收益率的业务,需要国家给予财政信贷等方面的政策支持。

2. 信用社再造:创新中国农村合作金融的制度

农村信用社改革启动于2003年,当时国务院下发了《深化农村信用社改革试点方案》(国发[2003]15号文件),开始了产权制度和管理体制改革,目标是把农村信用社逐步办成由农民、农村工商户和各类经济组织入股,为农民、农业和农村经济发展服务的社区性地方金融机构。部分农村信用社已基本完成由合作制向股份合作制或股份制的改制。2007年9月末,全国共组建农村商业银行15家,农村合作银行101家,组建以县(市)为单位的统一法人机构1715家,保留县、乡二级法人农村信用社的县(市)622个。农村信用社在构建多种产权结构和组织形式、明晰产权关系、完善法人治理方面进行了有益探索,取得了初步成效。

对农村信用社实行股份制和市场化方向的改造,既是市场本身的选择,也是多年探索的结果。合作制作为一种有效的产权安排,在国际上有很多成功的实践,事实上,国内各种类型的合作制也正在迅速发展。但是,实践证明,国内以行政力量推动的合作没有生命力,长期"官办化"而偏离合作宗旨的农村信用社也不能再回到合作制的轨道上,股份制应该是深化农村信用社产权改革的主导方向。经过股份制改造的农村金融机构是可以做好服务"三农"工作的。以江苏省为例,近两年,改制后的农村商业银行农业贷款都保持了17%以上的增长速度。因此,只要从监管政策上作出安排,在强调农村信用社经营的社区性的同时,给予相应的政策激励和引导,农村信用社股份制改革后信贷资金不外流、支农力度不减弱、服务方向不改变的目的就能够达到。下一步必须沿着股份制为主导的方向把改革向纵深大力推进。

必须激活农信社基层的业务创新实践(蒋定之,2008)。分析各地农村金融服务存在的差异,可以得出这样一个基本认识,就是凡是农村金融服务水平比较高的地方,都是创新工作搞得比较活跃的地方。近年来,基层农村信用社结合当地实际,重点围绕提高贷款的可得性、服务的便利度和成本的最小化,开展了很多有益的探索,取得了政府满意、农民高兴、自身效益提升的多赢效果。与此同时,各地的创新工作开展得还很不平衡。浙江等农村经济较为发达的地区,农村信用社的创新意愿强,创新力度大,创新实践非常活跃,在抵押担保创新、产品工具创新、服务方式创新等许多方面都进行了大胆尝试,较好地满足了当地多元化、多层次的农村金融服务需求;相比较而言,中西部和东北等农村经济欠发达地区,农村信用社虽然也围绕信贷产品开展了一些创新活动,但总体上业务品种还比较单一,服务质量和效率还有待提高。农村信用社业务创新的空间很大,关键是要依靠基层,引导、调动和激发基层的创新积极性、创造力。

各省农村信用联社的改革问题是近年来各方面关注和争议的一个焦点。近期部分地区出现了以省为单位组建统一法人机构、或由省级管理机构控股辖内县(市)农村信用社的现象。把所有信用社都合并起来指定一个法人，这个体制是有问题的。除了少数服务半径小、城乡一体化程度高的省份可以尝试外，至少在现阶段，大多数省份不宜采取这种模式。因为从国际和历史经验来看，机构规模发展得越大，将来经营决策权上收的可能性越大，注意力往往集中在城市的大项目，而中小机构、社区金融机构更符合当地的需求。由于我国"三农"资金需求呈现小额、分散特征，因此，小规模的零售银行在加强和改善县域和农村金融服务方面，比全国性或区域性的大银行更具优势。而且，把农信社做大的合并往往是由行政主导的，易造成不尊重产权等负面影响。目前，必须坚持农村信用社县(市)法人地位的长期稳定；同时，农村信用社产权制度改革和组织形式选择，都应坚持市场主导原则，防止通过行政手段推动农村信用社兼并重组(中国人民银行：《2007年第四季度中国货币政策执行报告》)。目前，要进一步深化省联社改革，推进规范约束省联社的管理权力。

3. 完善政策性金融体制

世界各国包括发达国家在金融方面都对农业进行政策性倾斜，以提高农业产业的盈利能力和抗风险能力。以美国和日本为例，可以发现发达国家的农村政策性金融具有以下三个显著特点：

一是政府支持力度大，涉及面广。如日本政府不仅以低息贷款的方式支持农业发展，而且对于农产品加工企业的建设，国家无偿投入50%左右的建设资金；对农畜产品销售专业市场的建设，国家的无偿投入一般也在50%左右。美国的政策性金融除了低息贷款，更多体现在农业保险领域。美国农业保险品种覆盖面很宽，在《1996年农场法》中就推出了既承保农作物产量风险又承保农产品价格风险的收入保险，如团体收益保险、农作物收益保险、农场总收入保险、收益保证保险和收入保护保险等。更突出的是国家对农业保险提供保费补贴，形成了农户向私人公司投保、并获得政府的保费补贴，私人保险公司既可以从政府获得各种费用补贴与优惠政策，又可向再保险公司进行分保以分散风险，再保险公司仍然可从政府获取费用补贴及税收与金融等优惠。这种网络型农业保险组织体系，大大提高了农业的抗风险能力。

二是根据情况变化，适时调整农村政策性金融侧重点。如日本农林渔业金融公库信贷资金的投向，根据农产品市场的变化而变化，从 20 世纪 60 年代以前支持粮食生产，到 60—70 年代支持粮食、果树、蔬菜和畜产等多种生产，到 1994 年创立了"强化农业经营基础资金"，用于支持核心农户的发展。又如美国的农民家计局成立之初是为了应付农业危机，帮助新创业的农民以及低收入农民家庭建立农场、维持家计等方面融通资金。随着美国农村经济的发展，该局业务重点逐步转向支持农业产业化生产。

三是农村政策性金融体系完整，内部机构设置互有分工合作。美国的政策性金融体系包含多个各有侧重的机构，如美国的小企业管理局（Small Business Administration）就是其专门为不能从其他正常渠道获得充足资金的小企业提供融资帮助，包括小型农业企业。美国的商品信贷公司（Commodity Credit Corporation）是对农场因自然灾害造成的减产给予补贴的机构。美国农村电气化管理局的主要职责则是对农村电业合作社和农场等借款人发放贷款，从而提高农村电气化水平。

目前，我国的政策性资金的供应和管理主要由农业发展银行承担。2007 年年末，全部政策性银行涉农贷款余额为 12862 亿元，占全部涉农贷款的比重为 21%，其中，农发行信贷规模首次超过 1 万亿元,年末贷款余额达到 10224 亿元,占全部金融机构涉农贷款余额的比重为 16.7%。[①] 但是,农发行的业务过于单一,应当借鉴国际经验,继续坚持自 2005 年以来农发行在支农领域的拓展,由过去单一支持粮、棉、油购销储业务,逐步扩大到农业产业化经营和农业及农村的中长期贷款业务,加大对农村交通、水利、电网等基础设施建设的信贷投资力度。

建立有政府扶持的政策性农业保险,是美、日等不少国家实现农业现代化的一条经验。我国 1982 年恢复农业保险业务,这种业务是商业性的,险种少,从事农业保险业务的公司也少。2004—2006 年三年间,保费收入仅为 20.03 亿元,保额 1294 亿元。到 2007 年,农业保险保费收入增长到 51.8 亿元,承保农作物 2.31 亿亩,大小牲畜 5771.39 万头(只),家禽 3.25 亿羽(只),仅能够为农业生产提供 1126 亿元风险保障,有 450 万农户获得了 32.8 亿元农业保险赔偿。2008 年,中央财政的农险保费增加到 60.6 亿元。农业保险作为促进农村经济平稳发展、推动农村金融市场深化的重要工具,是农村金融不可缺少的组成部分。但是,目前农业保险的规模与农村经济对农业保险的需求严重不相称,农业保险发展滞后。一方面,导致"三农"经济收入平稳增长缺乏保障;另一方面,也导致农村金融市场的信贷风险较高。在试点经验的基础上,要逐步健全政策性农业保险制度,开展主要农作物、生猪和能繁母猪(可以正常繁殖的母猪)保险试点,并尝试建立农业再保险机制和巨灾风险分散机制。

---

① 　参见中国人民银行:《中国农村金融服务报告》,第 11、16 页。

（二）规范和发展非正式金融

1. 引导发展民间借贷

前文提及，与正式金融相比，尽管政府对民间金融采取了很多的抑制措施，但在我国农户借款中，民间金融的规模仍然要远远超过正式金融。相对正式金融而言，基于地缘、人缘、血缘等关系而产生和发展的民间借贷有其特殊的竞争优势。一是具有获取大量非正规财务信息等额外"软"信息的优势，信息搜集和加工成本低；二是手续便捷、方式灵活，可以针对不同的借款人提供个性化的信贷服务，交易成本低；三是具有特殊的风险控制机制和灵活的贷款催收方式。[①] 因此，民间金融成为农民融资困境中的理性选择。

很多人担心，非正规金融市场利率显著地高于正规金融市场上的贷款利率，在这种情况下，农村非正规金融组织的高利率运行，可能会增加农户家庭和企业的负担，加剧贫困化，扩大城乡收入差距。但是，理论和经验证明，民间借贷更多的是积极作用，它在一定程度上填补了正规金融不愿涉足或供给不足所形成的资金缺口，缓解了农户和农村中小企业融资难的问题；而且，规范、有序发展的民间借贷，有利于打破我国长期以来由商业银行等正规金融机构垄断市场的格局，促进多层次信贷市场的形成和发展，从而提高金融业的运行效率，有利于市场利率的降低。

因此，正确的策略应该是，积极发展民间金融，取消当前的金融抑制。正式金融部门和民间金融部门的共生，既可以合作，也可以竞争，两部门均是农村金融秩序的平等组成部分，并无贵贱高低之分。政府应清除或者放宽对多种民间金融的法律限制，为两部门的发展提供和维持平等的运作框架。政府的作用是维护竞争，

---

① 参见中国人民银行：《2008 年 2 季度货币政策执行报告》，第 22 页。

而不是规定竞争的某种具体结果（如只允许正式金融存在和发展，打压民间金融）。

2. 大力培育村镇银行、贷款公司、资金互助社等新型金融机构

大力发展小额信贷组织、村镇银行、贷款子公司、农村资金互助社等新型农村金融机构，新成立的农村资金互助合作组织必须成为真正的合作金融机构，而村镇银行定位于真正的社区性的乡村银行。原有的大量民间金融组织或者活动可以机构化，成为内生内发型的商业或者合作金融组织。所有这些新型组织面向农户、小企业和其他需求者的需求提供金融服务。

随着新型农村金融机构的发展，农村金融市场将出现多元投资主体并存、多种形式金融机构良性竞争的局面，有利于有效动员区域内农民储蓄和民间资金，有序引导这些闲散资本流向农村的生产性领域，这对民间信用的合法化和规范化有着重要的意义。

从历史经验来看，未来农村金融改革的成功有赖于对微观主体创新行为的鼓励与宽容。基层的农村金融机构尤其是村镇银行、农村资金互助组织以及基层的信用社，都属于草根性的金融组织，与农民有着密切的内在联系，其内部创新的动力和意识都非常强，在实践中创造了很多行之有效的组织形式、运作模式和治理模式。政府监管部门应该对农民的自主创新行为给予鼓励引导、及时总结经验并进行试点推广。

三、创新金融工具和产品

要提高金融对现代农业和新农村建设的服务水平，既需要创新农村金融体制和发展模式，也需要开发金融品种，创新担保机制

和担保方式,以解决农民因缺乏抵押物而难以贷款的问题。

(一)创新担保机制和金融工具,解决农民因缺乏抵押物而难以贷款的问题

要因地制宜,扩大有效担保品范围,因为农民贷款难,主要难在担保和抵押。原则上,凡不违反现行法律规定、财产权益归属清晰、风险能够有效控制、可用于贷款担保的各类动产和不动产,都可以试点用于贷款担保。比如探索发展大型农用生产设备、林权、水域滩涂使用权等抵押贷款,规范发展应收账款、股权、仓单、存单等权利质押贷款。扩大农民担保品范围,也就增加了农业资金的可获得性。

探索发展基于订单与保单的金融工具。鼓励和支持有条件的农村种养大户和有资质的农业生产企业通过投资"信贷+保险"和信托理财产品,有效防范和分散涉农信贷风险。鼓励金融机构根据农业资金需求的季节性特征,积极推动和发展"公司+农户"、"公司+中介组织+农户"、"公司+专业市场+农户"等促进农业产业化经营的信贷模式。

在山东省临沂市农村信用社贷款实践中,九间棚"公司+基地+农户"贷款模式是一个运作十分成功的案例,在此作一简要介绍。

1. 九间棚"公司+基地+农户"贷款项目背景

平邑县地处沂蒙山区腹地,山区面积占全县总面积的85%以上,人口99.1万,其中农业人口86万,是典型的农业县,也是山东省30个欠发达县之一。2004年,全县农村人均纯收入只有3096元,城乡居民人均储蓄存款2633元。

九间棚农业科技园有限公司于1999年创立,从事高产、高效、

优质林果的培育推广。2003 年,公司依托中国农科院、林科院等科研单位,投资 40 万元研究培育出金银花①优良品种"九丰一号"。金银花除了药用,还有防风固沙的作用,根据中科院植物所实验,在内蒙古沙漠化边缘栽植金银花,花进沙退效果明显。2004年,九间棚公司已经与宁夏、湖南、湖北等省的十几个县区签订了供苗意向合同,销路方面可以说比较有保证,但项目由于受各方面因素制约,推广较慢。

　　当地农户受教育程度较低,难于接受新事物,思想观念陈旧,执著于传统农业,存在要致富就外出打工的观念。农户一方面缺乏种植金银花所需资金,育苗一亩地需投入 18250 元(参见表 6 -2);另一方面也有部分农户认为繁育金银花是不务正业,如遇虫灾、干旱等自然灾害,将会颗粒无收,生活失去保障。所以部分农户对九间棚农业科技园有限公司金银花新品种繁育项目心存疑虑,造成项目难以推广。

表 6 - 2　山东省平邑县九间棚农户每亩合同苗资金投入预算

购种苗(888 株/亩,每株单价 20 元)	17760 元
土地承包费	300 元
建围栏等基础设施	40 元
农药、肥料、灌溉	150 元
合计	18250 元

①　金银花为忍冬科常绿多年生藤本缠绕灌木,又名忍冬花,根系发达,生长旺盛,具有较高的药用价值,是国务院确定的传统名贵中药材之一。据中华中医药学会专家研究表明,金银花具有清热解毒、广谱抗菌、通经活络之功效,是防治"非典"的重要药物。2006 年年底,平邑县金银花种植面积达到 20 多万亩,年产金银花 350 多万公斤,占全国总产量的 60%以上。

2004年,平邑县内面向农村、为农户提供信贷服务的只有农村信用社一家机构,提供的小额贷款需要抵押或担保。由于农户抗风险能力弱,农村信用社拓展小额贷款业务的积极性并不高。这样,农民融资多数只能沿用民间借贷方式。当地民间借贷的特点是:借贷金额小(多数在3000元以内)、利率水平低(有80%的农户以血缘、地缘关系为基础,依靠自身信用进行借贷,多数不收借款利息)、操作简单(有70%的借贷行为凭口头承诺即可成交,打借条或办理抵押担保手续的不足30%)。借贷用途主要是看病、子女上学及购买生产与生活资料。依靠民间融资显然无法满足金银花育苗项目的资金需求。

2. 九间棚项目贷款产品设计和运作

2004年年初,临沂市政府制定了金银花繁育项目规划,要求金融机构在资金方面给予支持。平邑县农村信用社经考察论证,认为九间棚农业科技园公司新品种繁育项目科技含量高,有市场有效益。2004年3月,农信社向人民银行申请到支农再贷款800万元,结合项目特点,制定了"公司+基地+农户"的贷款运作程序。

农户育苗成功后,公司按合同价格回收,并分批扣收合同户从农村信用社贷出的贷款,之后集中归还信用社。这样,具备一定资金实力、抗风险能力较强的九间棚农业科技园公司充当了农户贷款的担保替代品。2004年4月,公司同柏林镇定固城、南孝义、宁安村签订了三年的"九丰一号"金银花繁育合同,发展育苗基地447亩。平邑县柏林镇农信社以小额农贷的形式向基地320户农民发放贷款786.4万元,贷款期限2年。

当地政府对金银花项目进行了政府贴息,向贷款农户贴息3%,由地方财政按季拨付农信社。这样,合同农户只承担5.1%的贷款利息(低于农信社同档次贷款利率4个百分点)。

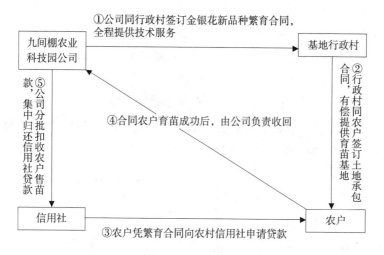

图6-2　山东省平邑县九间棚小额农贷运作程序

3. 九间棚"公司+基地+农户"贷款项目效果

320户农户在合同期内共繁育、出售成品苗5000万株,实现销售收入1100万元,净利润280万元,合同农户户均纯收入8650元。孝义村村民尹光才2004年3月份从信用社贷款21120元,发展种苗基地1.2亩,购种苗1066株,产出成品苗8万株,回收价0.35元/株,获销售收入2.8万元,归还贷款后当年获得净收入6880元。项目的扶贫目标得到实现。同时,公司也得到发展壮大。到2006年4月底信贷结束,平邑县柏林镇信用社实现农户贷款利息收入96.2万元(另得到财政贴息56.6万元),实现了信贷机构的可持续发展目标。九间棚"公司+基地+农户"贷款属于基于订单的贷款模式,具有推广价值。

(二)发展适合农村需求特征的信贷产品:小额信贷

现有的农村金融机构,提供的金融服务与农村金融的多元化需求形成强烈反差。从理论上讲,要打破现有格局,必须进行金融组织创新和产品创新。从现实和实践上看,创新的历史责任也只有落实在能够适合农村需求特征的小额信贷机构和产品的身上。

1. 国际上小额信贷兴起的背景

小额信贷(Micro Credit)或称微型金融(Microfinance),是指主要面向城乡小型和微型企业、中低收入居民,以及不能提供有效担保(抵押)物的贫困居民开展的金融服务机制。这种新型的旨在为农村低收入客户提供微型金融服务的特殊金融机构,自20世纪70年代以来不断涌现,其背景正是由于发展中国家传统农村金融政策的普遍失败。

第二次世界大战以后,由于深受西方传统发展经济学的影响,许多发展中国家都实行了旨在促进经济迅速进步的发展战略。而以国有农业开发银行等信贷投放机构为主的农村金融体制,逐渐成为许多发展中国家旨在促进农村经济增长和消减贫困的社会发展政策的核心,大量的补贴性资金通过这些农村金融机构源源不断地投放到广大农村地区。

不幸的是,这些传统的农村金融政策可能建立在一系列对农村经济和金融误解的基础上,相对于发展目标而言,这些政策在实践中未获成功。其所造成的不利后果至少包括:(1)低利率政策抑制储蓄并对商业金融机构具有挤出效应,扰乱了农村金融秩序。(2)当政策性金融被广泛视为一种补贴或者拨款的时候,就必然出现较高的违约率和较低的还款率(M. A. Khalily and Richard Meyer,1993),这进一步破坏了金融生态环境;研究表明,非洲、中东、拉美、南亚和东南亚地区的政府信贷项目除了极少数例外情形,其贷款拖欠率都在40%—95%之间(Braverman, Guasch, 1986)。(3)目标客户到达率令人失望,低利率的优惠资金往往被那些乡镇社区中的有权阶层获得(Dale Adams, Douglas Graham and J. D. von Pischke,1984,1992)。

McKinnon(1973)认为,开发政策不仅没有增加穷人进入信贷市场的可能,反而造成金融抑制。金融抑制带来的金融萎缩严重地制约了发展中国家的经济增长。

在发展中国家传统的农村金融政策普遍失败的背景下,以服务于农村低收入居民为宗旨的小额信贷运动自20世纪70年代起在国际范围内异军突起。从1997年到2002年,小额信贷行业规模以每年40%的速度迅猛增长(参见图6-3)。到2002年年底,世界范围内已经有2500家以上的小额信贷机构为共计6700万名客户提供微型金融服务(Dalye-Harris,2003)。

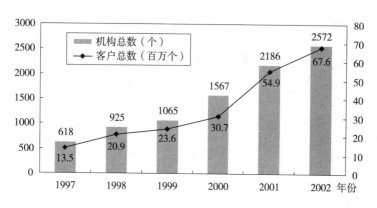

图6-3　世界小额信贷发展情况

数据来源:Dalye-Harris(2003),表1.依照原文,数据得自微型金融高层运动(Microfinance Summit Campaign)。

2. 我国小额信贷发展情况

我国具有完整意义上的小额信贷出现在1993年年底。中国社科院农村发展研究所在孟加拉乡村银行信托投资公司(GT)以及福特基金会的资金和技术支持下,在河北易县组建易县信贷扶贫合作社(简称"扶贫社",FPS)。此后,非政府组织(NGO)形式的小额信贷开始盛行。在技术上,绝大多数小额信贷借鉴孟加拉乡村银行传统模式下的"团体联保贷款"形式(Group Lending),后来也有少数项目采用村银行模式(Village Banking)和个人贷款模式(Individual Lending)。

1996年10月,为实现千年扶贫计划和新世纪扶贫任务,以国家财政资金和扶贫贴息贷款为资金来源,我国政府机构和农业银行(及以后的农业发展银行)主导的"政策性小额扶贫项目"开始发展起来。

1999年以后,在促进"三农"发展的战略背景下,为了解决"农户贷款难"问题,我国农村合作金融机构(农村信用社、农村商业银行和农村合作银行)在中国人民银行再贷款的支持下,在全国推广"小额信用贷款"和"农户联保贷款"。由此,小额信贷的总量规模迅速扩张。

2005年6月以后,小额信贷进入探索"商业性小额信贷"的全新阶段。12月,在有深厚传统金融文化的山西省平遥,"日升隆"和"晋源泰"两家以明清票号方式命名,完全由民间资本投资的商业性小额贷款公司成立。新的商业性贷款公司被允许开展信贷业务,但不能吸收公众存款。

在此沿用国际惯例即业务覆盖面和机构可持续性的二元评价体系,对我国各类小额信贷发展的现状进行简要分析。

关于非金融机构小额信贷,包括NGO和政府小额信贷覆盖面,根据中国人民银行金融市场司(2004)的报告,截至2002年年末,全国共有108个非金融小额信贷机构(项目),其中NGO小额信贷机构76个,政府小额信贷机构32个,项目总金额约18.6亿元,业务覆盖全国554个乡(镇),4635个村,几乎遍及全国所有的省(自治区、直辖市)。

　　关于金融机构小额信贷的总量和覆盖面,包括农业银行(农业发展银行)发放的扶贫贴息贷款、农村信用社的小额信贷和农户联保贷款,以及正规商业银行的小企业贷款,总体情况是:总量很大,覆盖面广泛(参见表6-3)。

表6-3　对我国各种类型小额信贷的市场总量的估计

(单位:亿元)

类型	政府小额信贷	NGO	扶贫贴息贷款	农村信用社小额信贷	商业银行小企业贷款
总量	6	11	381	2263	26800

数据来源:引自焦瑾璞、杨骏:《小额信贷和农村金融》,中国金融出版社2006年版,第115页。

　　关于覆盖面的实证研究,其中一个重要的方面,是信贷资金投放的"目标客户到达率"问题。在国际传统农村金融政策中,"低息贷款"往往不能被真正需要贷款的弱势人口得到;相反,附有优惠条款的资金往往被低收入社区的"有权阶层"获得。研究发现,在我国亦存在同样的情况。刘福合和苏国霞(2005)针对农业银行发放的扶贫贴息贷款指出,据国务院2001年对22省的统计,当年农业银行实际发放176亿元的扶贫信贷资金,其中仅有21.45%发放到户,其中湖南省仅有3.5%真正发放到户,多数资金贷给了龙头企业。

　　关于小额信贷的可持续性问题。中国人民银行金融市场司(2004)的报告认为,非金融机构小额信贷财务状况总体不佳,难以实现可持续发展。至于金融机构小额信贷,以及扶贫贴息贷款,情况不容乐观。截至2004年6月末,在中国农业银行共计381亿元的贷款余额中,不良贷款率达到70%。农信社的情况相对乐观一些。但如果剔除人民银行支农再贷款与农信社小额信贷之间的利差,农信社的小额信贷业务事实上无法持续。

3. 对小额信贷发展的评价和对策建议

国际小额信贷的核心是通过富有成效的金融创新,同时在金融服务覆盖面和机构可持续性发展两个方面取得进展,并以此实现减贫和农村经济增长的双重目标。一方面,对覆盖面的要求,是小额信贷区别于正规商业性金融的特征,那些仅追求机构可持续性而不能惠及低收入人口的组织(项目),实际上偏离了小额信贷的宗旨;另一方面,对可持续性发展的要求,是小额信贷区别于补贴性金融的特征,那些仅在覆盖面上获得迅速扩张,而不能同时保证一定程度的可持续性发展的机构,实际上应归于补贴性融资计划的范畴。

从1993年至今经过十几年的发展,我国的小额信贷机构(业务)在金融创新这个核心问题上,尚未取得令人振奋的成就,远未像某些成功的发展中国家那样"发展出一个活跃而重要的新兴行业或部门"。

NGO小额信贷和政府小额信贷,在我国的实践中并未达到国外同类机构的水平,绝大多数此类项目都难以实现最低层次的可持续性要求(即操作层面的)。农业银行的扶贫贷款基本上属于国际经验中已经失败了的传统农村金融政策的补贴性信贷,不具备可持续发展的可能。农村信用社的小额信贷和正规商业银行的小企业贷款,虽然在很短的时间内就在总量和覆盖面方面达到了卓越的水平,但它是在国家补贴和政策强力推动下迅速扩张的。我国现有的小额信贷,作为一个整体,还不足以承担起改革传统农村金融的历史重任。

因此,政策制定者必须明确,小额信贷高运作成本是其高利率的根源。[1] 为促进农村小额信贷的发展,最为重要的是解除对小额信贷的利率限制。Fernando(2006)指出,亚太地区的实证证据强烈支持利率自由化政策能推动小额信贷行业发展的观点。亚太地区超过5000万的穷困人口能能够从正式或者非正式的小额信贷机构获得贷款。在利率自由化的孟加拉国、印度、柬埔寨、印度尼西亚、蒙古,最近5年显著地扩大了小额信贷的覆盖面。而在像越南、中国实行利率上限的国家,尽管进行了大量补贴,但覆盖面的扩展仍然令人失望。

利率限制并非恰当的干预措施,政策制定者必须积极探索可持续地降低小额信贷利率的方法。由于小额信贷高利率的根源在于其高昂的运作成本,因而干预政策的出发点是采取措施降低小额信贷机构的操作成本。事实上,短期内并没有降低小额信贷利率的捷径。而在中长期内,降低小额信贷利率的方法包括促进市场竞争、基础设施建设、创新和效率。

四、深化农村金融基础性体制改革

(一)完善市场准入制度,建立竞争性的农村金融市场

农村金融必须有适度的市场竞争,否则农村地区金融机构将

---

[1]　齐春宇(2008):从农村信贷产品的供给端和需求端解释了农村金融高利率的成因。从供给角度看,通过 Rosenberg 模型分析了农村信贷操作成本比一般商业性贷款更高的原因。从需求角度看,农村"角点"资源禀赋状况使得小额信贷项目具有较高的边际资本产出,农户愿意和能够承担较高的贷款利率。因而舆论以一般商业贷款利率作为参照对农村小额贷款高利率所作的批评并不合理。

面临活力不足、竞争力不强的问题。银监会关于放宽农村金融市场机构准入的政策,使农村金融市场的结构发生了积极的变化。现在,我国已经初步形成一个业务多层次、产权结构和投资主体多元化的农村金融体制。政策性金融业务由中国农业发展银行承担,商业性的高端业务由中国农业银行承担,中端业务由农村信用社和由信用社改造而成的农村合作银行和农村商业银行承担,基层业务由县级和乡镇级的村镇银行、农村小额贷款机构、农村资金互助合作组织承担,机构和服务多元化的、竞争性的新型乡村银行体制已初露端倪。通过放宽市场准入、促进金融机构之间竞争,"三农"才能够获得可持续和高效率的金融支持。

(二)推进利率市场化改革,实现农村金融的商业可持续

必须放松对利率的行政管制。在推进全国性金融市场利率市场化改革的同时,也放开对农村金融市场的利率上限管制。我们认为,在最高人民法院的司法解释中,关于民间金融利率上浮不能超过同期银行贷款利率4倍的规定是不合理的。利率管制在政治上是受欢迎的政策,但其为祸甚重。

首先,用行政手段压低利率,会导致农村金融机构把信贷资金撤出农村,减少农村的信贷供给。与其他商业性贷款相比,涉农小额信贷的经营成本较高,其利率水平一般来说应当高于由市场形成的一般商业利率。国际上的一些研究发现,小额信贷有效利率至少达到16%甚至更高,才能覆盖其经营成本(Wahiduddin and Mahmud,2003)。目前我国农村金融机构的贷款利率浮动范围在一些农村地区还不足以使农村金融机构获得合理的资产和资本金回报来弥补其成本和风险。这一扭曲利率的政策使许多农村金融机构贷款越多,亏损越大。人为压低涉农贷款利率,农村金融机构

无法实现可持续发展,这样农户能够成功申请贷款的机会相应减少。严厉的利率管制,减少了农村信贷供应,反而成为非法集资、高利贷等等生长的土壤。

其次,低利率信贷成为稀缺资源,反而使普通农民不容易得到贷款。低利率的优惠资金往往被那些乡镇社区中的有权阶层获得。David(1984)在总结菲律宾优惠利率小额信贷项目的时候指出:"如果利率不能够反映金融中介的成本,那么财富和政治权力将取代盈利性,从而成为配置信贷资金的基础"。这种以财富和权力为标准的信贷资金配置方式,可能暗示了大量寻租和腐败现象的存在。低利率政策的初衷是减轻借款人的利息负担,但从实际操作来看,低利率并不能使小额信贷资金真正到达贫困农户手中。在争夺这些贷款的时候,低收入居民往往处于不利地位,资金往往被那些具有某种权力优势的阶层获得,这也常常伴随着金融机构工作人员的寻租行为。事实上,如果低收入人群想要在这种非市场竞争中获胜,就要付出许多其他成本,比如参加游说和贿赂活动的成本,而这些成本的加总,可能远远大于小额信贷机构要求的较高利息。[①] 世界银行的一份研究报告发现,在印度的两个国营金融机构占主体且较穷的邦中,由借款人为了得到贷款而用以贿赂当地官员的资金占其借款额的比重达8%—42%(The Economist, 2005)。相反地,小额信贷机构的较高利率可以有效地将这些有权阶层排斥在外,因为这些没有补贴和优惠的贷款对他们并没有特别的吸引力,从而能够保证低收入阶层对小额贷款的可获得性。

就国内的情况而言,虽然缺乏权威的统计数据,但扶贫款被挪

---

① Cf. Consultative Group to Assist the Poor (CGAP). 2004. The Impact of Interest Rate Ceilings on Microfinance. Donor Brief. No. 18. Washington DC: CGAP.

作他用成为"挂名贷款"的例子不胜枚举。这里援引安徽省颍上县八里河镇政府"征用"农民身份证贷扶贫款的案例。1999年,农行颍上县支行根据上级政策,向县各所辖乡镇,以一家一户为对象,发放了一批小额支农扶贫贷款。但是这些贷款,在颍上县八里河、汤店等几个乡镇并未真正提供给农民,而是被镇政府挪用。镇政府取得贷款的方法就是用行政命令加"工作方法"把农民的身份证收取集中,并给他们统一刻了私章,然后去农行颍上县支行支取了数百万元的小额支农扶贫贷款,农民们一分钱没拿到。具有讽刺意味的是,当年《人民日报》7月30日第2版,编发了一则关于农业银行安徽省分行金融支农的新闻报道:"围绕省委、省政府确定的扶贫攻坚计划,努力提高扶贫资金使用效益,确保了扶贫资金如数发放到贫困户手中,加快了贫困地区脱贫致富的步伐……做到贷款到村到户,效益到户。"由于镇政府挪用贷款后无法按时偿还,2004年,村民收到农行颍上县支行的业务员送来债务逾期催收通知书追讨欠债,让"立即还款"。这个案例说明,低利率贷款要达到目标客户确实会面临很多困难。目前,我国每年大约有150亿元财政贴息的扶贫款,我们有理由怀疑,其中的大部分低息款并没有到贫困人手中。

再次,凭想象认为穷人付不起高利息,是完全错误的看法(茅于轼,2007)。按照经济学原理,粗略地讲,农民的资源禀赋是劳动力过剩和资金短缺的"角点"均衡,因而具有较高的资本边际产出(MPK)和较低的劳动边际产出(MPL),小额信贷把农民闲置的劳动力动员起来,所以能够承担较高的贷款利率。

所以,实行利率管制,不是帮助而是伤害穷人和低收入家庭。对利率不加干涉的做法在政治上似乎是不恰当的,但政治上受欢迎的管制行动并不利于根除高利率反而会使问题恶化。经过多年的实践,人们逐渐明白取消利率上限管制,由贷款机构自主地决定涉农贷款利率水平,是农村金融机构可持续发展、保障农民获得贷款权利的必要条件之一。所以,到目前为止,除了个别国家之外,几乎所有的亚洲国家都已经放开了对小额贷款的利率限制(彭志慧、陈强,2004)。

(三)构建协调配套的宏观政策长效支持机制

创新农村金融服务体制,需要加强财税、监管和货币政策的协调配合,在资金引导、风险补偿、市场准入与退出等方面采取综合性配套措施,形成政策合力,逐步建立改善农村金融服务、增加"三农"投入的长效机制。

在监管政策上,放松行政管制。一是放松业务管制,实施支持金融创新的监管措施;二是放宽资金和机构准入门槛,吸引各类资本到农村地区投资,构筑城市资金流向农村的渠道;三是解除对涉农贷款的利率管制。

在货币政策上,对农村金融机构尤其是农村合作金融机构和新型农村金融机构,继续实行差别存款准备金政策。

在财政政策上,参考世界通行做法,发挥财政性资金的杠杆作用,鼓励地方政府建立涉农贷款风险补偿制度,用于补偿涉农金融机构由于自然风险和市场风险等原因形成的信贷损失;同时,也可以对涉农企业与农户的贷款实行贴息,或者建立保险补贴金制度,为提供涉农业务的保险公司和参保企业与农户提供保费、经营费用和超赔补贴,以增强"三农"投入的积极性。

我国的农村正规金融供给无法满足"三农"多样化的资金需求,阻碍了城乡经济社会一体化进程。采取的应对措施是:第一,完善农村金融机构体制。包括对正规金融机构进行改革,加大国有商业银行对"三农"的支持力度,完善政策性金融体制,继续推动农村信用社产权改革及保持其小型化;积极引导和发展非正式金融,特别是促进小额信贷公司、村镇银行、合作基金会等新型农村金融机构的发展,形成竞争性的农村金融市场结构。第二,创新涉农贷款的抵押和担保方式,发展适合农村需求的小额信贷产品。第三,进行农村金融基础性体制创新,包括放松金融机构准入管制,推动利率市场化改革,构建宏观政策对农村金融的长效支持机制。通过上述金融改革和创新,促进金融机构加大对"三农"可持续的有效的资金投入,进一步改进和提升农村金融服务,努力满足多层次、多元化的"三农"金融服务需求,促进农业增产、农民增收和农村经济发展。

第七章　城乡一体化过程中的土地
制度创新与配置机制分析

　　土地是农业最基本的生产资料。土地制度是制约农业和农村经济发展最根本的制度,农村土地产权制度是农村土地制度的核心。农村土地产权制度合理与否直接关系到能否使农村土地集体所有制得到有效实现,关系到能否合理配置农村土地资源,实现农民与土地的有效结合,进而充分调动亿万农民的积极性。新中国成立以来的每一次农村土地产权制度变革,都给农业和农村经济带来了巨大的影响。尤其是党的十一届三中全会以来,农村实行家庭联产承包制,中国农业取得了举世公认的巨大成就。但是,近年来农业发展趋缓,农民收入增长缓慢,影响了农村经济乃至整个国民经济的发展。造成这些问题的原因是多方面的,农村土地产权制度不合理则是主要原因之一。改革开放以来,我国农村土地产权制度的改革是以农村土地使用制度为中心的,对于农村土地所有权的界定与归属,由于其经济与政治上的敏感性,人们在理论上尤其是在实践上探索的较少而且很不彻底。

　　目前我国农村土地产权制度存在着诸如农村土地所有权界定不明晰、使用权残缺、国家的土地管理权与集体的土地所有权和农民的土地使用权内容交叉、相关法律法规不健全等缺陷,使得农民难以成为土地的真正主人,农地集体所有制得不到有效实现。由此产生了农民积极性不高、土地利用行为短期化、土地利用效率低等负面效应。因此，积极探索农村土地集体所有制的有效实现形式，构建一种合理的农地产权制度，对充分合理地利用与保护有限的土地资源，实现农业稳定与持续发展具有重要的理论意义与现实意义。

一、我国城乡一体化过程中的土地制度

（一）新中国成立以来中国农村土地产权制度的历史演变及绩效分析

新中国成立以来，我国农地产权制度经历了四次重大变革。第一次重大变革（1949—1952 年）是把封建土地所有制变革为农民土地所有制。这种土地产权制度实行的时间虽短，却使中国农村的土地所有制关系发生了根本性的变化——所有农民均获得了包括农地所有权、使用权等权能在内的全部土地产权，实现了"耕者有其田"，广大农民生产热情空前高涨，农村经济迅速恢复发展，为社会主义革命和建设奠定了坚实的基础。第二次重大变革（1953—1956 年）是把农民土地所有制变革为农民私有、集体统一经营使用的土地产权制度（初级农业生产合作社）。这种土地产权制度，一方面，承认农民拥有土地的所有权，并依此参加分红，因而可以调动农民的生产积极性；另一方面，土地使用权完全掌握在集体手里，由集体统一经营，难以适应农业生产的特点，又限制了农民生产积极性的发挥。而且这一土地产权制度规定，土地不能出租、买卖。因此，这样的农地产权制度安排不利于土地资源的合理流动和优化配置。第三次重大变革（1957—1979 年）是把农民私有、集体统一经营使用的土地产权制度改革为集体所有、统一经营使用的土地产权制度(高级农业生产合作社和人民公社)。各项土地权利的整体性和不可分性,即一个集体范围内的土地为集体全体成员共同占有,但是任何人都不能单独占有或声称拥有某部分土地的所有权是这一农地产权的基本特征。这种土地产权制度模式一直延续了20多年,直到农村改革,实行家庭联产承包责任制以后才改变。这种土地产权制度片面注重发挥集体力量和获得规模效应,忽视甚至限制农民个人及家庭的积极性,超越了当时农村的生产力水平,造成了农村经济的长期缓慢发展。第四次重大变革是始于20世纪70年代末的家庭联产承包责任制。家庭联产承包责任制是在坚持农村土地集体所有制的基础上,把农村土地的使用权交给农民,实现了农村土地所有权和使用权的分离。这一变革使生产者获得了其努力的边际报酬的全部份额,并将农业劳动的监督成本降低到零,因而在一定程度上克服了农业的外部性,调动了农民的积极性,其制度绩效举世瞩目。但是在20多年的运行中也暴露出了一些制度缺陷,对整个农业、农村经济的发展造成了一些负面影响,迫切需要进一步创新和完善。

(二)我国现行农村土地产权制度的缺陷

中国农村现行的土地产权制度是建立在家庭联产承包责任制基础上的。虽然家庭联产承包责任制是中国现代农地产权制度变革的一个成功范例,对我国农村经济的发展产生了深刻的影响,但它毕竟是一种土地使用制度的安排,不能涵盖土地产权制度的全部内容,不可能解决中国这样一个传统积淀深厚、区域情况复杂的国家农地产权制度的全部问题。特别是随着农村市场化改革的深入,以及农村经济发展和环境条件的变迁,农地产权制度安排中的

缺陷越来越明显,并成为农村经济进一步发展的障碍。现行农地产权制度的缺陷,主要表现在以下几个方面:

(1)农地所有权界定不明晰。①集体土地的所有权主体不明确。中国农村的土地归农民集体所有,这在《中华人民共和国宪法》、《中华人民共和国民法通则》、《中华人民共和国土地管理法》、《中华人民共和国农业法》等相关法律中,都有明确的规定。但是,农民集体到底是指乡、村、组三级中的哪一级? 如果是村级农民集体,那么,村民委员会、村集体经济组织、村专业经济组织中到底是由哪一个来代表农民集体行使农地所有权? 这些问题的法律规定较为含糊,如在《中华人民共和国宪法》中,被笼统界定为农民集体;在《中华人民共和国民法通则》中被界定为乡(镇)、村两级农民集体;而在《中华人民共和国农业法》和《中华人民共和国土地管理法》中则是乡(镇)、村或村内农业集体经济组织。对权利主体法律规定上的模糊必然导致实际运行中的混乱,也为各级政府对集体所有权的干预和侵犯留下了制度上的空隙。②农民的土地所有权不明晰。现行的农地集体所有制,其土地所有权的界定形式是清晰的,即人人有份,共同占有。但实际上并不清晰,即每个人的那份土地所有权到底是多少,没有量化,农民对土地的所有权只是间接的、名义的;而且农民是否有资格获得土地所有权由户籍制度决定,土地所有权的获得不用付费,失去也得不到补偿。

(2)农地使用权残缺。这主要表现在两个方面:①农户土地使用权的内容不明确、不充分。根据调查,86.7%的农户认为土地的使用权仅仅为种植权,28.5%的农民认为拥有土地继承权,认为拥有土地抵押权的比例更低,仅为0.8%。虽然国家法规规定了农民承包的土地可以在发包方同意的情况下依法有偿转让,但这种权利在实践中却受到了严格的限制。理论上农民的土地使用权可以衍生出转让、转租、入股、抵押、收益等项权利,而农民实际获得的使用权却只有耕种权、部分的收益权以及极小的处分权。显然,与土地使用权的理论内涵相比,农民的土地使用权的内容是不充分的,权能是残缺的,这就使得农民无法充分行使自己的土地权利。②农户的土地使用权不稳定。早在 20 世纪 80 年代初,政府就对土地的承包期作出了 15 年不变的承诺;在第一轮土地承包即将到期时又明确规定在第一轮承包期的基础上再延长承包期 30 年。尽管如此,实践中行政性统一调整土地十分频繁。"三年一小调,五年一大调",就说明了这一点。

（3）国家的土地管理权、集体的土地所有权和农民的土地使用权内容交叉,处置权和收益权都没有界定清楚,导致国家、集体、农民之间相互侵权行为时有发生,承包合同纠纷也因此日趋增多。①农民集体难以充分行使土地的权利,尤其是土地处置权。这突出表现在集体土地的征用过程中,土地征用是我国集体土地转为国有土地的唯一途径。土地征用权是政府特有的权力,而且国家只有为"公共目的"才能行使土地征用权,并且征用土地必须给予一定的补偿。而我国在土地的实际征用中,对"公共目的"的限定不足,存在土地征用权的滥用。而且政府征用土地补偿费过低,补偿费中的相当大一部分转为各级政府的收入,对农民集体和农民个人的补偿严重不足。②集体及各级政府随意干预农户的生产经营行为。在我们所调查的山东省三个地区都不同程度地存在这种情况。③农民的土地负担重,收益权没有保障。这主要表现为:农民仍无法拒绝各级"不在地所有者"对土地收益权的随意分享以及无数上级以各种名目向农民进行的摊派等。

（4）相关的法律法规不健全。这在实践中表现为以下两个方面:①无法可依。如有关土地使用权的流转以及地役权的界定和实施规则,还没有相应的法律法规。②法律法规内容笼统,可操作性差。虽然《中华人民共和国农业法》规定土地使用权可以在发包方同意的条件下有偿转让,但如何转让没有具体规定,实际操作中具有很大的任意性。

(三)农地产权制度缺陷带来的负面影响

(1)土地利用不合理、保护不力。一是一些地方出现耕地抛荒现象,大量"四荒"地未被充分利用起来,农地转为非农用地后出现了利用不当、闲置浪费等现象,这与我国人多地少、可开发利用的耕地资源不足、耕地面积不断减少的严峻形势极不相称。二是农民对土地缺乏投资积极性,普遍进行掠夺式经营。由于农业生产的特点,农民对农业的投入,尤其是对土地和农田基本建设的投入具有一次投资多年收益的特性。因此,在土地承包关系不稳定、土地频繁调整的情况下,农民就不愿对土地进行长期投资。中国农户投资中与农业固定资产相关的投资部分,由1986年占全社会农业固定资产投资总额的19.0%降至2000年的8.9%。[①] 三是水土流失、污染严重。目前全国水土流失面积达36700万公顷,约占国土面积的38%,每年新增水土流失面积100万公顷;全国荒漠化土地面积已达26200万公顷(其中耕地荒漠化面积253万公顷),每年还以24.6万公顷的速度扩展;由于山林滥砍乱伐,草原乱垦滥牧,农业生态环境遭到破坏,旱涝灾害频繁,每年因自然灾害损毁的耕地约10万公顷;全国因农药和工业"三废"等而被污染的耕地约占总面积的20%;全国草原退化、沙化和碱化面积达

---

① 参见《中国农村统计年鉴》,中国统计出版社2001年版。

13500 万公顷,并且每年还以 200 万公顷的速度增加。由于这些问题的存在,导致农地质量下降,生态环境遭到破坏,进而影响着农业的可持续发展。

(2)农户经营规模狭小且在继续变小,地块零碎,规模不经济。根据中华人民共和国农业部农村固定观察点的追踪调查,1986 年全国户均土地经营规模为 0.61 公顷,1996 年下降为 0.53 公顷,1997 年又下降为 0.51 公顷。[①] 农户经营规模不断变小固然有人口增加的原因,但土地产权不明晰,导致土地市场流转机制未能建立起来也是其重要原因。目前农户经营的土地每户约有 3—5 块。由于农户经营规模狭小,地块零碎,难以实现土地规模经营,加之土地利用不合理及其他原因,农地经营成本加大,经济效益降低。据调查,6 种农产品百元产值的物质费用成本:1985 年为56.71 元,1990 年为 60.82 元,1997 年为 72.16 元,逐年上升;同期成本收益率分别为:70.83%,60.15%,34.10%,逐年下降。

(3)阻滞了农业劳动力的转移和农村城市化进程。家庭联产承包责任制之下的“均田制”,使人人都有一份土地,充分发挥了土地的社会保障功能。但这也使农民对土地十分眷恋,许多农民即使从事第二、三产业获得的收入能满足较高的生活需要,也不愿意放弃土地,甚至宁肯抛荒。因为按现行政策规定,农民一旦将户口迁离社区,对土地的一切权利就会丧失,这就使一些具备入城条件的农民不愿将户口迁入城市。目前我国 13 亿人口中,有 9 亿多是农民,其中仅剩余劳动力就达 2 亿多。大量劳动力滞留在土地上,人均耕地资源极度稀缺,这不仅会使农业劳动生产率难以提

---

① 参见王西玉:《以市场为主配置农地》,《中国经济时报》2000 年 2 月23 日。

高,也将严重影响农业现代化和农村城市化进程。

以下三节将分别从规范使用权以加速土地高效流转、土地使用的梯次配置以及构建政府和企业公平竞争的市场机制三个视角进行剖析。

二、规范土地产权制度,促进土地有序高效流转

(一)清晰界定和保障土地资源的产权和使用权

鉴于我国特殊的国情,人口众多,尤其是农业人口仍占全国总人口的 50% 以上,经济发展水平整体上落后于西方发达国家,而且资源和发展水平的区域差异在不同的层面上表现得非常突出;此外新中国成立以来的农村土地制度的发展演变经验,以及中国5000 多年的封建社会历史已经证明,土地资源集中在少数人手里往往会导致社会中的绝大多数人口处于生存发展的边缘,不断积累下去形成恶性事件,甚至使国家动荡、崩溃。因此,国家拥有对全国土地资源的所有权是保证国家经济社会文化各项事业稳步发展的必然选择。这一点在理论、实践和法律层面没有任何疑义,但是国有产权的致命缺陷是其代理成本往往比私有产权要高。

经过 30 多年的改革开放,我国政府和人民对土地资源的优化配置不断进行探索,已经取得了丰硕的成果,逐步下放土地资源的使用权,继续界定土地资源的使用权,使土地在国有前提下的配置效率不断提高。各地区逐渐试验并形成了很多高效的土地资源配置模式,土地股份合作制便是其一。

（二）积极探索土地使用权的实现模式——实行新型土地股份合作制

1.新型土地股份合作制的具体运作办法

（1）测量评估土地并定价折股。由预先成立的土地评估小组或请专门的土地估价机构对集体全部土地进行科学合理的评估作价并折算成若干股份，同时根据土地的质量进行分类，建立土地档案。土地的评估和作价是实施新型土地股份合作制、实现农村土地市场化和资本化的基础，也是培育农村土地市场的一个重要环节。

（2）股权设置。所有股份均设置为个人股，不设集体股，以防止新的产权不清的现象发生。

（3）产权界定。将土地股权按照社区现有人口数量界定给个人，发给土地股权证书；股权的初始配置主要体现公平原则，股权分配一次到位，以后不再因人口变动而调整。土地股权界定给农民以后，农民获得了以下权利：一是证券化、价值化了的土地所有权。把农民集体所有的农地所有权量化到每个农民身上，每个农民所拥有的农地所有权的份额通过土地股权证书体现出来。二是转让权。农民所拥有的土地股权可以依一定的规则在农民之间转让。三是土地股份的继承权。即农民的子孙等可以继承其土地股权。四是抵押权。即农民有以土地股权（所有权）为抵押获取银行贷款的权利。五是分红权。即农民可以凭借其所拥有的土地股权参与分红。

（4）组织管理。成立新型土地股份合作社，社内实行股东大会制，按照一人一票的原则进行决策。同时引入现代股份公司的组织制度，建章立制，使股份合作社成为一个经济利益独立的法人，拥有法人财产权。在股份合作社中设置权责明确、相互制衡的股东大会、董事会和监事会。其中:①股东大会是新型土地股份合作社的最高权力机构,由全体股东或股东代表组成,股东通过股东大会表达自己的意愿和要求,行使自己的权利,维护自己的利益。股东大会不直接参与股份合作社的经营活动,它主要从两个方面对股份合作社的运作施加决定性影响:一是投票确定董事会成员和监事会成员;二是决定有关土地股份合作社发展的重大事项。②董事会是由股东大会选出的全体董事组成的股份合作社的常设最高决策机构,主要职责是:召集股东大会,向股东大会报告工作,执行股东大会的决议;制定股份合作社的经营计划、发展方针和管理原则;提出收益分配方案供股东大会审议等。但董事会的活动不得超出股份合作社章程规定的具体权限范围。③监事会是由股东大会选出的监事组成的股份合作社的监督机构。它直接对股东大会负责,独立行使监督权,监督董事长和董事,防止他们滥用职权,侵犯股份合作社和股东的利益。这样,作为股份合作社权力机构、决策机构和监督机构的股东大会、董事会和监事会之间,就形成了一种相互监督、相互制约的关系。这种相互制衡的法人治理结构是股份合作社有效运行的组织保证。

(5)资产运营。新型土地股份合作社成立后,要通过竞标投标将土地使用权转让给农户或有意投资于农业的工商企业。这样,在新型土地股份合作社内就形成了农民货币化了的土地所有权、股份合作社的法人财产权和耕作者的土地使用权的"三权分离"。具体来说,股份合作社的资产运营包括土地所有权的运营和土地使用权的运营两个方面:

①土地所有权的运营。一是农民持有的土地股权的转让。为了便于管理,目前只允许在股份合作社范围内转让;将来条件成熟时,可在全社会范围内转让。转让收入应归转让者所有。这种转

让虽然是转让者与受让者之间的关系,但也要按照新型股份合作社的章程来进行,由股份合作社进行登记、管理。二是国家对股份合作社土地的征用。这种土地产权交易应统一由股份合作社出面与政府进行协商,所得收入应归有关社员,但股份合作社可以收取一定的管理费。

②土地使用权的运营。土地使用权的运营应按照效率优先、兼顾公平的原则来进行。一般来说,在新型土地股份合作社中,土地使用权的运营包括以下三个方面:一是耕地使用权的运营。在经济比较发达和一般的地区,股份合作社对其所拥有耕地的使用权的运营可以采取竞价承包制或租赁制。实行租赁制,承租者只要按时缴纳租金并履行合同有关规定,就可自主决定生产什么,生产多少和如何生产,并自由地处置自己的经营成果,这就使土地使用权作为基本的权利获得彻底独立:股份合作社与承租者之间不是上下级之间的隶属关系,而是平等的商品交换关系,这样就确立了农户和其他农业生产单位或个人等承租者的独立商品生产者的地位,他们就能够更好地处理与各方面的关系,充分发挥其生产积极性。因此,更应该提倡租赁制。在欠发达地区,实施新型土地股份合作制时,可以实行人人有份的承包制,待条件成熟后再实行竞包制或租赁制。实行竞包制或租赁制的股份合作社,竞包者或承租者可暂时限定在集体成员范围内,以后再逐步扩大至全社会。二是"四荒"地使用权的运营。对于"四荒"地的使用权,可在股份合作社成员内部或全社会范围内进行拍卖。在拍卖过程中,要注意做到组织周密、手续齐全、操作规范;拍卖后也要加强监督与管理,特别要注意保护购买者的合法权益。由于拍卖后购买者的经营行为会对生态环境产生很大影响,因而必须强调生态效益。这可能会影响到购买者的经济效益,对此国家应给予一定的经济补

偿。三是园林地、鱼塘使用权的运营。股份合作社对其所拥有的园林地、鱼塘的使用权可采用竞价承包的办法。在运作中要注意园林地和鱼塘的完整性,即要实行规模经营,不能造成园林地、鱼塘的过分分割。

当然,农地使用权获得者也可以根据自己的生产经营需要,将其所获得的农地使用权采用转包、转租、反租倒包、互换、入股、典当等多种方式,再让渡给其他农地使用者。

土地使用者应承担的义务是向股份合作社缴纳土地租金或承包费,按照契约利用和保护土地;其享有的基本权利是拥有承包土地的独立使用权,缴纳租金后的剩余独享权。

(6)收益分配。年度终了,首先由股份合作社对其经营活动进行核算。制作财务报告;然后由董事会提出收益分配方案,经股东大会讨论同意后执行。由于在新型土地股份合作社中不设集体股,因此,股份合作社在分配当年税后利润时,应分别提取其利润额的10%—20%作为公积金、公益金,用于社区公益事业、福利事业和农业的社会化服务。此外还要扣除股份合作社管理人员的报酬等管理费用,余额再按照股权平等、同股同利的原则在股东之间按其所持股份进行分红。

2. 新型土地股份合作制的可行性

新型土地股份合作制的实施已具备一定的基础。

(1)思想认识基础。目前,人们已从思想上达成了这样的共识:在农业和农村经济进入新的历史时期的今天,必须进一步深化农村改革,尽快建立起适应社会主义市场经济发展要求的农村土地产权制度,才能促进农业和农村经济的更快发展。实行新型土地股份合作制以后,可能有人会担心,这是私有化,会导致两极分化。其实这种担心是没有必要的。①实行新型土地股份合作制以后,农民获得了土地所有权,但这不是私有化。这是因为:第一,农民虽然拥有土地的所有权,但这种对土地的拥有只是货币上的,并不拥有实物,如果拥有股权的农民不想当股东了,可以转让并得到经济补偿,而不必抽走作为实物的土地,因而不会导致土地实物被分割。第二,土地股权的流转有买有卖,不会造成股份合作社的土地财产价值的流失。第三,土地的处置权特别是土地实物的处置权基本上掌握在股份合作社和国家的手中。第四,在股份合作社的股权结构中,作为劳动者的农民占有股份合作社的全部股份。而且在股份合作社内坚持民主管理,利益共享,风险共担。②实行新型土地股份合作制以后,也不会产生两极分化。因为,股份合作制的实施,抛弃了"地权的均等和福利原则",主要会对新出生人口和贫困户产生一定的影响,但这种影响不会太大。对于新增人口来说,虽然不再直接拥有一份土地所有权,但可以继承父辈的那份土地股权,将来还可以通过竞包、租赁等方式获得土地使用权,并通过从事农业生产经营活动获得相应的收入:对于贫困户来说,虽然在竞包时处于不利地位,但可以通过土地股权抵押获得贷款及其他办法获得资金参与竞包,特别是他们可以凭借其所拥有的土地股权参与分红,获得一份收入。更重要的是,随着农村社会保障制度的建立和健全,贫困农民的基本生活问题会由社会妥善解决。解决了上述两个思想认识问题以后,随着我国政治、经济体制改革的进一步深入,人们的思想观念、文化科技素质也会随之变化,对改革的适应性会越来越强,就会接受这一新生事物。这就为新型土地股份合作制的实施提供了思想认识基础。

(2)经济基础。改革开放以来,农业和农村经济有了很大发展,大部分地方已经实现小康,正向更加殷实的方向迈进。农业增加值由1979年的1018.4亿元增加到1999年的24519.1亿元,增

长了 16.6 倍;农民人均收入由 1979 年的 133.57 元增加到 2001
年的 2366 元,增长了 16.7 倍(扣除物价上涨因素增长了 4 倍)。
这为新型土地股份合作制的实施提供了一定的经济条件。

　　(3)政策环境基础。我国政府历来强调坚持农地的农民集体
所有制,鼓励理论界和实际工作者积极探索农地集体所有制的有
效实现形式,这就为新型股份合作制的实施提供了一定的政策
支持。

　　(4)实践基础。自 1992 年以来,在广东等省就出现了土地使
用权股份合作制和土地所有权股份合作制的实践,尽管这些实践
还存在一些缺陷和不足,但是,它在一定程度上明晰了土地产权,
调动了农民的生产积极性,促进了当地农业和农村经济的发展,产
生了良好的社会经济效果。这就为推行新型土地股合作制提供了
来源于实践的宝贵经验。

　　综上分析,新型土地股份合作制是一种较为合理的土地产权
制度安排,十分有利于农地的合理配置,可以在全国推行,但不可
强制推行和"一刀切"。必须搞好宣传,正确引导,因地制宜,分类
推进。对于发达地区来说,目前推行的条件已基本成熟,可以全面
推开;对于一般地区来说,目前推行的条件还不十分成熟,可以先
搞试点,再逐步推开;对于欠发达地区来说,可以先稳定一段时间,
待农业和农村经济有了一定的发展,经试点后再全面推开。

　　3.实施新型农村土地产权制度的配套措施

　　农地产权制度的改革实际上是农村利益关系的重大调整,它
涉及方方面面。因此,不能就土地产权制度改革本身而改革,必须
有相应的配套措施。

　　(1)加快农业和农村经济发展,为新型土地股份合作制的实
施创造经济条件

新型土地股份合作制的推行,需要一定的经济条件,经济条件越好,实施效果越好。因而必须采取措施加快农业和农村经济的发展。一要搞好农村产业结构调整,不断提高经济效益。结构调整要以市场为导向,以农民为主体,重点对种植业内部结构、农业产业结构、农村产业结构和农村就业结构进行合理调整,切忌直接进行行政干预。二要合理开发和利用农地,不断提高土地利用率和生产率。要搞好农地利用的总体规划,确保土地利用方向、结构、布局的合理;做好基本农田保护区的工作,切实保护好基本农田;积极引导农民优先利用闲置土地,充分开发利用非耕地资源;搞好植树造林活动,加强林地、草地的保护,有计划、有步骤地在生态脆弱的地区实行退耕还林、还草、还湖工作,改善生态环境,保障资源的可持续利用。三要大力发展乡村企业和个体私营企业,推动从事种植业的劳动力向农业的其他产业和第二、三产业转移。四要加大投入,特别是要加大对农业和农村基础设施建设的投入,为农业和农村经济的发展打下良好的物质基础。五要加强农业科学技术的研究与推广工作,注重农业科技人员和管理人员的培养,把农业和农村经济的增长转移到依靠科技进步的轨道上来。六要积极发展农业产业化经营,延长农业的产业链条,提高其比较利益和综合效益。七要建立健全国家对农业的宏观支持保护体系,确保农业持续稳定发展。

(2)培育和发展农村土地市场

随着我国市场化改革的深入,在我国农村,劳动力、化肥、农药等生产资料的配置都基本上实现了市场化,唯独农地市场发育严重滞后,与整个农村经济的发展极不适应,而有效的农地产权制度有赖于农地产权市场的有效运作。纵观国外农村经济的发展,许多国家的农地产权的流动都是依靠市场机制实现的。因此,有必要加快我国农地市场建设的步伐,建立起包括农地所有权市场、使用权市场及金融市场等相互联系的完整的市场体系。

①农村土地所有权市场的建立与完善。一要适度放开农地所有权市场,建立起股份合作社与国家之间、股份合作社与股份合作社之间以及个人之间的多向流动关系。二要规范政府征地行为,包括进一步完善农地征用的审批制度;合理确定农地征用的补偿费;加强监督与管理,防止农地征用后闲置现象的发生等。三要培育农地产权的交易组织。可在县、乡建立农地产权交易所及其他农地产权交易的中介组织。

②农村土地使用权市场的建立与完善。农地使用权市场应当包括一级农地使用权市场和二级农地使用权市场。一级农地使用权市场是由股份合作社转让其农地使用权而形成的市场。当前这一市场的主要任务是尽快实现由"公平优先,兼顾效率"向"效率优先,兼顾公平"的转变,让市场机制充分发挥作用,使农地向高效率使用者移动。当然,这种转变不能一概而论,需要因地制宜。二级农地使用权市场是农地使用权获得者将农地使用权再让渡给其他农地使用者所形成的市场。当前这一市场的主要任务是尽快建立起科学高效的农地使用权流转机制,包括规范与完善交易行为(如交易者的交易行为应该符合有关规定、要用书面合同来明确与约束农地使用权的流转关系等);加强对农地使用权市场的运作方式、价格、期限、契约签订等方面的监督与管理等。

(3)农村土地金融市场的建立与完善

农地金融市场是指农地产权所有者以其拥有的农地产权(包括所有权或使用权)作为抵押以取得贷款的关系的总和。当前我国农业发展面临的一大难题是资金短缺,允许农民以其所拥有的农地产权作为抵押进行资金融通,是解决这一难题的一条有效途径。因此,可以借鉴国外的成功经验,组建全国性土地银行或成立土地抵押合作社,也可在中国农业银行内设分支机构,负责土地抵押贷款业务。

(4)抓好城镇建设,加快农村人口城市化进程

国外的实践表明,在一国工业化的发展过程中,大批农村劳动力会流向城市,形成工业化与城市化同步发展的局面。中国目前已进入工业化的中期阶段,农业在国民经济中的份额已降至不足20%,但中国农村人口却仍占70%左右,城市化水平远远低于发展中国家的平均水平,这种状况严重影响了农村剩余劳动力的转移和农业劳动生产率的提高,进而影响了农地产权的优化配置。因此,必须抓好城镇建设,加快农村人口的城市化进程。为此,一要搞好城市规划,本着适当发展大城市,积极发展中等城市,大力发展小城镇的原则,搞好城市布局。二要特别注意加快小城镇建设。小城镇建设不能遍地开花,要重点发展县城和中心镇。目前全国每个乡镇的人口仅为1.9万人,规模小而分散,既难以发挥它吸纳农村劳动力的作用,又加重了农民的负担,也造成了资源的浪费,因而人口规模在3万以下的乡镇应该撤并。三要降低农民入城的门槛。应彻底改革户籍管理制度,放开小城镇的户口限制,对入城农民实行优惠政策。

(5)建立健全多层次的农村社会保障体系

农村社会保障体系的建立和健全,能够对土地的社会保障功能进行替代,降低农民过分的"恋土"情结,推进农地产权的市场化流转,提高土地资源的配置效率。而我国目前的农村社会保障制度存在着诸如项目不全、系统性差、覆盖面小、且不平衡,社会化程度与保障标准低,资金来源不尽合理,不能体现全社会的责任等问题。因此,各地应从实际出发,坚持以保障农民基本生活为目

的,以制度建设为核心,以农村养老保险制度、医疗保险制度和最低生活保障制度为重点,加强农村社会保障服务网络的配套建设,使社会基本保障与家庭保障、集体或企业补充保障相结合,采取有力措施,加快建设步伐,尽快建立起项目齐全、形式多样、覆盖面广、标准适当的多层次的农村社会保障体系,并且随着农村社会经济的发展和改革的深入,不断提高其社会化程度,争取实现各项农村社会保障与城市的接轨,最终建立起城乡一体化的社会保障体系。要从根本上增强农民离土的安全感和抵抗市场风险的能力,使市场机制能够在农村资源配置中发挥基础性作用。

(6)修改、完善有关的法律法规

新型土地股份合作制实施后,在一些方面会与现行的法律法规不一致。为确保新型土地股份合作制的有效运作,必须根据社会主义市场经济的发展要求,修改、完善有关的土地管理法律法规,对农村土地产权结构、经营方式、流转制度等各种土地关系进行科学合理的规范,为新型土地股份合作制的实施奠定坚实的法律基础。首先,以法律形式确认农地所有权,由土地股份合作社的董事会代表全体社员向国家土地管理机关进行登记,取得国家认可的土地所有权证书;其次,修改现行有关法律中关于限制农地产权市场化流转,不利于农村土地市场发育的条款;最后,规范国家的农地宏观管理权的行使,使各级政府的土地管理行为符合法律规定。明确而适应的法律法规可以使各个产权主体对自己的行为有一个合理的预期,减少不确定性,进而提高新型土地股份合作社的运作效率。

三、土地制度改革新思路:土地资源
梯次配置和增值收益梯次分配

(一)引言

随着我国工业化和城市化的加速发展,征地规模迅速扩大,失地农民越来越多。土地问题业已成为我国城乡经济社会一体化发展的障碍。在城市化及征地进程中,一个主要的问题是,城市周围的土地实现了增值,但农民并没有享受土地增值的全部收益。来自浙江省的一项调查表明,如果征地成本价是100%,那么被征土地分配格局大致是:地方政府占20%—30%,企业(开发商)占40%—50%,村级组织占25%—30%,而农民仅占5%—10%。如果不把企业算进去,那么,在现有土地收益分配框架下,政府占60%—70%,农村集体占25%—30%,农民仍然是5%—10%。[①]还有一个非常重要但被忽视的问题是,有许多农民即使得到土地增值的全部收益也不愿意被征走土地。前一个问题理论界探讨甚多,许多经济学家或学者都认识到在征地补偿过程中存在诸多不合理,譬如补偿偏低,难以反映土地的价值;征地安置不落实,难以解决被征地农民的长远生计等。也就是说,农民并没有真正享受到城市化和工业化带来的全部成果。许多专家学者在此基础上都提出了各种各样的对策措施,一致认同的观点就是提高土地补偿费用。对于后一个问题,国内理论界则较少涉及,国外也缺乏相关研究。而在城市化进程中,征地又是不可避免的,因而,寻求失地

---

① 参见国土资源部:《征地争议的研究报告》,中国大地出版社2003年版。

农民的新的补偿方法,使区域内的全体农民共享城市化和工业化带来的成果显得尤其重要。

本部分试图在课题组调研的基础上,将土地增值收益的分配和失地农民补偿相结合,提出一个全新的失地农民补偿和土地资源配置方法。其中的第二部分简单介绍课题组的调研结果;第三部分提出了土地梯次配置和土地增值收益梯次分配方法;第四部分作了简单的评论。

(二)调研区域的简要介绍和调研结果

1. 调研区域的简要介绍

课题组调研地区为山东省临沂市。临沂市位于山东省东南部,总面积17184平方公里,是山东省面积最大的地级市,下辖12个县(区),180个乡(镇、街道办事处)。2007年年末,临沂市总人口1022.73万人,其中非农业人口220.6万人,占总人口的21.5%;农业人口802.13万人,占总人口的78.5%。2007年,全市GDP为1404.86亿元,城镇居民人均可支配收入10772元,农民人均纯收入4083元,人均收入在省内处于中下游水平。近些年来,临沂城市化进程迅猛发展,2005年临沂市的非农业人口占总人口的17.3%,农业人口占82.7%。两年来,非农业人口增加了4.2%。在城市化快速发展的过程中,失地农民的人数不断增加,截至2009年7月,仅兰山区的失地农民就高达1万余人。① 由于土地征收及其安置补偿制度不完善,农民收入水平和生活水平有所下降。因此,我们进行了实地调研,尝试探讨合理的土地补偿政

---

① 参见张峰:《临沂市经济社会发展战略研究》,《当代沂蒙》2009年第11期。

策和尽最大可能满足不同失地农民需要的土地资源配置方法。

2. 调研结果

课题组共进行了三个区域层次的调研,第一个层次是城市周边的失地农民,第二个层次是近郊未失土地的农民,第三个层次是偏远地区的农民。

(1)第一个层次的调研结果

第一个层次,从问卷调查中设置的三个选项选择其一:一是你的土地被征后,你希望得到的全部补偿为货币补偿;二是你的土地被征后,你希望得到偏远地区的同等数量土地,同时获得差额的货币补偿;三是你对前两种选择感到无差异。课题组分别从兰山区、河东区、罗庄区的4个被征地村中随机抽取了100户,得出的结果参见表7-1所示。

表7-1　城市周边失地农民的愿望选择

希望得到 全额货币补偿	希望得到较为偏远同等数量的土地, 并获取差价货币补偿	两者没有区别
29%	63%	8%

从调查问卷得到的统计数据来看,60%以上的农民还是希望得到土地的,即便是偏远的土地;只有29%的失地农民选择了失地后,希望得到全额货币补偿;8%的农民认为前两者没有区别。

调查中还发现,土地对于农民来说最重要的一项功能就是其保障能力,失地农民尽管都转成了城镇户口,政府也给农民办理了各种保险,但是90%以上的农民表示不满意,认为失地后收入和生活水平显著下降。征地后,农民失去了土地,过低的补偿标准并不能解决农民医疗和养老等保障。

　　为什么绝大部分失地农民选择了希望得到较为偏远的土地呢？其一，农民对土地有非常深厚的感情，祖祖辈辈耕耘着土地，一旦失去土地感觉无所适从；其二，大部分失去土地的农民都是既没有文化，又没有专业特长，更不擅长经商，他们最擅长的行业是农业；其三，也许是最为重要的一点，农民在失去土地后对未来预期的不确定性突增（即便是转为城镇户口）。所以，选择得到偏远土地补偿的农民是理性的，但这并不是说选择全额货币补偿的农民是非理性的，他们的选择也是合理的，比方说这些农民擅长经商，他们在获得货币补偿后可以用来经商。而目前货币化的补偿方案是单一的、一刀切的办法，没有考虑到农民的各种实际需要。

　　（2）第二层次的调研结果

　　课题组对紧靠失地村庄周边的农民进行了调查，问卷中设置三个选项：一是在获得一定数量货币补偿的前提下，同意选择较为偏远的土地；二是即使在获得一定数量的价值补偿的情况下，不同意选择较为偏远的土地；三是前两种情况都可接受。结果有七成农民愿意在获得一定货币补偿的前提下，同意接受较为偏远的土地，选择不同意的农民只占23%，选择两种情况都可接受的占6%（参见表7-2）。

表7-2　邻村未失地农民的愿望选择

在获得一定数量货币补偿的前提下，同意选择较为偏远的土地	即使在获得一定数量货币补偿的情况下，不同意选择较为偏远的土地	前两种情况都可接受
71%	23%	6%

　　（3）第三个层次的调研结果

　　课题组对处在较为偏远地区（离城市距离较远）的兰山区枣

沟头镇刘官庄村和俄庄村的两个村农民进行了问卷调查,问卷也设置了三个选项:一是同意在获得一定数量价值补偿的前提下,拿出一定量的土地;二无论价值补偿有多少,不愿意拿出土地;三是无所谓。表7-3是课题组问卷调查所得出的数据。

表7-3　处在较为偏远地区农民的愿望选择

同意在获得一定数量价值补偿的基础上,拿出一定量的土地	无论价值补偿有多少,不愿意拿出一定数量的土地	无所谓
67%	23%	10%

(三)失地农民补偿新方法:土地的梯次配置和土地增值收益梯次分配

1. 土地的梯次配置

鉴于课题组问卷调查的结果,城市化过程中有60%多的失地农民希望,征地补偿的一部分以货币形式支付,一部分以较为偏远的土地支付。由此,我们提出了土地梯次配置的设想。何谓土地的梯次配置方法呢? 简单地说,就是对城市化过程中所征用的靠近城市的土地,使用由近郊渐次到偏远地区的土地进行梯次补偿。我们举一个简单的例子加以说明。假如城市 C 在城市化扩张过程中,征用了1000亩 V1 村的土地,而 V1 村的村民并不愿意失去土地,但征地又是不可避免的,这就形成了矛盾。解决的办法就是 V1 村村民可以占有邻近村 V2 的1000亩土地,V2 村的村民可以占有其邻近村 V3 村的土地1000亩……以此类推下去,这样就可以把城市化过程中所征用的土地进行梯次补偿和配置。图7-1说明了这一过程。

图7-1中的阴影部分的面积表示顺次配置的土地面积。在

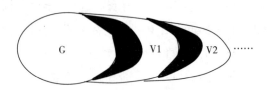

图 7－1 土地梯次配置方法演示图

梯次配置的过程中,可能会出现面积不等现象,这可以通过价格补偿予以解决,该问题在下文中还要详细论述。这里首先需要回答的是,该方法是否具备实施的前提条件呢?

一方面,从我国土地占有区域分布来看,土地的梯次配置方法是可行的。从总体来看,我国土地配置极不平均,东部沿海地区的人均土地占有量远远低于中西部地区人均土地占有量。从局部来看,人均占有土地的面积也是极不平均的,从为数众多的自然村到各个小城镇,从各个小城镇到小城市,从小城市到中等城市,这样依次形成一个梯度,土地的人均占有呈现梯次递减。课题组对临沂市各地人均占有土地进行了抽样调查,得出了以下数据,参见表7－4所示。

表7－4 所选样本村的人均土地情况

（单位:亩/人）

兰山区 角沂村 V1	南坊镇 南坊村	枣沟头镇 匡庄园村	半程镇 前沙丁峪村	高都镇 上黑市山村 V5
0.5	1.1	1.3	2.1	4

说明:(1)兰山区银雀山办事处的角沂村,南坊镇的 b 村,半程镇的 d 村及蒙阴县高都镇的上黑市山村,是以临沂市为中心,依次向北排列,而蒙阴县高都镇的上黑石山村是临沂市最北边的一个自然村,与泰安市所辖新泰市接壤。(2)表中的人均土地是指人均耕地,人均土地的建设面积不在其中。

总体上看,临沂市的人均耕地面积分布情况大致符合从城市郊区到偏远地区是梯次递增的格局,这种土地格局为城市化过程中土地的梯次配置提供了基本前提。另一方面,土地的梯次配置方法符合农民意愿。根据调研的结果,处在土地梯次配置起点环节(第一个层次)的失地农民渴望得到一定数量的土地补偿,处于土地梯次配置中间环节(第二个层次)的农民在得到一定货币补偿的情况下,愿意接受较为偏远的土地,处在土地梯次配置最终环节(第三个层次)的农民在得到一定价值补偿的情况下也愿意拿出部分土地。这样就为土地梯次配置提供了群众基础,而群众基础对于推动农村改革至为关键。众所周知,改革开放以来我国土地的历次改革,都始自农民,农民有了某种需求,国家通过试点,然后逐步推向全国。

2. 土地增值收益的梯次配置

在城市化过程中,被征用的土地及城市周围的土地出现了大幅增值,被征用土地的增值收益应该如何进行合理分配呢? 就目前各地的土地补偿实际情况来看,失地农民并没有得到应得的补偿。现行的征地补偿制度,补偿费计算方式通常称为"产值倍数法",其主要的法律依据是《中华人民共和国土地管理法》。根据该法第47条规定,征用耕地的补偿费用包括土地补偿费、安置补助费以及地上附着物和青苗的补偿费。征用耕地的土地补偿费,为该耕地被征用前3年平均年产值的6至10倍。征用耕地的安置补助费,按照需要安置的农业人口数计算。每一个需要安置的农业人口的安置补助费标准,为该耕地被征用前3年平均年产值的4至6倍。由此可见,每一项费用都是根据被征用耕地的前3年平均年产值按一定的倍数计算的,因而一般称为"产值倍数法"。实践证明,按这种标准计算的征地补偿费用,使失地农民因土地征用所遭受的各种损失很难得到合理或等价的补偿,因而存在明显的缺陷。据有关调查表明,如果以成本价(征地价加各级政府收取的各类税费)为100%,农民只得5%—10%,农村集体经济组织得25%—30%,60%—70%为政府以及各级部门所得。①这充分说明,被征地的农民得到较少甚至没有得到土地收益的增值部分。

目前我国理论界多数认为土地增值部分应该归国家所有。他们的依据是土地增值的来源。土地增值是由于政府对土地利用的规划及进行公共基础设施投资和公共服务设施建设而产生的,因此,增值归于社会理所应当。但是这种主流观点忽略了耕地发展权的主体。所谓耕地发展权又称土地发展权或土地开发权,是指将耕地改为最佳利用方向的权利。它是内生于土地所有权而又可从土地所有权中分离出来的一种用益物权。世界各国及地区从未将因社会发展、公共投资所引致的土地增值全部收归国家,而只是以增值税方式收取一部分。即使是在完全依孙中山先生"涨价归公"理论建立起来的中国台湾的土地增值税法规定,土地增值未超过原值一倍者,只按40%征收,即土地增值的60%仍归土地所有者;同时,对征地以及按公告现值出售的土地免征。②《中华人民共和国土地增值税暂行条例》规定,城镇土地增值的最高税率也只有60%,而这一增值也主要来源于国家的公共投资和经济发展。因此,耕地发展权主体属于耕地所有者,在中国,其主体就是

---

① 参见宋斌文、樊小钢、周慧文:《失地农民问题是事关社会稳定的大问题》,《调研世界》2004年第1期。

② 参见周建春:《中国耕地产权与价值研究——兼论征地补偿》,《中国土地科学》2007年第21卷第1期。

农民集体,而不属于国家,所以农民理所当然要得到土地增值的大部分,国家可以通过增值税的方式占有一小部分。

　　前文我们提出了土地梯次配置设想,那么如何进行具体操作才能够顺利实行呢? 这就需要和土地增值收益的梯次分配结合起来。所谓土地增值收益的梯次分配,就是失地农民拿出一定比例的补偿(增值的那部分)给下一个村的农民,以换取他们的土地,这个过程逐次替换下去。① 为说明这一方法,我们举一个简单的例子。假设土地梯次配置过程中共有四个村,根据距离城市的远近依次为 V1、V2、V3、V4 村。城市 C 在扩张的过程中,征收了郊区 V1 村的 500 亩土地,V1 村处于土地梯次配置过程的起点,V2 村和 V3 村处于该过程的中间环节,V4 村处于该过程的终点。假设由于城市的扩张使 V1 村每亩土地增值 X 元,再假设增值分配比例为 10%,即 V1 村民可以留下 10% X,将剩余的 90% X 的货币支付给 V2 村以购买 V2 村的土地,而 V2 村的村民留下 10% X 的货币,将剩余的 80% X 的货币支付 V3 村,以购买较为偏远的 V3 村的土地,梯次分配到最偏远的 V4 村。最后的结果有两个:一是因城市化引起的土地增值部分分配到该区域的各个村,前三村每亩地各获得了 10% X 的货币,处在终点环节村民获得了 70% 的增值部分(因为该村村民失去了 500 亩土地),这样该区域的村民共享了土地价值增值部分,同时又满足了 V1 村村民获得土地的需要;二是最偏远地区 V4 村的村民减少了 500 亩土地,前文已经假设偏远地区的人均土地占有量较高,当然也可以通过集约利用农

---

　　① 需要说明的是,这一过程不能无限地梯次配置下去,否则,这一方法毫无意义,这可以通过数学的方法给予证明。

村的建设用地来增加人均耕地的占有量。①

3. 对梯次配置方案的简评

该方法是在调研临沂市的实际情况下提出的,但是这种方法对其他地区也可能有适用性。该方法并不是对失地农民进行补偿的唯一方法,但是这种补偿方法有以下几个特点:

第一,土地的梯次配置方法是与土地分布实际情况相符合的补偿方法。一方面,失地农民有渴望再次得到土地的要求,而且处在中间环节和终点环节的绝大多数农民认可该种补偿方法。另一方面,土地资源的初始配置状况,即越靠近城市的人均土地越少,越远离城市的人均土地越多,为这种补偿方法实施提供了前提。

第二,从福利经济学的角度讲,该种方法所导致的土地资源配置结果尽管不是帕累托最优的,但是与初始土地资源配置相比,应该存在帕累托改进。因为这种配置方法使处于每一个配置环节中的农民的福利水平都得到了提高,而绝不会像目前对失地农民补偿那样,造成失地农民的收入水平和生活水平下降。

第三,这种方法可以减轻城市化过程中给城市带来的巨大压力,也符合我国 13 亿人口中 8 亿农民的基本国情。城市化应该是

----

① 其一,在这里我们隐含着各村土地的质量是一样的,在实际的操作过程中,应该区分各种类型的土地,不同类型的土地可以折扣换算为同一类型的土地。土地增值部分的留存比例可以是不一样的,要根据具体情况予以确定。其二,在实际操作过程中,或许用逆推方法更为贴切,即先算出处在配置终点农民的土地补偿价格,然后看一下他们所能接受的土地补偿价格占配置起点农民土地增值部分的比例,然后递推回去。其三,可能会有这样的担心,处于梯次配置环节的农民是否同意拿出自己的土地? 我们认为农民是理性的,只要给予足够的货币补偿(超过他们每亩土地每年的收入流的现值),他们是同意拿出土地的。而且他们也可以通过节约建设用地,增加土地数量,或者用得到的货币补偿改进技术等措施增加他们的粮食产量。

一个渐进的过程,绝不是一朝一夕就能完成的。从调查表得出的数据可以看出,少数失地农民在得到相应的补偿后,可以选择不要土地,那么这部分农民就可以转化为城镇居民,而不像现在一样一刀切,把所有失地农民都转为城镇居民,这样势必会给城市带来巨大的压力,包括就业、养老等。

第四,该方法坚持了共同富裕的原则。城市化过程中土地增值的收益由该区域内的农民共享,使全体农民真正享受到城市化或工业化带来的成果。

第五,从短期来看,该方法在具体操作过程中难度比较大,交易成本较高;从长期来看,只要组织得当,该方法的额外收益会大于额外成本,这可以看做是解决农民失地问题的一个有效方法。

(四)政策建议

我国正处在城市化和工业化高速发展时期,对于失地农民的补偿问题,应该从各地的实际情况出发,按照市场经济发展的要求,充分发挥和尊重农民的积极性和主动性,采取合理有效的补偿方法,尽最大可能满足农民的合理要求。因此,我们提出如下建议:

首先,国家以临沂市为试点单位展开试点工作,积累成功经验推向全国。

其次,城市的发展应该有一个长远的规划,明确城市发展的重点位置,这样可以明确土地梯次配置的方向。

再次,各级政府主管部门应积极配合,展开宣传工作,让广大农民对土地梯次配置和土地价值增值梯次分配的方法有一个明确的认识,以使农民作出理性选择。

最后,坚持以市场为导向,避免政府的强行干预,相信农民是理性的,政府的工作主要是及时发布信息,做好宣传工作和协调工作。

四、土地资源优化配置与城乡产业协调
发展——以山东省寿光市为例

　　土地资源配置包括政府对土地的规划以及政府、农民和企业对土地资源的使用。产业发展则指区域内所有产业,尤指农业和工业。优化配置是土地资源的核心,而产业发展是优化配置的出发点和归宿。这里以山东省寿光市为例,分析产业发展与土地资源配置的有机统一和协同发展。

(一)寿光市蔬菜产业发展中的土地问题

　　我们对闻名全国的山东省寿光市的蔬菜产业进行了系统的调查研究,发现该市蔬菜产业面临着突出的土地资源瓶颈,主要表现在三个方面:

　　一是地块调整问题。在土地分配时,由于土地等级不同,每户分得不同等级、不同方位的地块若干,形成土地资源分配的绝对化和事实上的细碎化;但是蔬菜大棚需要达到一定的种植规模,才能实现建棚成本和相应品种产量的最优化。而土地细碎和走向不同严重影响着菜农的收益,因此,人们积极要求对自己的土地进行调整,以提高种植效益。问题的关键是行政方式为主的调整不能满足区域内大部分农户的调整要求和愿望。

　　二是土地质量下降问题。伴随着寿光市蔬菜产业20多年的快速发展,区域内土地质量严重下降,土地板结状况十分严重。据

寿光市农业局提供的数据(参见表7—5),该市土壤质量指数区域平均值连年急剧下降。更为严重的是,寿光北部邻近沿海地区,海水以每年90厘米的速度倒灌,已经造成数千亩盐碱地。

表7—5　寿光市土壤质量指数区域平均值的变化

时间(年)	1999	2000	2001	2002	2003	2004	2005	2006
土地质量指数均值	2.04	2.01	1.96	1.86	1.74	1.50	1.33	1.32

资料来源:寿光市农业局。

三是蔬菜批发市场土地约束问题。在调查中发现,寿光蔬菜批发市场有限公司目前面临的最大困难之一就是市场规模过小,不足以支撑公司的战略发展——成为全国最大的蔬菜批发市场。这是因为批发市场公司资产的专用性相对较高,一旦建立,很难进行转移或另做他用;而且,由于寿光市的快速发展,批发市场已经处于城市的中心地带,规模的拓展极其困难,市区中心附近根本没有土地供给批发市场扩大规模。

上述问题的实质是,土地资源保护和配置不但具有私人物品的性质,也具有公共物品的属性,而且现代产业经济在全球化和新技术创新的有力推动下,系统性显著增强,私人物品不能彻底离开公共物品而独立存在或发展,反之亦然;当区域经济发展到一定阶段,土地保护和配置双重属性发展到在区域资源和区域制度的框架内不能相互协调的程度时,就会以各种形式表现出来,这是区域经济发展的必然性。

对寿光市而言,土地问题归结为:农民和企业的个体理性与区域土地资源的持续利用的矛盾;政府的经济理性与区域土地资源的持续利用的矛盾;产业规模经济与土地细碎化之间的矛盾。进一步分析,该问题则转化为在现有的资源条件下,为实现资源可持续利用、产业科学发展,我国土地资源的利益相关者在现代市场经济中如何进行土地利益分配的制度选择和利益机制设计。

(二)寿光市土地资源保护、配置与产业发展的国际比较

虽然寿光市政府通过各种形式不断进行本市土地资源的调整或优化,但是收效甚微;农民每年因为土地问题上访的事件从未间断过,而且呈现出扩大趋势。因此,对于土地资源保护、优化配置以及区域产业发展问题的解决,必须在更高层次上进行探索、创新,寻找新的思路和突破。

荷兰是现代农业十分发达的西方国家,尤其是其蔬菜产业誉满全球。以荷兰为参照系进行土地资源保护、配置与产业发展的比较,可为我国提供借鉴。下面从三个主要方面比较中荷两国在土地资源保护和配置以及产业发展方面的差异。

1. 法律制度

两国都极其重视法律对土地资源的保护、配置作用。荷兰土地管理法律体系相对完整成熟,先后出台了《土地整理法》(1924年,后几次修订)、《农用地转让法》(1953年)等重要法律,为土地交易、基础设施建设用地提供了法律和制度框架。中国初步形成了土地管理法律体系,在农民土地收益、政府土地征用以及制度的可执行性等方面有待完善;中央政府一直坚持以最严格的土地管理制度保护和优化我国土地资源的配置,但是13亿人口和极其复杂的区域土地资源差异使中国土地资源的管理成本大大高于荷兰。

以土地私有为主的荷兰规定:只有比较年轻、达到农业职业教育水平、有务农经历、有一定资金的农场主才可以通过参加招标租赁国有土地;租期灵活,鼓励投资。农场主65岁退休,可由一个孩子无偿继承;若无人继承,土地收归国有。由于中国农民基数庞大,只能在土地国有的前提下,分给每人一份土地,供其生存发展。

荷兰政府很少的农业投资补贴只给予有竞争力的农场,并且规定退出农业经营的小农场可以得到津贴,但是它必须把土地售予别的农场或政府机构,以促进农业生产规模的扩大。近年来,中国政府逐渐增加对农业的补贴。

2. 组织制度

组织制度对荷兰农业的发展有重要的贡献。生产者和加工厂商的各类组织(各种协会、合作社)承担着通常由政府完成的许多职责(如制定质量标准并进行监督),政府为他们提供服务和指导。这些组织相互之间都有紧密的联系,消除了农业生产部门与加工销售部门的分割,减少了环节,提高了效率,从根本上保证了农民的根本利益。中国的农民组织化程度近几年虽发展较快,但仍处于初期阶段,不能有效维护农民自己的根本利益。

3. 管理体制

荷兰农业决策是由农业、自然管理和渔业部共同完成的,其最大优点在于重视利益相关者(如政府、雇主组织、雇员组织、销售商、出口商、加工厂商)的权利。在决策之前,由各方陈述各自的要求和意见,经反复权衡,互相妥协,最后达成一致。政府十分重视对农业土地质量的审查监督,有效杜绝了土地买卖可能引起的土地质量恶化、地块分割等不良现象。中国土地资源管理政出多门,急需完善。

(三)土地资源保护、配置及产业发展的系统优化

1. 土地资源保护、配置及产业发展系统优化的条件

面对实际问题,借鉴国际经验,根据现有的理论成果,可知土

地资源有效保护、优化配置以及区域产业发展是宏观和微观、公共物品和私人物品的统一，外在的宏观经济现象和公共物品特征与内在的微观层面的私人物品特征既相互独立又存在紧密的相互联系。它们统一于区域内的政府与农民、企业的产业利益短期的竞争性与长期的协同性。目前系统的矛盾突出表现在两个方面：一方面是政府征地与农民土地资源收益之间的矛盾，另一方面是农民、企业等微观主体对土地资源使用与保护的问题。因此，必须对我国土地资源有效保护、优化配置和产业发展进行系统优化，促进矛盾的缓和和解决。

（1）切实保障农民的土地资源收益。根据我国宪法，农民是我国公民的基本组成部分，享有宪法和法律赋予的各项权利和义务。多年来，我国农民为新中国的建立和发展付出了巨大的代价和牺牲，但是客观形成的收入、教育、福利等方面的城乡二元结构，致使大多数农民无法享有应有的权利，无法分享新中国现代化建设的成就，很难融入到现代化进程中来。农民手中唯一的物质资源就是依法分得的数量很少的土地的使用权，这是他们生存发展的唯一物质支持。欲实现小康社会、保持国家的长期稳定与持续发展，必须切实保障农民应有的土地资源收益，使之在这一物质平台上通过社会的帮助不断提高自身的自生能力。

（2）取消政府对土地资源的征用与垄断交易。在我国现行土地管理体制下，政府（尤其是地方政府）不仅为了满足区域公共物品供给的需要可以对农民征地并进行补偿，而且垄断了土地一级市场。由此导致我国地方政府征地的积极性极度膨胀，严重侵害了农民的土地资源收益以及区域和国家经济的长期发展；多年后中央政府又必须承担地方政府无度征地造成的严重后果。

就我国土地交易的实质而言，它是土地一定期限的使用权的交易。虽然土地资源的使用者会有变化,但是国家根据相关法律拥有所有权。所以土地资源的交易价格是其使用权转换的补偿,交易的结果不过是农民将国家依法赋予的土地资源的使用权换取了一定数量的货币;既然是国家依法赋予的权利,因此土地交易收益应该完全属于权利的所有者,而不应按照现行的规则进行所谓的"补偿"。

问题的另一面是,政府为区域经济社会发展供给公共物品所需要土地如何获得。我们认为,政府应同其他使用土地的主体一样按照市场交易规则进行。合法、理性的政府应运用以税收等方式获得财政收入去支付区域公共物品的供给成本,而不应采取违法的方式、依赖垄断剥夺农民的土地资源收益,来增加财政收入或者直接获取资源,这是因为竭泽而渔与持续发展是根本对立的。

尤其是在现实中,我国土地资源体制存在根本性转变的必要性与可能性,主要表现在:社会需求由温饱型向高质量的生活转变,政府根本职能相应地由 GDP 的追求转向高质量的服务,尤其是宏观层次的服务;伴随国家"持续、和谐"发展观的基本确立,地方政府政绩的评价指标体系也必将作出调整;我国目前能源短缺、环境恶化、区域差距增大、国际竞争激烈等因素,迫使各级政府更多地关注民生、关注农民利益;农民对自身命运的关心、对经济社会参与能力的增强以及国家法律制度的日益完善,也能够对政府行为形成强大的制约作用。

(3)建立并完善农民土地资源收益和规范政府行为的保障机制。

其一,制度保障。逐渐完善的土地资源管理法律制度是人们使用土地资源的根本行为规范。明确保障农民的土地资源使用权收益,规范政府对土地资源的管理行为,这是维护农民根本利益最有力的保证。

其二，机制保障。农民土地资源收益的保证、政府征地制度以及政府对土地资源交易的垄断行为的消除，需要相应的运行机制加以完善和保障。简单、易行、操作成本最低的农民土地收益保护和诉求机制，以及社会对政府行为监督机制，是现代社会所必需的。

其三，组织保障。一般地，人们对自己的利益最为关心。我国目前促进土地资源保护、配置以及产业发展的制度、机制，距离目的的实现还存在相当的距离，恩赐或救济只能发挥一时的作用，不可能从根本上解决矛盾。农民只有依法以有效的组织形式，与企业和政府一道以平等的身份参与到土地资源管理游戏规则的制定和土地资源规划等各项事务中，才能够真正实现对自己利益的保护。

其四，市场和政府的协同机制。中华民族的近代史告诉我们一个简单的事实：国家和民族利益是最根本的利益。在利益相容与制衡原则下，实现资源使用的竞争与管制并行机制，其实质在于市场竞争和政府服务的有机结合。个体能动性的有效发挥是区域经济社会健康发展的根本，而其前提是资源的有效流动或配置。在一般情况下，市场竞争是保证资源有效流动的基本方式之一。但是市场并非总是正确的，"市场失灵"现象的存在，需要政府这只"看得见的手"在市场的盲点实施管制，以保证区域经济社会的有效运行。

（4）产业发展与土地资源保护、配置的相互累积循环机制。土地资源保护、配置是产业发展的前提和基础，而产业发展反过来也能够促进土地资源保护和配置的深化和优化，三者共同作用形成区域土地资源与产业发展的良性循环。在一般情况下，土地资源保护的根本动力在微观层面来源于土地资源配置对资源使用主体产生的利益，在宏观层面来源于产业发展的综合效应。这些物质效应以及由此产生的心理满足感,在市场竞争与生产发展的压力的综合作用下,促使资源得到更加有效的保护、更加有效的配置,同时这些物质效益也保证资源活动主体拥有保护和配置资源的能力。因此,土地资源有效保护和优化配置以及区域产业发展,势必产生向上的螺旋累积过程,形成产业发展与土地资源保护、配置的相互累积循环机制。

　　2. 土地资源保护、配置与产业协同发展的结构模型

　　综上所述,为实现制度性保护、机制性保护与操作性保护的内在统一,应当构建我国土地资源保护、配置与产业发展的结构模型(参见图7-2)。

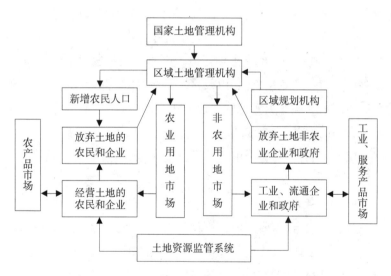

图7-2　土地资源保护、配置与产业发展的结构模型

　　模型中农民土地资源保护、配置与产业发展是通过以下主要环节进行的:

　　(1)土地资源规划与两个土地资源市场交易之间形成循环。

区域土地资源管理机构将农民放弃的土地根据区域规划分为农用土地和非农用土地,经营土地的农民和农业生产企业在农用土地市场进行土地交易,政府、工业企业和农业流通企业在非农用地市场进行土地交易;土地资源的相应收益归于拥有土地资源使用权的农民所有,任何其他主体不得侵犯。

（2）国家土地资源管理系统。依法由国家土地管理机构、区域土地管理机构以及各级土地资源监管系统共同组成。土地资源管理机构的职能在于:根据国家法律以及区域规划的内容,确定农民、企业和政府放弃的土地资源的使用方向;由农民和其他社会阶层参加,并由具有决定权力的监管机构依法负责对相应区域土地资源质量进行监测、评估;具有对质量不达标的土地强行进入土地交易系统交易的权力,落实对农民土地收益进行保护。

（3）土地市场和产品市场竞争。产业发展是通过土地交易市场和产品市场的竞争机制,以及区域规划、市场监管、资源监管的政府机制的共同作用实现的。通过市场竞争,土地资源将配置到效率最高的农民、企业或政府中去,从而为实现产业发展和区域发展奠定坚实的基础;各个市场的竞争进一步促进了效率的提高。

（四）政策启示

就宏观而言,需要考虑:逐渐完善我国土地资源保护和优化配置的法律制度体系,尊重并真正保障农民的国民待遇,积极提供服务,以使数以亿计的农民尽快融入到我国现代化建设中来;尽快改革我国政府的激励约束体制,适时改变行政系统的政绩评价体系,让政府理性与区域经济、社会、文化等的发展尽可能多地保持一致性;以充分的民主促进民生的发展,使得社会各阶层在宪法和法律的框架下形成有效的参与、监督、制衡机制,群策群力,共同推动国家的持续健康发展。

对寿光市而言,以下建议可能具有现实意义:积极推动本市产业标准化进程,完善市场监督、土地质量检测以及区域资源规划体系的建设;积极探索,采取各种有益的方式,减少流通领域对土地的使用(比如增加市场拍卖、促进网上交易);政府在进行土地资源保护、配置和产业发展的决策过程中,广泛听取、借鉴农民代表、企业代表、中介组织代表、行业代表、专家代表的思想、思路、意见和建议,并以组织结构变化和制度的完善加以保证;深入调查,理论联系实际,在实践中发现问题,依靠群众智慧和科技力量解决发展中的问题。

面对我国城乡一体化过程中土地制度存在的不足、土地资源配置效率低下以及农村发展面临矛盾重重等问题,本章从三个视角,即优化土地制度促进土地流转的视角,区域土地的梯次配置和土地增值收益梯次分配的视角,以及土地资源有效保护、优化配置与区域产业发展的视角,进行分析研究并有以下发现:(1)建立在产权明晰、权能明确、运作规范、保障有力基础上的新型土地股份合作制具有现实的可能性和实践的可操作性。(2)土地的梯次配置方法是与土地分布实际情况相符合的补偿方法,与初始土地资源配置相比,应该存在帕累托改进;可以减轻城市化过程中给城市带来的巨大压力,也符合我国 13 亿人口中 8 亿农民的基本国情;该方法坚持了共同富裕的原则。(3)逐渐完善我国土地资源保护和优化配置的法律制度体系,尊重并真正保障农民的国民待遇,尽快改革我国政府的激励约束体制和政绩评价体系,让政府理性与区域经济、社会、文化等的发展实现尽可能多的一致性,是构建具有可持续发展能力的城乡一体化的土地制度的核心和长远战略。

第八章　城乡社会保障一体化
体制对策研究

当前,我国的社会保障制度改革取得了重大成就,但仍然没有突破城乡二元分割的局面,其缺陷依然明显,城乡差别非但没有缩小,反而有所扩大。二元社会保障制度不利于和谐社会的构建,不利于工业化和城市化建设,不利于全面落实科学发展观,也无法适应构建统筹城乡经济社会发展一体化新格局的紧迫要求。因此,在未来社会保障制度的构建中,"城乡一体,共建和谐"就成为必然的目标。

社会保障本身有养老、医疗、失业、工伤、社会福利、生育、最低生活保障等方面的内容。城乡社会保障一体化的目标是为了满足广大中低收入阶层的基本生活和医疗需要,维护社会的稳定,促进城乡社会协调和谐发展,而社会养老保障、医疗保障和最低生活保障这三个项目是目前人们最需要也是最基本的保障,要实现城乡社会保障一体化,首先要实现的应是这三个项目的一体化。因此,本章主要讨论城乡居民的养老保障、医疗保障和最低生活保障三个方面的基本内容。

一、我国基本社会保障制度的城乡差别

我国城镇社会保障经过多年的改革与发展,与社会主义市场经济相适应的制度已大致确立,但农村却一直面临着社会保障制度的缺失,一些社会保险险种尚处于探索试行中,与城市形成了强烈对比,呈明显的二元结构特征。城乡之间的巨大差异具体表现在以下几个方面:

(一)制度模式明显不同

城市和农村现有的基本社会保障制度模式对比可以参见表8-1。

(二)指导思想城乡有别

我国城乡社会保障制度的建立不但受到经济发展水平的制约,同时也受其他因素(城乡二元结构、传统思维定式等)的约束,使得社会保障制度在建立与推行的指导思想上存在较大差异。目前已经开展的城镇基本养老保险和基本医疗保险与社会保险的性质相符合,具有强制性、互济性和普遍性,但农村开展的养老保险和新型农村合作医疗则按照自愿原则实施,不具社会保险的性质。

(三)资金筹集上重城轻乡

由于筹资方式不公平,造成城乡社会保障覆盖面差异大、社会保障水平相差甚远。①养老保险方面:1997年开始实施的城镇基本养老保险选择的是"统账结合"的混合模式(中国特色的模式)。

表 8-1　城乡基本社会保障模式和设立时间对比

社会保障项目		城市社会保障模式 （确立时间）	农村社会保障模式 （确立时间）
养老保障	保障方式	社会统筹和个人账户相结合的城镇基本养老保险（1997）	以家庭和土地相结合的保障为主，社区扶持为辅
	资金来源	国家、企业和个人共同承担	个人缴纳为主、集体补助为辅、国家政策扶持
	统筹范围	全省（市）	全县
	保障性质	强制性社会保险	自愿性，性质争议较大
	财务方式	现收现付制转向部分积累制	完全积累制
医疗保障	名称	城镇职工基本医疗保险（1998）	农村新型合作医疗（2003试点）
	保障方式	社会统筹和个人账户相结合	主要有：大病统筹+门诊家庭账户、住院统筹+门诊统筹、大病统筹三种模式
	资金来源	国家、企业和个人共同承担	中央财政、地方财政和个人共同承担
	统筹范围	全省（市）	全县
	保障性质	强制性社会保险	自愿参加
	财务方式	部分积累制	现收现付制
最低生活保障		城市最低生活保障制度（较成熟）（1999）	五保供养（50年代）和农村最低生活保障制度（不成熟）（2007）
补充保障		企业保障（企业年金）、商业保险	少量商业保险

城镇企业单位实行企业和职工共同缴费的办法，企业一般按工资总额的20%、个人按本人工资的8%缴费，分别划入社会统筹基金和职工个人账户；行政事业单位大部分职工的养老费用由国家财政提供。而农村社会养老保险从一开始采用的就是个人账户完全

积累模式,资金筹集按照"个人缴纳为主、集体补助为辅、政府予以政策扶持"的方式进行,资金主要来源于集体和农民个人,个人的缴费和集体补助进入个人账户。这表明,城镇养老保险资金主要来源于企业和政府,而农村则主要来源于农民个人,且筹资水平相当悬殊。②医疗保险方面:城镇职工医疗保险选择的也是"统账结合"的模式,筹资办法是用人单位按职工工资总额的6%、个人按本人工资的2%缴费,不足部分由政府补齐。用人单位与职工个人的出资比例分别为75%、25%。20世纪80—90年代,农村推行的合作医疗的筹资办法是"个人缴纳为主,集体出资为辅,国家政策扶持",一般情况下,个人出资的比例占80%—85%,集体占15%—20%,政府扶持微乎其微。目前情况有所好转,2003年开始试点的新型农村合作医疗经过多方努力,于2007年推向全国。《关于做好2008年新型农村合作医疗工作的通知》规定,从2008年开始,各级财政对参合农民的补助标准提高到每人每年80元,划入到他们的基本医疗社会统筹账户,实现社会大病统筹。农民个人缴费由每人每年10元增加到20元。按此标准计算,中央政府、地方各级政府、个人三者的出资比例分别为40%、40%、20%。③最低生活保障方面:用于城镇居民最低生活保障的资金,全部来源于政府。农村最早的最低生活保障应是20世纪50年代建立的"五保户"制度,农村五保供养资金,在地方人民政府的财政预算中安排,中央财政对财政困难地区给予适当补助。1995年,中华人民共和国民政部又在部分地区开展农村最低生活保障制度的试点,其资金来源于各级政府的约占74%,集体的占26%。

(四)运行机制成熟度差距较大

1998年,中华人民共和国劳动与社会保障部成立后,对城市社会保障进行了一系列改革,现已基本实现了统一管理,其制度化、规范化程度有很大提高,运行机制趋于成熟。目前,城市社会保障基金已成功上市,其保值增值能力较高。但农村社会保障基金由地方各级政府的下属机构来管理,运营形式单一,保值增值能力低。

　　由于城乡间社会保障的差距显著,严重失衡,农民难以得到基本的社会保障,产生了诸多不良后果:一是难以解决"三农"问题和提升农业现代化水平,致使农民的生活长期在低水平徘徊,城乡差距越拉越大;二是不利于人口合理流动,阻碍了城市化进程;三是不利于农村社会的和谐与稳定及计划生育政策的落实。只有通过城乡统筹,实现社会保障由二元向一元的转变,切实保障城乡人民的基本生活,才能消除这些不良后果,真正体现社会公平,实现城乡社会经济的和谐发展。

二、国内外社会保障制度的经验借鉴

(一)西方发达国家和地区基本社会保障制度城乡一体化的历程

　　西方发达国家城乡基本社会保障一体化是其经济和社会发展到一定程度的必然产物。1942年11月,英国经济学家威廉·贝弗里奇在《贝弗里奇报告》中第一次提出了建立覆盖全体国民、城乡一体化的社会保障制度。以此为基础,英国政府自1945年起,陆续出台了国民健康服务、国民保险法、国民救助法案等一系列社会保障法案,逐步建立起面向全体国民的社会保障体系。瑞典、法国、联邦德国、美国、澳大利亚、日本、新西兰等国也在随后的经济和社会发展中,参照英国的社会保障模式建立起本国的社会保障体系。第二次世界大战结束后,由于经济发展和社会文明程度的不断提高,西方国家社会保障项目的覆盖对象逐步扩大到乡村居民,最终实现了城乡居民社会保障体系的接轨,即社会保障的"全民化"或"城乡一体化"。由于西方发达国家的经济和社会发展的程度不同,各国在建立城乡统一的社会保障制度的时间上也有所不同(参见表8-2)。

表8-2　部分国家和地区城乡社会保障设立的时间表

国家和地区	建立社会健康保险制度的时间(年)		建立社会养老保险制度的时间(年)		建立农村社会养老保险时农业占GDP的比重(%)
	城市	农村	城市	农村	
德国	1883	1887	1889	1957	5.7
日本	1927	1961	1941	1971	6.0
丹麦	1892	1969	1891	1977	6.9
美国	1965		1935	1990	2.0
加拿大	1958	1968	1927	1990	3.4
中国台湾	1950	1989	1950	1994	——

资料来源:王国军:《中国城乡社会保障制度衔接初探》,《战略与管理》2000年第2期。

实践证明,农村社会保障制度滞后于城市,是一个普遍规律。从西方发达国家社会保障发展的历史进程来看,医疗(健康)保障制度从城市延展到农村的时差较短,养老保障制度从城市延展到农村的时差则较长。

(二)西方发达国家社会保障制度的三种模式及其公平效率分析

目前世界上有150多个国家和地区建立了不同模式的社会保

障制度,由于各自的社会制度、经济发展状况和历史文化传统不同,各国的社会保障制度在政策取向、制度设计、保障项目和具体标准及实施办法等方面也有一定的差异。目前学术界主要依据政府与个人责任的分担程度,将发达国家和地区的社会保障模式划分为:社会保险型、福利国家型和强制储蓄型三种主要模式。社会保险型又称投资互助型模式,主要以美国、德国、韩国、日本等国家为代表,该模式将社会保障待遇与个人收入及缴费年限联系起来,属于缴费确定型。其在强调个人责任的同时,国家也负有一定的责任。福利国家型模式以英国、瑞典等福利国家为代表,强调普遍性的原则,全体农民均享受到社会保险待遇,国家在这种制度中承担了主要责任。缴费来源主要是通过财政税收的方式,采用现收现付制方式支付当期的待遇开支。强制储蓄型模式以新加坡、智利为代表,其采取中央公积金的方式,完全通过个人积累进行,国家不负责投保的责任,仅仅是给予适当的政策性优惠。其中由于农民作为自营者,不存在雇主和雇员的关系,因而缴费主要由农民自己来负担。

"福利国家型"更多地体现了"公平"原则,能够有效地降低失业率,一定程度上确保了经济的稳定增长,但由于人们享受的社会保障水平没与个人的缴费挂钩,不可避免地造就出了大批社会"懒汉",遏制了人们生产的积极性。降低了社会"效率",造成政府和企业的负担过大。"强制储蓄型"克服了社会福利的"平均主义",减少了政府负担和其他社会浪费,避免了社会生产率的降低,但不利于公平享受社会发展成果。在"社会保险型"制度中,政府以转移支付的方式为贫困者提供了大量的救济金,有效地减少了贫困人口,缓解了收入分配不均和贫富悬殊的问题;保障基金主要由雇主和雇员共同负担,国家和个人的负担较轻;保障基金由财政统一支出和管理,可以比较全面、客观地把握资金的分配和使用,从而更好地体现"公平"原则;由于基本的保险项目实行强制参加,使得大多数人的基本生活得到了保证。从"效率"方面看,由于社会保障基金的主要来源是向纳税人收取的各种保险税,因此,政府在制定税收政策和调整社会保障税收方面,非常注意税收政策的适度问题,使税收与保障程度和保障水平相适应,尽量做到既不影响人们的收入水平,又能提高人们的生产积极性。[①] 在这三种社会保障模式中,"社会保险型"能很好地兼顾公平与效率,可以为我国确立社会保障目标模式提供参考。

(三)国内基本社会保障制度建设的典型案例

我国农村社会保障制度设计尤其是养老保障制度正在探索中。在农村经济较为发达的地区,建立社会保障体系方面做得各有特色。

1. 浙江省嘉兴市"以土地换社保"的模式

浙江省嘉兴市结合当地经济社会发展状况,于1993年率先推出了"以土地换社会保障"的补偿方式,为解决失地农民的保障问题作出了有益的尝试。先在市区进行征地制度改革试验,并于1998年正式出台了《嘉兴市区土地征用人员分流办法》,其核心内容是"以土地换社会保障",即土地被征用以后,失地农民"农转非",并进入社会养老保险体系,按月领取养老金。具体措施是:①实行城乡统一的养老保险登记制度,统一养老保险缴纳标准;②建立个人账户,统一发放养老金;③对未就业者发放生活补助费、

---

① Cf. By Nicholas Stem:《The Theory of Optimal Commodity and Income Taxation:An Introduction》,Oxford.

医疗包干费,每人每月 160 元(其中 10 元为医疗包干费),按其征地时在农村劳动年限计算,最长不超过 24 个月。对大龄(征地时男 45 周岁,女 35 周岁以上)人员,可增发 12 个月的生活补助费和医疗包干费;④配套措施。为使得"以土地换保障"政策得到切实有效的执行,推出了一系列配套措施,比如为失地农民提供就业扶持和就业培训;建立居民小区,按照农民以前的居住面积以低价售给失地农民,确保失地农民能够真正进入城镇生活,成为城镇居民。劳动与社会保障局成立了就业科,专门管理失地农民问题,并且在市、县、区各级政府设立相应的职能部门,实现层级网络化管理,以保障失地农民问题能够得到快速有效的处理。

2. 上海市浦东"阶梯式社会养老保障"体系

改革开放以来,浦东的征地农民安置模式经历了从"就业安置"到"保险安置"的演变过程。然而在实施的过程中,征地吸劳与征地养老这两种模式,分别出现了严重的问题。因此,政府决定在保留征地安置和征地养老保障的同时,在现有农村养老保障和城市养老保障之间建立一个"阶梯",即农民市民化养老保障,三者共同构成城乡阶梯式社会养老保障体系。农民市民化养老保障的标准高于农村养老保障,低于城市养老保障,由此"阶梯"实现农保向城保的过渡。农民市民化养老保障的对象是农村居民,包括征地农民工和征地养老安置人员、乡镇企业的职工以及其他市民化的农民,目标是缩小城乡养老保障的差距,逐步引导农保向城保的过渡,最终实现城乡社会养老保障的一体化。具体措施是:①农民市民化养老保障基金的来源包括基本筹资和补充筹资两条渠道。基本筹资是指由征地单位一次性缴纳的 15 年的基本养老保险费;补充筹资包括用人单位自愿缴纳的养老费、征地保障费和农村集体补贴三部分。②农民市民化养老基金按照养老保险费缴纳标准,纳入城保体系中,集体运转,统一管理。征地保障费和农村集体补贴实现区级统筹。③养老金发放标准与新区经济发展水平相适应。征地吸劳部分养老金发放由基础养老金加上个人账户养老金,再加上征地保障费部分的统筹分配所得,再加上具体情况下的集体补贴部分等共同组成。而征地养老人员,则因为没有个人账户部分的积累或积累相比前者要少而享受较前者低一个档次的退休养老金,但其水平仍要高于原有模式下的征地养老的保障水平。

3. 四川省成都市的"城乡统筹"模式

成都市为被征地人员提供进入城镇社保体系的机会。对年龄较大者,征地部门为其办理一定年限的城镇基本养老保险和基本医疗保险,男满 60 周岁和女满 50 周岁,累计缴费满 15 年(包括一次性缴费年限)后,可享受相应的城镇基本养老保险和基本医疗保险待遇。政府对不同的年龄段采取不同的补贴和社保政策。

上述几个国内典型案例的共同之处是:享受较优厚的社会保障待遇的前提是贡献了自己承包的土地或集体土地,这是浙江省嘉兴市、上海市浦东、四川省成都市以土地换社保和养老保障基金筹集方式的基础;当地经济发展状况良好,有雄厚的地方财政资金支持。

三、构建城乡一体化社会保障
制度应遵循的基本原则

(一)统一指导思想、城乡并重原则

在指导思想上必须明确,社会保障作为保证社会经济安全运

行的基础,是典型的公共物品,每个公民都有享受的权利。在社会保障方面对农民的不公平是最大的不公平,"重城轻乡"的现状必须改变。当然,反过来"重乡轻城"也不足取。因此,必须强调公平原则,城乡并重。在指导思想上、在行动上发挥政府的主导作用,城乡统筹考虑。

(二)相互协调、便于衔接的原则

一是城乡之间要相互协调。如农村各社会保障制度的建立与完善应适当借鉴城市相应制度。首先在制度设立时就要考虑城乡衔接问题,鉴于城市各社会保障制度的保障水平已较高的情况,今后一般应稳定或略有提高,以利于城乡之间的衔接。二是各不同制度之间在建立与完善时也要相互协调。三是保障制度与保障服务网络之间要相互协调。社会保障服务网络是实施社会保障制度的载体和依据,应根据社会保障制度建设的需要,建立健全社会保障服务实体和设施,社会保障制度的建设也要考虑社会保障服务网络建设的实际,二者相协调一致。

(三)与经济发展水平相适应,制度统一、方式和标准有别的原则

城乡一体化的基本目标是城乡居民享受同样的社会保障待遇,因此需要建立城乡统一的社会保障制度。但要实现这一目标需要一个过程,统筹城乡社会保障制度的进程有赖于经济发展。我国目前不同地区的经济发展水平有很大差异,因此在统筹城乡社会保障制度时必须与经济发展水平相适应。就保障标准而言,不同地区、不同项目不能追求整齐划一,应有所不同,经济条件好的地区可以高一点,经济条件差的地区可以低一点。

(四)积极稳妥、循序渐进原则

统筹城乡社会保障制度是一项涉及面广、政策性强、难度较大的系统工程,在推进中不可能一蹴而就,必须积极稳妥,循序渐进。一是城乡社会保障由"相互分割"到"基本统一"要有一个从量变到质变的较长的时间过程,不可操之过急。各项制度的这种转变速度可以有所不同,如最低生活保障制度、医疗保障制度的这种转变可以快一些,养老保险的这种转变可以慢一些。二是应立足地区差异,从东向西梯度、分层次推进,切不可一刀切。三是各项制度的保障水平应根据经济发展情况进行适度调整,特别是农村社会保障水平应调整得更快一些,使之逐步向城市的水平靠近。

四、构建城乡一体化社会保障制度的
基本路径与现实选择

遵循以上原则,构建我国社会保障制度的基本路径应是:第一步,到2015年率先建立城乡一体的最低生活保障制度;第二步,到2030年建立城乡一体的医疗保障制度;第三步,到本世纪中叶实现城乡一体的养老保障目标。

(一)第一步,建立城乡一体的最低生活保障制度

城乡统筹的一个现成着手处,就是建立城乡统一的最低生活保障制度。由于保障全体国民,特别是贫困群体的基本生活是任何一个政府最起码的责任,也是政府管理社会公共事务的主要职责之一,因此最低生活保障资金的来源应主要以国家财政为主,以集体出资为辅,以社会捐助为补充。在这个过程中,政府应发挥主

导作用。

　　国家可在统筹考虑各地区实际经济发展水平和消费水平的基础上,制定全国统一的最低生活保障标准,由中央财政负责支付"低保"对象每年的最低生活保障金。对于生活消费水平较高的经济较发达地区,当国家给予"低保"对象的最低生活保障金低于当地的最低生活标准时,在国家财政支付最低生活保障金的基础上,由地方财政和集体负责补充不足部分。在具体实践中,最低生活保障对象的认定应以最低生活保障线为依据,达到"既保障城乡贫困家庭的基本生活,又不养懒汉"的效果。为方便生活不能自理的老人,可沿用农村五保户的集中供养方式(或以社会公共服务形式)提供最低生活保障。

　　目前,广东、浙江等沿海经济发达省市已先后宣布实行城乡统一的最低生活保障制度。以浙江省为例,城乡最低生活保障制度已进行了多年的试点与推广。基于该省经济实力较为雄厚的现实,浙江省在最初建立这项制度时,即采取城乡一体化的方法,城乡统一实行一套制度,以县级为单位,只是在保障标准上在城乡间作出区分,实行"一套制度,多种标准"。可以学习浙江省经验,制定最低生活保障标准,由省级财政负责支付"低保"对象每年的最低生活保障金。待时机成熟的时候,再过渡到由中央财政按全国统一标准支付"低保"对象的最低生活保障金。

(二)第二步,建立城乡一体的医疗保障制度

　　针对我国目前公共医疗卫生服务机构匮乏、农民"看病难、看病贵"的现实,我国城乡医疗保障一体化的建设应采取两条腿走路的办法。两条腿是指既要建立覆盖全民的城乡统一的医疗保险制度,同时又要建立城乡均等化低收费的公共医疗卫生服务体系,

为医疗保障提供坚实可靠的运行载体。而前者的建设又分两步走：第一步，构建城市医保和农村医保体系，分别实现全覆盖；第二步，将城镇与农村医疗保险对接，到2030年实现城乡一体化。

1.扩大财政覆盖范围，建立城乡均等化的公共医疗卫生服务体系

长期以来，我国没有把医疗卫生服务作为一项公共物品来提供，而是让市场主导医疗卫生事业的发展。现行流通体制导致市场药价和医疗器械价格畸高；现行管理体制导致各级各类医疗机构都存在逐利现象；在医疗资金投入、医疗设备购置、卫生机构设立以及医护人员配备等方面，都向城市尤其是大城市倾斜，只有少数投入农村。由此导致城乡居民健康水平的明显差异，尤其在一些经济较为落后的贫困县区，农民健康状况堪忧。基本医疗卫生服务应是一项重要的公共物品，应是社会公众共享的服务和资源，这就要求医疗卫生实现全面普及，让所有居民公正、平等地享有服务。根据党的十七大作出的"扩大公共财政覆盖农村范围，发展农村公共事业"，"促进农村医疗卫生事业发展"①的具体部署，由政府财政投资，国家统一管理，建立起我国布局合理、覆盖广泛、城乡均等的基本公共医疗卫生服务体系，是改善"看病难、看病贵"的切入点，是确保居民方便、安全、廉价就医的重要举措。因此，建设城乡一体的医疗保障制度，需要建立我国公共医疗卫生服务体系，这是一项政策性强、需要财政支持力度大的系统工程。具体措施是：

①完善投入机制，设立布局合理的公共医疗卫生服务网点，作

---

① 参见《中国共产党第十七届中央委员会第三次全体会议公报》，《大众日报》2008年10月13日第一版。

为医保定点医疗机构。由政府财政直接举办或通过整合的方式建立起布局合理的公共医疗卫生机构;对于农村居住分散的老、少、边、穷地区,可仿照巴西的"家庭健康计划"中的家庭健康小组,设立流动式的公共卫生服务小组,开展巡回医疗,为农民提供上门式便捷服务。制定作为医保定点医疗机构的基层公共医疗卫生服务点的最低标准:医务人员的结构及职称比例可设定为,全职医师至少1人(具有职业医师资格),一名护士(需有护士上岗资格证)、一名助理护士(兼收费)。医务人员要通过严格公开的筛选聘用程序加以确定。

②规范药品的生产流通,确定统一的药价和收费标准。进行药品生产流通体制改革,通过国家统一渠道提供药品、统一制定药价、统一确定各医疗服务项目的收费标准。

③确立服务方式,开展低收费或免费服务。具体服务方式可设定为:参与医疗保险的居民到定点公共医疗机构就诊,每次支付一定数额的挂号费,即可获得规定的低收费服务和一定的免费服务项目。低收费项目如:门诊和住院服务,包括医学检查、治疗及《国家基本用药目录》规定的药品和医疗用品等;不多于一次(或计划生育政策内)的分娩等。免费项目如:疾病预防、健康查体、计划免疫、妇幼保健及艾滋病预防等;其中门诊收费部分可用个人账户直接结算。同时可由公共卫生服务机构承担城乡贫困人口的医疗救助责任。

④建立分级医疗、双向转诊制度。试行基层公共医疗卫生服务点的"首诊制",常见小病在基层卫生机构进行治疗,大病则转向二级以上的大医院,大医院确诊后的慢性病治疗和手术后的康复则可转至基层卫生服务机构,实现"小病不出社区,大病及时转诊",避免出现到大医院让专家看感冒的不合理现象。

⑤统一经费拨付渠道,多元化筹集资金。基本公共医疗卫生服务机构或小组的基本建设与日常运行经费通过各级财政下拨给医疗机构。资金可以通过以下渠道筹集:将国家每年卫生支出的一部分用于该项目;医疗保险资金的一定比例;社会慈善机构的参与和社会捐赠;其他资金来源(如发行彩票和社会义卖的收益等)。

⑥高薪聘用支农医务人员。可通过财政补贴的方式,给予支援乡村公共医疗卫生事业的医务人员县级或县级以上的工资及福利待遇,为鼓励一些医生到偏远地区工作,可适当提高其工资待遇或给予职务职称方面的优惠;聘用医务人员要有严格的筛选聘用程序,并通过执业资格证书、人员培训、技术指导、免费实习、合作管理、点对点扶贫等措施,尽快提高基层公共医疗卫生服务水平。

2. 通过制度创新,建立城乡统一的基本医疗保险制度

目前,我国各省(直辖市、自治区)制定的医疗保险制度在具体内容上有较大差别。又因为农村人口分布松散,农民大部分是自雇者,非货币收入占了很大比重,因此,很难一步到位地在农村建立起与城镇职工一样的医疗保险制度。也就是说,城乡一体的医保制度建设需要一个循序渐进的过程。具体采取两步走战略(参见图8-1):第一步,构建一个便于对接、模式基本相同、标准有别、方式有别的城市医保和农村医保体系,分别实现全覆盖。一方面,将城镇职工医疗保险扩大为城镇居民医疗保险,目标是到2020年使它覆盖全体城镇居民;另一方面,改进方式、科学推行新型农村合作医疗,目标是到2020年覆盖全体农村居民。第二步,建立城镇居民医疗保险和新型农村合作医疗之间的衔接制度,并通过不断提高统筹层次和保障标准,将城镇居民医疗保险与新型农村合作医疗对接,到2030年实现城乡医保从制度到标准的完全

统一,即城乡医疗保障制度一体化。

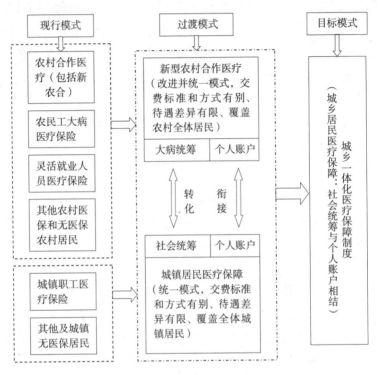

图8-1　城乡医疗保障制度一体化建设思路

(1)将城镇职工医疗保险扩大为城镇居民医疗保险。

将尚未进入医保的城镇自由职业者、自营业者、未成年人和在校学生、失业人员等强制参保,全部纳入城镇医保体系,从而实现城镇职工基本医疗保险向城镇居民基本医疗保险的转变。对于不同的城镇居民群体可采取不同的参保措施。

①城镇职工:城镇各类单位的雇佣劳动力超过一定期限后(如6个月),国家通过法律上的强制手段促使他们向社会保障部

门缴纳国家规定的社会基本医疗保障费(社会统筹部分),以此作为各企事业单位登记、注册和考核的前提条件。在此基础上,通过职工个人缴纳保费,给所属员工建立基本医疗个人账户。目前行政事业单位职工的城镇职工医疗保险已经基本完善。

②城镇自由职业者、自营业者:国家提供适当额度的财政补贴并强制参保。我国财政对参加新农合的农民,每人每年给予定额补助;城镇居民参保,理应给予同样的补助,以体现公平,并在税收和政策层面给予相应优惠。财政补贴政策优惠的一定比例进入大病统筹,个人交费和政策优惠的另一部分进入个人账户。

③未成年人和在校学生:可在现有的"在校学生人身意外伤害保险"的基础上,通过"家庭交纳,财政补贴"的方式强制建立大病社会统筹账户和个人账户,资金筹集运作由原来的保险公司转为国家有关机构统一管理。

④失业人员、无保障老人:由于这部分人员没有经济来源,可直接通过医疗救助解决其看病问题。

目前已有一些地区开始探索城镇居民医疗保障制度,到2007年,城镇居民医疗保险试点城市已达79个。[①] 如北京市2007年9月启动了北京市城镇无保障老人和学生儿童大病医疗保险;从2008年7月起,广东省东莞市率先在全国实现职工基本医疗保险和城镇居民基本医疗保险的并轨;江苏省苏州市于2008年4月在全国首次把职工医保、居民医保、学生医保并入一个框架下,并首次将尚未进入医保的失业人员、大学生等群体全部纳入,享受同等医保待遇,真正实现城镇"全民医保"的目标。

---

① 参见中华人民共和国卫生部:《2003—2007年中国卫生情况发展简报》,《中国慢性病预防与控制》2008年第5期。

（2）改进方式、科学推行新型农村合作医疗。

目前推行的新型农村合作医疗制度在各地区的模式、标准并不统一，与较为成熟的城镇职工医疗保险也有较大差别，因此应从模式、标准等方面加以改进，以便于城乡医疗保障制度有效衔接。

①将新农合的模式统一设置为"大病统筹+个人账户"。新农合的统筹模式主要有"大病统筹+门诊家庭账户"、"住院统筹+门诊统筹"和"大病统筹"三种模式。"大病统筹+门诊家庭账户"是指设立大病统筹基金，对住院和部分特殊病种大额门诊费用进行补偿，并将参合农民缴纳的资金通过设立家庭账户的方式储存起来，设立门诊家庭账户基金，供家庭内部的农民个人门诊费用补偿使用；"住院统筹+门诊统筹"是指通过设立统筹基金，分别对住院和门诊费用进行补偿，是把农民的参合资金纳入新农合基金，不论参合农民当年是否看病拿药，参合资金都作为基金的一部分使用；"大病统筹"是指仅设立大病统筹基金，对住院和部分特殊病种大额门诊费用进行补偿。第一种方式与城镇职工医疗保险"社会统筹+个人账户"虽有一定差别，但模式近似，因此应将新农合统一设置为"大病统筹+个人账户"的模式，使它易于与城镇职工医疗保险对接，而且"大病统筹+个人账户"的模式有以下突出的优点：容易让农民看到参合的实惠，刺激农民参合的积极性。农民个人的年缴费是一种变相的储蓄，可以打消在"住院统筹+门诊统筹"和"大病统筹"情况下，农民认为本年度不看病，医疗保险费就白花了的思想顾虑；有利于资金使用的经济性。参合农民把"个人账户"资金看做自己的储蓄，可有效避免一些医疗机构以新农合下"农民看病，公家出钱"为借口，抬高医药价格、寻找名目侵蚀医保资金的现象；与"家庭账户"相比，"个人账户"更有利于人员流动，因为"家庭"是动态的，成员随时可能变动；最为重要的是这种

模式可以使城乡两种医疗保障制度之间易于实现衔接。

②提高统筹层次、扩大统筹范围。社会保险遵循的是"大数法则",参加的人员规模越大,保险基金的支撑能力和分散风险的能力就越强,参保人员的权益就越能得到有效保障。新农合在建立之初就应提高统筹层次起点,将统筹层次确定为市级逐渐向省级过渡,直至实现全国统筹,为保险关系的转移接续、保障资金的统一调度和普遍实施异地就医制度打下基础。

③制定全国统一的地方财政最低补贴标准和农民个人缴费上下限。在大数定律下,正常年份全国范围内的医疗费用应在某个区间范围内。医保筹集资金,应收支基本持平,结余太多和资金短缺同样不合理。而目前各地新农合的个人缴费标准差距甚大,从10元/人/年到230元/人/年不等,这不利于一体化制度的建立。应根据大病发病率、医疗收费标准和各试点地区的数据,通过科学精算,尽快确定一个全国统一的地方财政最低补贴标准和参保个人年缴费额的上下限,为城乡一体化提供一个目标值。城乡医保一体化的目标是"全员参保",参加人员越多,每人缴纳的费用越少。因此,应当尽快增加参保人数,降低个人缴费额,由自愿参加转为强制参保,不断扩大覆盖面。

在全国统一的地方财政最低补贴标准出台后,中央和中央以下各级财政的最低补贴部分进入大病统筹账户,地方财政超出最低标准部分的补贴,全部或一定比例进入农民个人账户。可以让流出人口携带所在地区所在时段的经济发展成果,解决流动人口难于带走医疗保障的问题。

(3)完善参合农民筹集医保资金的保障措施。

为促进农民参加新农合,要首先确定国家财政在医疗保障中的主体地位,加大财政补贴力度。对于个人缴纳的资金,可将保障对象分为不同的群体,分别采取不同的措施:①对于从事农业种植和畜牧业生产的农民,由于他们的收入非货币化,低而不稳,可以将国家给予的支农补贴资金的一部分和地方财政补贴资金的全部或一定比例计入个人账户,减轻农民的负担。②对于临时性(季节性)外出务工的人员,把他们视同从事农业种植和畜牧业生产的农民(对于基本脱离农业生产,常年外出务工或有稳定就业岗位的,将其纳入到城镇居民医保体系)。③对于失地农民,通过国家强制性措施,把一部分土地补偿金一次性划转到他们的基本医疗社会统筹账户和个人账户,各地区可以考虑本地的具体政策,将地方财政补贴的一定比例划入个人账户。城市周边地区——基本进入城镇区域居住的失地农民的医疗保险,直接依照城镇居民医疗保险标准执行。

(4)制定新型农村合作医疗与城镇居民医疗保险的衔接制度。

随着我国城镇化进程的加快,城乡人口结构快速变化,2007年年底,我国的城镇化率已达45%,估计到2010年将达到47%,2020年将达到50%—55%。这期间,将有大量的农村人口转化成为城镇居民。因此,在基本制度建立起来并平稳运行之后,对制度之间的衔接和转换的要求就显得尤为突出。应切实解决城乡医保账户之间的转移问题,尤其是资金的划转以及未来待遇给付之间差异的填补,以保证居民无论是何种身份都能获得充分的医疗保障。

新农合缴费水平和待遇水平都较低,医疗保障也只限当期;而城镇居民医疗保险缴费水平相对较高,待遇水平也较高,尤其是城镇职工医疗保险,在缴费满规定年限以后,劳动者可在退休后享受相应的医疗保险待遇。由此涉及参加新农合的农村居民转为城镇居民后的医疗保险问题。由于新农合中对于转移未作出明确的规定,实际默认的形式就是缴费年限归零,这很不公平,因此需要制定衔接办法。在保障制度相互衔接和转换的过程中,必须坚持参保人员已尽之义务必须得到认可,不能因转换制度而造成利益流失的原则。解决的办法主要有:第一,参合者在转入城镇医保之时,将已参加新农合的年限折算为城镇医保缴费年限,并继续缴费,直至满规定年限;第二,将缴费年限折算成金额的形式,参合者转入城镇医保时,不足的缴费年限以现金形式一次性补足,并连续计算其缴费年限,从而享受城镇医疗保险。

(三)第三步,到本世纪中叶实现城乡一体的养老保障制度

我国养老保障是基本社会保障项目中最脆弱的一项。面临老龄化时期的到来,东中西部经济发展不平衡的现实情况,养老保障也成为难度最大、财政压力最大的一项。从国际上农村社会保障制度的历史进程来看,各国基本上都是在建立了城镇养老保障制度一段时间之后,才建立了专门针对农业人口的社会养老保险制度。我国人多地广、人口分散、区域经济条件差异大是基本国情,因此,我国养老保障制度的城乡统一也不能一蹴而就,应当分区域、分群体、分步骤地进行。在此借鉴社会保障"三步走"的战略思想,提出我国城乡一体化养老保障建设的"三步走"战略:第一步,从2008年到2020年,实现覆盖城乡的养老保障体系;第二步,从2021年到2035年,实现以东、中、西部为区域划分的城乡养老保障"大区域内"的动态衔接;第三步,到本世纪中叶,通过从大区域内的衔接到全国范围内的衔接,最终实现城乡一体的养老保障体系的稳步建立。①

---

① 　参见米红、王丽郦:《从覆盖到衔接——论中国和谐社会保障体系"三步走"战略》,《公共管理学报》2008年第1期。

1.2008—2020 年:建立覆盖城乡的养老保障体系

这期间的主要任务与目标是:基本建立既覆盖城镇又覆盖农村的"覆盖城乡居民的养老保障体系",这是城乡养老保障一体化的关键一步。具体应从城镇和农村两个方面同时进行:一方面是扩大城镇基本养老保险的覆盖面,将城镇职工养老保险扩大为城镇全体居民;另一方面是制定合理的新型农村养老保险制度,将农村养老保险的覆盖面扩大为农村全体居民。

首先,扩大城镇职工养老保险为城镇全体居民养老保险。

现在的城镇养老保险由城镇企业职工基本养老保险和即将出台的机关事业单位基本养老保险制度构成,但城镇非就业人员没有对应的基本养老保险制度。因此,要覆盖城镇全体居民,应扩大城镇基本养老保险的覆盖面。而城镇养老保障的扩面工作也并不轻松,截至 2006 年年底,参加城镇基本养老保险人数占城镇就业人员总数的 66%。城镇养老保险扩面工作,最基本的是基本养老保障基金的来源问题,可以考虑通过以下措施解决:①城镇职工:国家通过强制手段促使所有单位(包括国有、集体、联营、股份制、外商投资、港澳台等经济单位、乡镇企业、事业单位、政府机关和其他经济单位)雇佣劳动力超过一定期限后(如 5 个月),雇主和职工个人必须向当地的社会保障管理部门缴纳国家规定的、占职工工资一定比例的社会基本养老保障费。社会保障管理部门再按一定比例把缴款分别划入职工个人账户和统筹账户。②城镇自由职业者、自营业者:国家应给予财政补贴并强制参保,同时在税收和政策层面给予相应优惠,财政补贴政策优惠的一定比例进社会统筹,个人缴费和政策优惠的另一部分进入个人账户。③失业人员:通过失业保险金和社会救济金解决。④无保障老人:由于这部分人员没有经济来源,可直接由社会救助资金解决,或者由城镇最低生活保障资金解决生活问题。

其次，制定新型农村养老保险制度，逐步覆盖农村全体居民。

目前我国的农村养老保险最大的问题在于缺乏统一指导，制度建设相对滞后。各地在探索中的方案和做法差异过大，难以衔接，保险关系难以转移，增加了以后全国范围内养老保障一体化的成本和难度，因此需要在全国范围内建立统一的农村养老保险制度模式。

我国农村养老保险开始时采用的是个人账户完全积累模式，资金主要来源于农民个人和集体，个人缴费和集体补助记入个人账户。实践证明，坚持个人账户积累的单一筹资模式不但不能适应农民养老保障的需要，也不利于城乡衔接。我国城镇基本养老保险历经多年的试点，选择了统账结合的模式，这种模式将现收现付制与完全积累制结合起来，是中国的首创，实践证明是较符合中国实际的。一方面，社会统筹部分在领取时计发，短期的财政压力就会减小；另一方面，个人账户主要来源于参保人个人缴费，更容易受到他们密切的关注，资金的安全性就可以通过参与者的监管来得到一定程度的保证。因此，为了覆盖农村全体居民，为了便于实现农村养老保障制度与城镇的衔接，应尽快确立"社会统筹和个人账户"相结合的模式作为新型农村养老保险制度的模式，实行国家、集体、个人三方共同承担筹资责任，全国制度模式统一、标准有别，使农村养老保险的扩面工作既有制度可依，又与各地农村的经济发展水平相适应。各地应根据本地农民的收入水平和具体情况制定农村养老保障资金的筹集标准和方式。具体实施需要根据农村居民不同群体的特点，分别确定推进养老保险的具体步骤和筹集保险资金的措施，对于原有的农保、城保、工保要做好衔接转化工作，转化为"社会统筹和个人账户"相结合的新型农村养老保障制度模式,使新型农村养老保障能够稳步推进,发展一部分巩固一部分,为建立城乡一体化养老保障制度奠定基础。措施具体如下:

(1)首先将被征地和失地农民以"土地换社保"的方式纳入养老保险体系。被征地农民可以以被征用土地换社保的方式,纳入新型农村养老保险体系,或一步到位实施城镇养老保障制度。随着农民土地的不断被征用,享有养老社会保障的人口比重将逐渐增多。对于失地农民的基本社会养老保障基金的征缴问题,国家和地方政府应采取"谁占用,谁负责"的办法,改革和完善现有的农村征占土地的程序和补偿方法,通过市场化的土地使用权转让价值的科学评估和土地使用权交易市场的建设,做到对所占用土地价格的合理补偿。国家应出台相应的政策制度,确定一个土地换社保的最低标准和方式(是一次交足保额,还是由征用土地的部门逐年缴纳),具体地区标准可根据当地情况适当确定,采取强制性措施把失地农民获得的土地补偿金的一部分划转到他们的养老保险社会统筹账户和个人账户。

(2)农民工是进入养老保险体系的第二梯队。农民工的情况比较复杂,既有正规就业的,又有灵活就业的;既有稳定就业的,又有流动就业的。对此,应当分层次、分类别地提供社会保障。对于稳定就业(从事正规就业,建立了5年以上劳动合同关系和事实劳动关系)的农民工,直接将他们纳入城镇职工的社会养老保险体系之中,养老保险基金由雇主和个人共同缴纳。对于就业不稳定(签订短期合同,频繁流动和灵活就业)的农民工,采用自愿原则,对有稳定的非农职业和稳定收入来源的农民和已迁入城镇谋生居住的农民,可以通过以土地承包权换取基本社会保障权的方式,适时收回他们的土地承包权,给予他们相应的基本社会保障,鼓励离土不离乡的农民工主动放弃土地,从而实现农村土地的合理集中。

(3)农村中"三无"人员是第三梯队。农村高龄老人、残疾人、优抚对象、赤贫者,凡不能自食其力的,可以收回这部分人的土地承包权,国家通过制定相关的补贴政策(本来有一些优抚或低保政策),满足平时基本的社会生活需要;把土地承包权有偿流转的一部分收益用于建立养老基金,为其提供基本社会养老待遇。对达到养老保险金领取的法定年龄而投保年限未满15年的农村高龄老人,国家也可以提前收回其土地承包权,并把土地承包权有偿流转的一部分收益作为这部分人的基本社会保障基金专项补贴,用于补足投保年限不足的差额部分,使其能够享受到基本社会养老待遇。这样既有利于新型农村养老保险制度的推进,又有利于解决当前农村土地小规模分散经营的弊端。

(4)计划生育户是养老保险的优先发展对象。中国的养老方式是反哺式的,这也就决定了随着第一代独生子女纷纷成家立业,一个孩子要赡养四个老人,即进入421家庭时代。这种倒金字塔结构,让身在塔尖的年轻人不堪重负,因此必须给予计生户以相应政策倾斜来弥补其有限的家庭赡养资源。[1] 另外,现在城镇化速度很快,将来计划生育户的子女都不大可能待在村里,到城市生活和工作是一个趋势。可以预见,在20—30年后的这些农村地区,必将出现大量的"空巢家庭",子女不在身边的老人将越来越多。他们对养老保障的需求是强烈的,更希望政府和社会能承担起一些责任来。因此,应该更好地利用国家对独生子女户的补贴,并给

---

① 参见邓国胜:《老龄产品的属性与老龄产业的发展》,《第二届全国老龄产业研讨会论文集》,华夏出版社2001年版,第401—406页。

予这部分群体一定的政策倾斜和经济支持,优先发展这部分群体参加社会养老保险。将对独生子女户实行的奖励扶助政策与农村社会养老保险制度有机地结合起来,使农民直接感受计划生育的实惠,进而激发广大农民的参保积极性,并有力地推动计生工作在农村的深入开展。

（5）为村干部在养老保险方面提供一定的优惠政策。村干部是党在农村的路线、方针、政策的具体执行者,是农民群众致富的带头人。为了充分调动和保护这些带头人的积极性,扎实推进社会主义新农村建设,应为这部分人参加养老保险提供一定的优惠政策。

山东省临沂市在这方面早有尝试。该市河东区积极探索新时期农村干部管理工作的机制办法,于2007年3月份出台了《农村干部工资管理暂行办法》,除对农村干部工资作出规定外,还明确提出"连续担任村党组织书记10年以上的在职村党组织书记,实行养老保险制度",对在2000人的村连续任职10年以上的村支书,由区乡两级财政共同负担50%,一次性购买1万元的养老保险,在此基础上,连续任职每增加5年续买1万元养老保险,保险费总额控制在3万元以内;1000—2000人村和1000人以下村,连续任职达到办理养老保险要求的,分别按2000人以上村党组织书记90%、80%的标准购买。制度的落实激发了他们在新农村建设中的热情。

（6）其他农民自愿但鼓励加入农村养老保障体系。对于不属于以上几个范围的农村居民,目前暂时采取自愿原则。以计生户、失地农民和村干部参加社会养老保险作为突破口,在为该群体解决后顾之忧的同时,带动当地的其他社会成员加入社会养老保险的行列。对于有经济能力地区,也可以通过政府给予适当补贴的方式,鼓励其他社会成员加入农村养老保障体系,从而由点及面地进行一种非均衡的推进。随着经济发展和居民经济能力的提高,逐步扩大农村养老保障的覆盖范围,最终达到应保尽保,实现全面覆盖。目前关键的问题是通过改变传统的农村经济发展方式,增强农民个人参与现代养老保障的经济实力,从整体上保证农民养老保障和城市企业职工养老保障的实质性公平,才能建立全国统一使用的养老保障个人账户,推动社会保障体系城乡整合的最终实现。

江苏省苏州市对参保务农人员提供财政补贴50%至60%,突破了主要以个人缴费为主的筹资方式,激发了农民的参保积极性。自2003年至2006年,山东省临沂市对务农人员的参保补贴金额达到20.3亿元;全面推行老年农民社会养老补贴制度,对男满60岁、女满55岁的农民,每月给予80元至170元不等的社会养老补贴;全市80万农村老年居民按月享受基本养老待遇和社会养老补贴,覆盖率达到96%。

2.2021—2035年:通过统一制定城乡养老保险关系的转移、衔接办法,构建大区域衔接的城乡养老保障体系

这期间的主要任务与目标是基本建立以东部、中部、西部为划分的"大区域城乡衔接的养老保障体系。其核心任务是提高落后地区的社会统筹基金水平,在人均社会统筹基金水平基本相等时,可实现衔接。衔接时要做到统筹兼顾、动态衔接。要适应各地区经济发展水平,分阶段、有步骤地将农村居民基本养老账户与城镇基本养老账户接轨,统一制定科学的城乡社会保险关系的转移、衔接办法,保障农民的养老金能够在不同地区之间、在不同保障方式之间进行有效的流转或接转,能够随着时间的推移实现资金的保值增值。

　　在第一步走"分层次"、"有差别"的原则之下,延续着可持续发展的理念,强调构建"城乡衔接的一体化的养老保障体系"并非马上衔接,也非统一衔接,既有时间的延展性,也有时间的非一致性。在2021年至2035年之间的任何时点,都可以实现衔接。无论是区域衔接还是不同群体的不同保障制度衔接,还是参保方式与机制的衔接,都呈现出依据实际情况的、全方位的、多通道的动态衔接。

　　3.2036—2049年:全国范围衔接的城乡一体化养老保障体系

　　在第一步"覆盖城乡的养老保障体系"以及第二步"大区域城乡衔接的养老保障体系"的基础上,我国的养老保障体系最终应当走向东部、中部、西部全面衔接,实现保障标准、方式、区域、群体的全面的、多层次的综合衔接,最终建立全国城乡一体化的养老保障体系。

五、实现城乡一体化社会保障
制度的配套改革措施

(一)强化政府管理社会保障事务的职能,建立统一的社会保障管理体制

　　适应城乡一体化社会保障制度的改革发展,需要改变现行的基本社会保障的管理机制,同时加强社会保障的立法工作,改革财政税收体制。要建立全国统一的社会保障管理机构,实现城乡社会保障的统一管理实行科学分工,将管理、执行、监督机构分开,使之相互独立、相互联系、相互制约,提高社会保障工作效率。城乡基本社会保障体系的建设离不开国家财政的有效支持,要求改革

国家现行的财政体制,切实把国家财政的重点转移到建设服务型政府的轨道上来,充分发挥国家公共财政在保证基本民生上的作用;同时,政府还要加大中央财政转移支付对贫困地区的扶贫力度及社会救济、优抚安置等方面的支持,以便更好地体现社会保障的公平性;要调整财政支出结构,各级财政要增加社会保障支出占财政支出的比例,财政预算超收部分除法定支出外,应主要用于充实社会保障资金和妥善解决养老保险隐性债务的问题等方面。

(二)深化就业制度改革,建立全国统一的就业政策

要取消各地录用新劳动力的户口限制和职业限制,给进城农民以平等的竞争机会,在政策上给予进城农民和城镇居民在投资办厂、从事个体经营上平等的待遇;要鼓励、支持民营经济和个体经济的发展,拓宽城市第三产业的发展空间,加快城市商业、服务业的发展,引导进城农民在第三产业相关领域发展,最终通过农民的市民化和就业等途径,把其纳入到统一的社会保障体系内。

(三)推进"金保工程"建设,为社会保障建设提供信息支持

信息化建设是社会保障管理和服务的基础工作。近10年来,中国的社会保障事业发展迅猛,人员流动日益频繁,相应的信息量也急剧增加。这就迫切要求在现有的"金保工程"(2002年劳动和社会保障部开始建设)和借鉴居民身份证管理办法的基础上,适时建立全国统一的居民社会保障证(号码),加快中国社会保障工作的信息化建设步伐,通过"全国统一、标准一致、网络互联、信息共享"的劳动保障信息系统推动社会保障工作的现代化,促使社会保障信息的公开,提高政府的宏观决策水平和对社会保障资金的有效监管;提高各社会保障项目凭证的可携带性,支持参保人员

"跨地区流动、跨地区养老、跨地区就医"时的业务处理和公共服务,以适应人员流动的需求及社会保障统筹层次的变化,为最终实现城乡居民基本社会保障的一体化提供技术支撑。

（四）适时开征全国统一的社会保障税,为社会保障建设提供财力支持

统一、适时开征社会保障税,一方面可以保障有稳定的资金来源;另一方面也便于对社会保障的管理,提高效率,节约征收费用,做到既规范又公平。目前在全世界170多个国家中,至少有132个国家实行社会保障税制度。根据国际货币基金组织（IMF）1999年统计,17个转型国家的社保税占全部税收比重达到27.7%,成为各国中央税收的重要来源和筹集社会保障资金的主要渠道。经过20年发展,我国经济和居民收入有很大提高,我国居民储蓄率多年来一直居世界前列,这就为开征社会保障税提供了基本条件。因此,应当借鉴世界各国征收社会保障税的经验,在建设城乡"基本统一"的社会保障体系之时,在全国统一开征社会保障税,专款专用。

我国的社会保障制度仍然没有突破城乡二元分割的局面。本章主要讨论我国城乡居民的养老保障、医疗保障和最低生活保障三个方面的内容。在分析我国基本社会保障制度的城乡差别,并借鉴西方发达国家社会保障制度模式的基础上,本章提出了构建城乡一体化社会保障制度的基本原则,并提出分三步走的发展战略:第一步,建立城乡一体的最低生活保障制度;第二步,建立城乡一体的医疗保障制度;第三步,到本世纪中叶实现城乡一体的养老保障制度。最后提出了建立城乡一体化社会保障制度所需的配套改革措施。

第九章　农村公共服务 体制构建研究

　　我国城乡差距不仅表现在经济发展水平和居民收入上，更多地反映在政府提供的公共医疗、义务教育、最低保障等基本的公共服务上，而且公共服务供给的不均等又进一步加剧了城乡差距。因此，缩小城乡差距，不仅是缩小城乡经济总量的差距，更重要的是要逐步缩小城乡居民享有的公共服务水平上的巨大差距。从农村的情况看，城乡公共服务供给的严重失衡，使农村居民尤其是农村贫困群体难以获得基本的公共服务，并由此导致他们最基本的生存权和发展权得不到应有的保障。党的十六届六中全会提出基本公共服务均等化问题，其中的重要内容就是推进城乡基本公共服务均等化。党的十七届三中全会进一步提出了到 2020 年我国农村改革发展的基本目标和任务，其中重要的一项就是实现城乡基本公共服务均等化明显推进，使 8 亿农民分享到更多的改革发展成果。

一、城乡公共服务均等化的重要意义·

(一)公共服务的内涵及范围

公共服务是指政府为满足社会公共需要而提供的产品与服务的总称,它是由以政府机关为主的公共部门生产的、供全社会所有公民共同消费和平等享受的社会产品。公共服务可以通过公共部门直接提供,也可以仅由政府提供资金支持,而由私人来提供服务。从范围看,公共服务不仅包含通常所说的公共物品,具有非竞争性和非排他性的物品,而且也包括那些市场供应不足的产品和服务。广义的公共服务还包括制度安排、法律、产权保护、宏观经济社会政策等。公共服务有两个基本特点:一是满足社会公共需要,二是公民平等享受。公共服务是社会进步的需要,随着社会经济的发展,人们越来越多地要求发展的巨大成果要惠及每一个人,尤其是对于平等的追求更加深了人们的这种愿望。

农村公共服务属于公共服务的一部分,是指为农村居民所共同享用,满足农业生产、农村发展和农民生活共同需要的具有非排他性和非竞争性的产品和服务。按照其具体用途,可将农村公共服务分为五个方面,即:(1)农村基础设施:包括农村水利灌溉系统、小流域防洪防涝设施、大江大河治理、农村道路建设、乡村电视、电信、电网建设、自来水、燃气等设施建设。(2)农业科技支持:农业机械设备投入、农业科技成果的推广、农田防护林、病虫害的防治、中低产田改造、农民职业技术培训、农业发展战略规划、农业信息网建设等。(3)农村文化、教育、卫生:农村义务教育、农村公共卫生、农村医疗服务、农村文化场馆建设。(4)农村社会保障：包括失业保障、就业补助、医疗补贴、贫困补助、养老院建设等。(5)农村社会管理与服务：如乡镇政府、行政服务、计划生育服务、社会治安、公共政策与信息的搜集与发布等。各个国家应根据本国经济社会发展阶段和总体水平，在充分考虑各种约束条件的情况下，在一定社会共识的基础上，为维持本国社会的稳定、基本的社会正义和凝聚力，提供农村居民所必需的公共服务。

(二)推进城乡公共服务均等化的重要意义

公共服务均等化是指政府及其公共财政为不同利益集团、不同经济成分或不同社会阶层提供一视同仁的公共物品与服务，具体包括收益分享、成本分担、财力均衡等方面的内容。公共服务均等化一方面是衡量社会均衡发展的主要内容，同时它也是促进社会均衡发展的主要措施与途径，是统筹城乡发展的重要内容之一，它可以促进有限资源的全社会均衡、公平的配置。推进农村公共服务体制建设，实现城乡公共服务均等化，会使农民基本文化权益得到更好落实，农村人人享有接受良好教育的机会，农村基本生活保障、基本医疗卫生制度更加健全。这一目标的实现将切实改善农民的生活水平和生活质量。面对世界金融危机的影响，我国拉动经济增长的主要应对措施之一就是进一步扩大内需，而广大农村的消费需求具有不可忽视的作用。但我国农村居民的消费率一直得不到有效提升，主要原因就是农民缺乏应有的社会保障，为了子女的教育、自己的养老、医疗等问题，不得不进行储蓄，以解决后顾之忧。因此，只有建立更完善的农村公共服务体制，才能鼓励农民的消费信心，拉动他们的有效需求。城乡公共服务均等化是全面推进社会主义新农村建设的迫切需要，是构建社会主义和谐社会的客观需要，是深入落实科学发展观、统筹城乡发展的必然要求,是实现"以工补农、以城带乡"的有效途径。

二、国外农村公共服务体制经验借鉴

世界各国的农业各有其自身的特点,但不论是发达国家还是发展中国家,农业都属于弱势产业,农村也是弱势地区,农民仍然是弱势群体,因此,世界各国都对农业的发展进行一定的保护和支持,公共财政在促进农业产业和农村经济的发展中发挥着不可低估的作用。尤其是在发达国家公共财政支出中,农村公共服务支出是一项非常重要的内容。发展中国家现在也开始将提供农村公共服务置于非常重要的地位。下面对几个有代表性国家的部分农村公共服务项目的供给政策和模式进行考察,为发展我国农村公共服务提供一定的借鉴。

(一)国外农村公共服务体制现状简介

在德国,政府非常重视城乡公共服务体制的一体化发展,政府为农村公共服务体制建设投入了大量资金,主要包括农业技术教育、农业研究和技术支持、就业前学徒培训和就业后继续培训等。为了保证农村公共服务的供给,乡村地区开展服务的资金支持完全由政府财政提供,政府也不禁止私人捐建福利机构、初级教育机构、公益活动等,私人参与增加了公共服务的选择空间。同时,地方政府为了既满足地方需要,又减少财政支出,德国地方政府不再直接生产、供给如文化设施、垃圾处理等公共服务,而是委托、转移给私人部门,或非政府组织。在公共服务领域引入市场机制,形成一种新的公共服务供给的制度安排,从而实现公共服务供给的市场化、社会化,能够有效解决公共服务资金不足的问题。在市场化的过程中,政府主要负责监督和管理,审查私人公司的方案、规划等是否合理。德国乡村公共服务供给的监督,主要集中于对公共服务的供给决策、市场化、资金使用,以及对主要决策者的监督等几个方面。监督的方式主要表现为法律监督、专门的监督机构实行的监督、体制外如公民及新闻媒体和舆论的监督等。

在美国,各级政府的政策选择是:在政府公共服务输出领域引进市场机制,将政府权威与市场交换的功能优势有机组合,提高政府功能输出的能力。这就是政府公共服务输出的市场化取向。20世纪30年代之后,美国政府传统的公共服务供给模式是:由政府部门以及指定的组织来生产公共服务,并把公共服务分配给具体的消费者。由于传统模式下职业性利益集团(公共服务的直接生产者)与公共服务的消费者的从中作用,使公共服务供给难以显示公众的真实需求。目前,美国政府市场化的制度安排可弱化强大的职业性利益集团的影响力,市场化制度安排则有助于显示公众对公共服务的真实需求。

印度是世界上最主要的农业国家之一,全国10.2亿人口中有近7.3亿人生活在农村,全国近4亿贫困人口中有一半集中在农村。国家却将有限的财力通过长期实行的半管制型经济体制用于工业化建设。面对巨大的农村公共服务需求,政府只能选择其中最基本的部分供给。印度政府很重视农村基础设施建设,对此类公共物品的投入也很大,印度农村公共物品的供给范围比较广泛,主要包括农村内部的饮用水、村级道路、村级小学和教育以及标准不高但覆盖面比较广的村级卫生医疗保障等。应该说必要的公共物品基本上都涉及了,而且公共物品供给的效果总体上比较满意。特别是在基础医疗保障方面,自1947年独立后,印度中央政府一直致力于免费医疗服务,农民与城镇居民一样享受国家提供的免费医疗。此外,政府还定期提供免费防疫服务和免费药品。

(二)可借鉴的经验

从以上几个国家的农村公共服务体制的建设和运行情况可以看出,无论是美国和德国这样的经济发达国家,还是印度这样的发展中国家,政府都十分重视城乡公共服务一体化的发展。德国政府在农村公共服务体制建设中仍发挥投资主体的作用,但不禁止非政府投资主体的作用,尤其是在一些局部受益的准公共物品和服务的投资和运营方面,充分发挥了地方私人投资主体的力量。在市场化的供给和运营中,政府充分发挥监督与管理的职责,提高了农村公共服务的供给效率。美国的公共服务输出的市场化取向较为突出,这是由美国的具体国情决定的,我国不具备照搬这种市场化制度安排的条件,但是这种市场化取向可以使农村公共服务切实满足广大农民的需求,提高公共服务的供给效率。印度政府在农村基础设施建设和基本公共服务方面的做法也值得我国借鉴。

三、当前我国农村公共服务
体制存在的问题分析

(一)当前我国农村公共服务体制存在的问题

随着经济社会的不断发展,经济体制、政治体制与社会体制改革进程与改革强度的不断加快与加强,农村公共服务的供给能力与服务水平明显得到改观。特别是近几年来,我国政府财政在农村基础设施、农村公共卫生、农村社会保障、农业科技支持等方面的投入在逐年增加,政府承担的提供公共服务与产品的责任逐渐加强,农民得到的实惠也显而易见。我国农村公共服务体制仍存在一些问题:

1. 农村公共服务供给总体缺乏,城乡供给不平衡

一方面是农村基础性公共服务严重滞后。基础性公共服务的城乡差距明显,并有进一步扩大的趋势。多年来,国家公共财政资金集中投向城市基础设施建设,用于农业基建投资的数额始终偏低。1985—2001年,国家对农业基建投资为1704亿元,仅占同期国民经济各行业基建投资总额的2%,虽然2006年国家把这一比重提高至4.9%,但与其他行业相比仍然很低。从中央财政支农比例看,80年代财政用于农业支出的数额占财政支出的比重基本在10%左右,1999年降至8.2%,2000年至2005年则不足8%,2006年回升至8.28%。财政的支农支出徘徊不前,农业基建投资和财政支农资金投入长期不足,导致农村生产性公共服务设施落后。在交通设施方面,目前我国农村13%的村不通公路,有的地方路况非常恶劣,道路虽然通到了村庄,但没有到达农户,更谈不上通到地头;农村的道路质量非常差,下雨天泥泞不堪,晴天时灰沙满天,严重影响农民的呼吸和身体健康。在饮水方面,我国农村供水发展起点低、基础差,目前总体水平仍然不高,与城乡经济发展和人民对提高生活质量的要求相比,尚有较大差距。据统计,目前全国仍约有2.7亿人饮水质量不合格,农村自来水普及率只有41%左右,许多农村居民仍然采用传统、落后的饮用水方式,人畜共用饮用水,对自然条件的依赖程度仍然较高。部分农村地区电网很简陋,供电不正常,经常出现停电现象,电压很不稳定,照明时亮时暗,甚至有的山区农村还没有实现通电,仍然使用传统的煤油

灯照明,而有些农户则用不起电,把电灯当成了装饰品。农村居民缺乏公共卫生和基本医疗服务,农村公共卫生和医疗服务主要指标明显低于全国平均水平,与城市相比差距巨大,农村卫生医疗服务明显不足和卫生资源配置严重失衡,医疗卫生资源明显偏向城市。

2. 农村公共服务供给结构失调,供求矛盾突出

农村公共服务的供给不仅表现为总量上短缺,而且供需结构失调,即部分供给过剩和部分供给短缺的现象并存。供给偏离需求现状,造成资源严重浪费,供给效率非常低下。突出表现在以下三个方面:

一是农村公共服务供求结构失衡。农民急需的公共服务供给不足,农民不需要的或者需求较少的公共服务却大量过剩;生产性公共服务供给严重不足,非生产性公共服务供给过剩;农村基层政府膨胀,成本过大,效率低;短期行为、形象工程多,而长期的可持续发展的战略性公共服务少。在政绩考核和经济利益的驱动下,地方政府往往不顾农村的客观条件,热衷于一些见效快、易出成绩的短期公共项目,对上级考核的防洪防涝设施建设、农村电网改造、交通道路建设等"硬"的公共物品,往往千方百计组织资金加以实施,而对于提供农业科技推广和应用、农业发展的综合规划和信息系统等"软"的公共物品,则流于表面、被动应付。其结果不仅造成农村公共物品供需结构失调,而且导致供给成本较高、增长无序,无形中加重了农民的负担。二是农村公共服务投资重点错位。近年来,国家对农村"路水电气医学"等基础设施逐步加大投入,一些地方硬件设施得到较大改善。但对农村综合发展规划、农村科技成果转让、农业信息服务、农产品品牌推广等"软"的公共物品重视不够,严重影响了农村经济社会的发展。三是农村公共

服务区域供给不平衡。在现行农村公共服务供给体制下,一些地方财政较宽裕的地区(主要是东部经济较发达地区),地方政府或农村社区提供较多的公共服务,而其他经济较为落后的地区,公共服务的供给短缺。在大部分西部地区及少数东部山区,地方政府背负庞大的债务,拖欠教师工资的现象比比皆是,有的地方甚至连政府工作人员的工资都无力发放,更不用说其他公共服务的供给了。

3.农村公共服务的质量不高,效率低下

农村公共服务的总体质量、供给层次较低。地方政府所提供的农村公共产品和服务,有很多受到"评比、达标"等涉及政绩因素的影响,不可避免地出现公共服务供给的消极应付、弄虚作假等形式主义现象,导致农村公共服务供给的质量较低,并不一定会使全部农民受益,部分公共服务的提供甚至会损害农民的利益。税费改革后部分公共物品和公共服务质量下降。公共服务管理和专业技术人员流失,突出反映在农村义务教育方面,由于农村教职工工资大大低于城镇,骨干教师大量流失;部分基本公共服务的提供面临挑战。另外,农村公共物品的供给仍限于低层次的公共物品,新兴的、现代的公共物品发展缓慢,如供气、供热、水处理、垃圾处理、文化娱乐等几乎尚未起步。农村公共服务供给模式单一。按照西方公共物品理论,公共服务应主要由政府提供,中央政府及各级政府从强制性税收收入中进行预算安排。我国长期以来一直沿用这一模式,这是一种自上而下的供给模式,由于政府财力有限和"重城市轻农村"的政策取向,政府把大量属于自己的责任"转嫁"给农民,致使农民负担过重。同时,政府又管得太死,限制了企业、个人、社会团体等第三方的参与。这种供给模式不仅效率不高,而且其公平性也受到质疑,需要进一步创新。农村公共服务的经营管理落后。我国农村公共服务中的技术文化、信息、医疗卫生、供电、供水等多项基本服务都由乡政府的"七站八所"负责,由于"官本位"思想的存在,各站所工作人员缺少服务理念,态度不积极、工作不到位、管理不科学,使农民享受的公共服务与政府的投资不相匹配,严重降低了农村公共服务的供给效率。

(二)农村公共服务水平低下的原因分析

我国农村公共服务的总体供给不足、供给结构失衡、供给效率低下的现状,有其深层次的历史原因和体制背景。

1.城乡有别的二元经济结构导致农村公共服务供给的制度缺失

一直以来,我国实行城乡分割的二元经济战略,以农补工,以农促工,促进农村资源向城市和工业转移。从工农业产品价格"剪刀差"到农用地转为非农用地,再到对农民权益的剥夺,无疑削弱了农业发展的自我积累能力,减少了农村公共物品供给的自有资金来源。这种二元经济结构体现在公共服务的供给上,就是形成了城乡截然不同的公共服务供给体系。城市实行的是以政府为主导的公共服务供给制度,相对于城市而言,农村很大程度上实行的是以农民为主的"自给自足"型公共服务供给制度,这样既不符合公平的原则,也违背公共财政原则,从而导致农村公共物品无论是数量还是质量都劣于城市公共物品。

2.农村公共服务供给的筹资体制不合理

一方面,农村公共服务投资主体单一,财政支农的能力有限。由于农村公共服务的供给存在外部效应,私人供给往往是缺乏效率或无效率的,因此政府作为公共利益的代表,成为农村公共服务的主要提供者。近些年来,政府虽然一再加强对农村公共服务的投入,但由于财力有限,与城市比较起来仍存在很大的差距。较为贴近农民需求的市场、社会中介组织等供给主体的作用一直被忽略。在这种政府垄断农村公共服务供给的状况下,政府没有动力追求公共服务供给成本的最小化和公共服务供给方式的多样化,从而导致作为公共服务享用者的农民选择机会少,消费者主权被忽视。另一方面,政府间转移支付不足和财权与事权倒挂。我国分级财政体制框架沿用至今,财政体制层级越往上,财力越是雄厚。国家在财权不断上收的同时,却不断下放事权,造成财权和事权的不对称。政府间在公共物品和服务供给中的责权利不对称。部分公共物品如乡村公路、农村教育等,提供责任和义务主要由县、乡等基层政府承担,却不拥有与履行义务相对称的财权,而上级政府尤其是中央和省级政府拥有相当多的财权,但很少承担提供的责任。由于财权与事权的不对称,使乡镇财政在提供农村地区公共物品和服务时捉襟见肘,从而使得基层政府只好走"自力更生"的道路,扩张预算外资金和制度外资金,以非规范的措施筹措资金以弥补制度内的不足,最终演化为"三乱"(乱收费、乱摊派、乱罚款)。

3. 农村公共服务缺乏合理的决策及监管机制

在农村公共服务的供给中,农民缺乏有效的需求表达机制。从公共选择的理论上看,公共物品和服务的提供,要通过民主的公共选择过程才能真正反映公众的偏好,才能满足公众的需求。农民是农村公共服务的受益主体,农村公共服务的提供应最大限度地满足他们的需求。但目前我国农村公共服务的供给决策是通过自上而下的行政命令方式进行的,供给总量、供给结构和供给程序多数是由乡及乡以上的政府组织以政策规定的形式下达的,带有很强的行政指令性、主观性、同一性。在这种"自上而下"的决策机制下,地方各级政府部门根据各自"政绩"和"利益"的需要作出决策,往往很容易造成农村公共服务供给与实际需求的脱节,甚至部分农村公共服务的提供损害到农民的利益。于是,公共资源的浪费和农民公共需求得不到满足的矛盾不可避免。

农村公共资源缺乏有效的监督管理机制。在农村公共物品供给制度中,缺少相应的监督机制作为保障,农民缺乏有效的监督权。由于农村通信条件落后,政务公开不彻底,农村的公共物品供给存在着信息不对称;并且农民权利意识淡薄,人大的监督作用没有得到有效的发挥,这些不足造成了政府供给脱离农村的真正需求,农村公共物品供给出现偏差甚至失误。监督制度的缺失不仅扭曲了农村公共物品的供给结构,而且造成了一些供给资金筹措、使用和管理的过程中被浪费或挪用的局面。乡镇财政运行约束缺位,不仅导致农村公共物品供给的成本逐渐提高,更为严重的是造成了制度外供给膨胀。公共物品制度内供给已普遍减少,所谓的乡镇预算也只是乡镇领导缺乏周密调查分析草率作出的,整个财政运行缺乏严格的程序约束,预算约束根本无从谈起。在这种预算决策机制下,公共财政"透明性"要求无法践行,财政运行毫无效率可言,公共物品供给的"错位"、"缺位"也就不可避免。

四、推进农村公共服务体制建设的策略选择

(一)农村公共服务体制建设的基本原则

1. 坚持供给主体多元化的原则

政府对提供农村公共服务具有不可推卸的责任,在明确政府主导作用的同时,要充分发挥市场中其他主体在提供农村公共服

务方面的作用,积极将市场供给机制引入农村公共服务领域,提高农村公共服务的供给质量和效率。

2. 坚持以农民需求为导向的原则

要实现农村公共服务的有效供给,必须在基本理念上实现从以政府为公共服务核心到以农民为公共服务核心的转变,政府要做好从决策者到服务提供者和需求回应者的转变。在农村公共服务的供给中,政府必须切实把握好农民对农村公共服务的需求,以农民需求为导向,使提供的公共服务真正满足农民的需要。

3. 坚持差异供给的原则

各地政府要根据各地区农村经济社会发展水平的不同来提供不同的公共服务。中西部地区与东部地区的差距在一定时期内还将存在,这就要求不同地区在农村公共服务供给中实行差异供给以提高效率。而且要根据公共服务的不同性质,采用不同方式进行建设。

4. 坚持公平与效率兼顾的原则

推进农村公共服务体系的建设,要在坚持效率原则的同时,更多地要从体现社会公平的角度着手,更加注重公平公正,为每一位农民提供基本而有保障的公共服务,使全体人民共享改革发展成果。

(二)推进农村公共服务体制建设的策略选择

1. 逐步建立"统筹城乡"的农村公共物品供给制度

要从根本上改变不均衡的城乡公共服务供给制度,就要调整政府公共支出政策。政府在安排基础建设投资和公共事业经费等公共财政资金时,要更多地向农村倾斜,不断改善和增加农村公共物品和服务。目前,国家为应对国际金融危机对中国的影响,启动积极的财政政策,出台了扩大内需的十项措施,其中多项都体现了农民是直接的受益者,尤其是第二项加快农村基础设施建设和第四项加快医疗卫生、文化教育事业发展。这表明,在未来的两三年中,中央财政将加大对农村发展的投资,各级政府要以此为契机,相互配合,积极推进城乡公共服务均等化的进程。

政府要增加财政支农资金的投入。随着国家税收状况的改变,可考虑将从农业和农村非农产业获得的税收按一定比例留给乡镇财政,以使乡镇财政有足够的资金用于农村公共物品的建设。同时应调整财政支农结构。政府应该抓住农业及农村的主要矛盾,转移财政支农的重点,为广大农民提供充足的公共物品和服务,促进农民增收,改善农民的生活环境。要冲破建立在传统城乡二元经济社会结构基础上的各种体制性障碍,包括城乡二元户籍制度、二元公共教育体制和公共卫生体制、二元社会保障体制等,构建城乡一元化公共物品供给体制,使农民尽快享有与城市市民平等的公民权利。

2. 构建以政府为主导的多元化农村公共服务的供给体制

从农村发展的现实看,政府是农村公共服务供给的基本主体。作为公众利益的集中代表,政府必须承担起供给的主要责任,在公共服务供给中发挥主导作用。但主导不等于垄断,由于不同公共物品的非排他性和非竞争性程度不同,由政府来垄断农村公共物品的供给也存在着一些弊端如"政府失灵",基于财力有限及体制原因导致的信息约束和激励不足,致使资源配置效率低下,公共物品与服务长期短缺。因此,我们有必要也有可能在当前公共物品供给由政府主导的大前提下,进行供给主体的多元化创新,以弥补政府供给的缺陷,实现农村公共物品供给的优化。

借鉴中外公共物品供给理论与制度实践,我国应根据农村公共物品的层次和性质,构建多元化的农村公共物品供给体系。农村公共物品的供给主体大致可以划分为政府供给主体、农民合作组织主体、农村私人(企业)供给主体和非营利性民间组织四类。农村中的纯公共物品应由政府提供,对大型水利工程、农业基础科学研究、气象、农村道路建设以及区域性的病虫害防治等,由于其具有很强的外部性,属于纯公共物品,应当完全由政府提供。当然,政府可以通过承包、租赁等方式在政府与私人或企业之间签订合同,由私人或企业来提供公共物品。对于村范围内而外部性又不强的公共物品,如村内道路建设、小型水利设施的建设和维护、农产品的加工和流通等,由于受益群体相对固定,属于俱乐部式的物品,可以由农民合作组织将外部收益内在化,由农民合作组织来供给;对全村均受益的项目,村委会也是一个理想的供给主体。对于农村公共物品中外部性不是很强,进入成本不是很高的公共物品,如地区性的农业病虫害防治、中小型水利工程、农技推广和大型农业机械等,通常既有较强的社会效益,又有生产者个人受益的特点,属于准公共物品的范畴,可以按照"谁投资,谁受益"的市场原则鼓励私人(民营经济)参与农村公共物品的供给。非政府组织筹资不仅增加了乡村地区公共物品生产和建设的资金投入,弥补了财政资金投入不足导致城乡公共物品生产和建设供给日益扩大的裂痕,而且,在筹资形式上引入了社会和非政府的概念。

3.明确政府间的农村公共服务供给责任

在我国目前的公共物品提供过程中,有关中央政府和地方政府的职责范围划分十分混乱,虽然也有相关的规定,但相当模糊和笼统。为了使各级政府能够明确其职责范围,我们要在相关的法律法规中对其职责范围进行清晰的界定,使各级政府能依法根据自己的实际,加强相互协调与配合,自主地供给农村公共物品。除了对事权作出清晰的界定之外,与之相对应的财权也要和事权相统一,改变以往财权向中央集中,中央把提供公共物品的责任下放得过低的局面。

　　就其受益范围来讲,农村公共物品既有全国性的,又有地区性和社区性的,中央政府和地方政府在农村公共物品的供给上一般按照这样的原则:受益范围涉及全国的公共物品,由中央提供;而受益范围主要是地方的公共物品,则由相应层次的地方政府提供;具有外溢性的地方性公共物品,则由中央政府和地方政府或各个受益的地方政府共同提供。中央政府主要涉及两类公共物品的供给:第一类是与公民的基本人权相关的公共物品,如农村的义务教育、基本的医疗卫生、社会保障服务等,这类公共物品涉及国家公民的生存、健康、文化教育等基本权利,是中央政府有义务、有责任提供的公共物品;第二类是那些覆盖全国范围的农村公共物品和服务,如全国性的农业技术推广、全国性的农业和农村管理服务、全国性的农业公共信息等,这些超越地方政府管辖范围的公共物品和服务,也必须由中央政府负责组织和供给。除去以上两大类,地方政府提供的公共物品主要是那些只与本区域内的农业、农村和农民相关的公共物品或服务,如区域性的农田水利建设、辖区道路建设等。

　　从理论上分析,全国性公共物品应由中央政府提供,地区性公共物品应由地方政府提供,而社区性公共物品应由社区提供,似乎是可行的,但这在当前并不符合中国现实。因为我国现行的财政体制,越是高端财政的日子越好过,而县、乡两级基层财政,除沿海二三产业特别发达的地区外,基本上都是"吃饭财政",普遍负债严重,根本没有条件为农村提供公共物品。我国农村的村一级组织的90%以上是集体经济的"空壳"村,村集体也无力为农村社区提供社区性的公共物品。而中央政府和地级以上高端财政在实行分税制后财力较为集中，尤其是中央财政近年来所占比重一直在50％以上，目前高端的省市级财政特别是中央财政应承担更多的农村公共物品的供给责任。同时要建立科学合理的农村公共物品的供给主体选择机制和成本分摊机制，比较可行的办法是：农村地区各种层次的纯公共物品供给主体，由现行的县、乡两级政府提供为主，改变为以中央和省级政府提供为主、地市级政府适当配套为辅。地方和社区性的准公共物品，可采取多方融资的方式来解决。在适当划分事权和完善税收体系的基础上，遵照财权与事权基本对称的原则，继续深化分税制财政体制改革，规范省级以下政府的收入来源，从而使基层政府拥有稳定的财源。绝不能像过去那样，事权层层下放，财权层层上收，乡镇政府的执行者只好举债或向农民乱收费，造成乡村严重负债和农民负担不断加重。

4. 完善农民对公共服务的利益表达机制

原来起主要决策作用的各级政府应彻底改变"自上而下"的决策机制，政府应充分认识到农民才是公共服务和物品的需求者，是公共服务的"顾客"，政府必须坚持"顾客第一"、"以民为本"的执政理念，以农民的需求作为公共服务的决策依据，切实关注农民、农业、农村对农村公共服务的需求，对于违背农民需求意愿的公共物品和服务不予考虑。因此，要改变现有的公共决策制度，建立"自下而上"的需求表达机制。

政府应在民主决策中发挥积极作用，建立"自下而上"的决策机制。政府应主要发挥以下作用：第一，建立和完善村民委员会和人民代表大会制度，在村民委员会制度和乡人民代表大会制度的基础上，由全体农民或农民代表对本社区内事关公众切身利益的公共项目进行投票表决，使农民能够通过直接或间接的渠道充分表达对公共服务需求选择的意见，使一个村或一个乡范围内多数人的需求意愿得到体现，并发挥一定的监督作用。第二，政府应努力推进农村基层民主制度建设，完善基层民主选举制度，加快农村基层政府的组织建设，改变农村基层领导人由上级组织部门任命的形式，把主动权交给农民，由农民直接选举出能真正代表农民利益、对农民负责、农民认可的社区领导人。第三，完善农村一事一议制度，通过一事一议，确实解决农村急需的部分公共物品，同时降低农村公共物品提供的交易成本，提高农民的收益水平。

充分发挥农民组织的力量。农民的声音之所以难以引起决策者的注意，关键在于农民的组织化程度低。农村社区要不断提高农民的文化素质，培育农民的现代公民意识，引导他们积极参与有关决策活动和对公共事务的监督管理活动，并通过实践锻炼，增强其参政议政能力，改变农民对公共服务的"搭便车"心理。鼓励农民建立完全属于农民自己的农会组织和协会，借以表达农民自己的真实意愿，使其拥有与政府谈判的实力和自我保护能力，能够真正代表农民的利益并与政府进行信息沟通和政策互动。农民协会作为代表农民自身利益的非政府组织，它的建立不仅使组织起来的农民能有效有序地表达自己的利益诉求，而且可以通过农民协会这个载体参与同政府的对话，来制衡基层政府和村干部的权力滥用，抑制非意愿消费选择下的公共服务供给，实现公共服务均衡供给，减轻农民不合理税费负担。

适当发挥社会中介的作用。对于涉及县或地区内较大型的农村公共服务供给的决策，如果政府根据现有的民主决策程序难以作出决策，那么可以组织专家听政会，还可以考虑借助于社会上的评估公司和市场调查公司等社会中介机构的力量进行可行性评估分析和进一步的市场调查，因为这些公司从性质上是独立于农民组织和政府机关的,他们的调研结果更具有客观性,在此基础上的投票决定更趋合理。

5.推进农村公共服务的市场化运营管理

在我国大多数地区,集体经济组织实际上已经是一个空壳,但为其服务的公共服务体系却保留下来,这个体系仍然是农村基层机构的重要组成部分。在不能真正为农民提供服务的情况下,这些机构在某种程度上已经成为"养闲人"的地方,已经成为农民或国家的负担。国内外经验表明,公共服务市场化可以提高农村公共服务的供给质量和供给效率。

各级政府公共部门可以借鉴私营部门成功的管理方法和技术,将市场竞争机制引入农村公共服务的管理和运营中来。竞争可以提高公共部门的责任感,使作为"顾客"的农民有更多的选择机会,还可以降低成本、节省资源、提高公共服务的质量和效率。地方政府可以根据本地的实际情况,逐步改变公共服务的运营模式,将本来由乡镇的"七站八所"提供的如技术文化、信息、医疗卫生、供电、供水等公共服务,引进市场因素参与运营,取消或整合乡镇政府的"七站八所"。在取消或整合"七站八所"后,部分服务可以通过向市场招标的形式来管理和运营。政府实行公开招标,与中标者签订合同,根据合同制定全面考核方案,根据服务质量和考核成绩,兑现服务费用。这就形成了"政府承担、财政保障、竞争择优、购买服务、合同管理、考核兑现"的农村公共服务运营模式,即所谓的政府"花钱买服务,养事不养人",既缓解了农村税费改革后的财政紧张局面,又提高了农村公共服务的供给效率。但不是所有的公共服务都适合这种做法,各地要因地制宜、因事制宜。

6.完善多层次的监督考核制度

目前在公共服务提供方面,我国对政府的监督十分有限,财政资金的使用透明度不高,缺少有效的财政预算约束体系,公共服务的提供效率低下。因此,要通过体制内的法律法规和专门的监督机构对供给主体、供给过程、资金使用和市场化情况等方面进行监督,同时发挥体制外的公民监督、媒体监督和社会舆论监督的作用,以实现农村公共服务的有效供给。

(1)建立和完善多层次的监督机制。

第一,健全农村公共资金监督管理机制,提高财政资金的使用效率。引进科学的方法增加公共资源使用的透明度,落实村务公开、政务公开、财务公开,切实做到"民主理财",制定符合实际的公共资源使用标准,实行公开透明的管理机制,精简财政资金拨付的中间环节,减少资金流失,对用于农村公共物品供给的公共资源实行全方位、全过程的科学管理和监督。

第二,充分发挥村民大会和村民代表大会的作用。为确保公共资源的合理使用,在积极发挥各级人大的监督、检查作用的同时,进一步发挥村民大会和村民代表大会的作用,保障村民对公共事务的知情权和监督权。村民大会作为农村社区的最高权力机构,对社区事务享有最终表决权。农村公共资源的筹集和公共物品的供给须经村民会议或村民代表会议表决同意,凡未经投票表决而擅自动用本社区筹集到的公共资源的行为都是违法的。

第三,强化社会审计监督作用,严肃处理各项违规违纪行为。将公共资源的使用置于严格的社会监督之下。建立针对农村公共物品专项资金的效绩评价指标体系和考核机制,强化财政预算对财政支出的约束功能,杜绝非公共性开支。发挥内部审计、会计的职能作用,实行重点抽查、财务自查与财政、审计检查相结合,在项目建设中实行督察制度和资金使用制度,提高专项资金的使用效益。

（2）改革政府官员的绩效评估机制。

加强对供给主体履行职责的监督，破除只看重政绩不看重潜绩的弊端。我国政府官员之所以有按政绩要求供给公共物品的冲动，关键在于公共物品的供给是带有明显政绩的，这种政绩比平时的工作态度等因素更能加重其在绩效评估体系上的砝码。因此，有关公共物品和服务供给方面的绩效评估，要从关注公共物品和服务供给的数量上转到主要关注公共物品和服务供给的质量上来。这种质量应该从公共物品和服务供给的规划、建设、后续服务等整体上进行衡量，并且这种衡量应该由公民作出最后评判。因此，要充分发挥社会监督的作用，最大限度地把公共物品和服务供给放到社会民众的监督之中，对那些纯粹为了政绩、贪大求全的供给，应该从政府官员的绩效评估体系中坚决剔除。要完善政府官员问责制度，通过适当的惩处机制，督促官员合理有效地供给公共物品。

（3）完善农村公共服务的法律保障。

在国家的资源分配系统中，农民是一个庞大的弱势群体，他们自我保护的能力很弱。农民权益保护和农村公共服务提供都需要相关的法律保障，应尽快制定并出台这方面的法律。农民权益保护法应当侧重于保护农民经济上的其他合法权益，主要是规范农民负担、保护农民劳动和选择职业的权利，并为农民的社会保障提供法律制度的基础。农村的基本公共服务也要逐步立法，使之制度化、法律化。一方面，要认真贯彻国家已有的相关法律；另一方面，要修改不适应新形势的法律法规，细化和完善相关的法律法规，并出台新的相关法律法规。最后要尽快制定并实施农村公共卫生条例、农村义务教育实施条例、农村土地承包法实施细则、农村最低生活保障制度等相关法律。

　　推进农村公共服务体制建设,是城乡经济一体化的重要环节。在城镇化、城乡经济一体化进程不断加快的过程中,各级政府应充分发挥政府职能,积极推进城乡公共服务均等化,正确处理政府和市场主体之间的关系。我们也要认清,推进城乡公共服务一体化建设是一个循序渐进的过程,是一项长期而艰巨的任务。而且城乡公共服务的均等化发展并不是向城乡居民提供完全平均的公共服务,由于区域经济社会发展的不平衡,在构建农村公共服务体系过程中,应当充分注意各地具体情况的差异,各地区应根据实际情况建立和完善农村基本公共服务体制,使农民的各项权利得到保障,从而实现城乡经济社会的和谐发展。

第十章 农民合作经济组织建设研究

　　农民合作经济组织的新一轮发展，是中国当前农业经营体制建设中的重大突破，正日益成为中国开拓农业现代化道路、促进城乡一体化发展的重要组织载体。对于我国而言，当前农民合作经济组织主要包括正在蓬勃发展的专业型的农民专业合作社和起源于20世纪50年代的合作化运动、但已发生变异且面临严重发展困境的社区型农村合作经济组织。在更广泛的意义上，还可能包括农民互助金融组织(小额信贷机构)，已明显发生变异但还在理论上残存合作经济组织属性的供销社和信用社，以及当前同样在经历着变革和重构的、实际上可能更远离合作社属性的农村合作医疗组织。在农民合作经济组织的诸多类别中，农民专业合作社比较符合国外所谓的"farmer cooperatives"和"agricultural cooperatives"的定义，同时也更符合市场经济的发展规律和要求。因此，本章主要关注农民专业合作社的发展情况。

一、农民合作经济组织在城乡一体化发展
中的作用——以三鹿奶粉事件为例

农民合作组织可以增加农民收入,促进城乡一体化发展。随着农产品买方市场的形成,农村经济发展过程中出现了新的矛盾和问题,集中表现为农民增收的难度不断加大。而制约农民增收的根本原因是农业组织化程度低,农民进入市场难。如果农民自愿组织成立经济合作组织,就可以让农民有序地进入市场,实现产前统一购进农业生产资料、产中实施技术指导、产后组织精深加工、最后统一销售,由于专业生产合作社出售的产品主要是直销大中城市或生产加工厂家,中间经营环节少,因而出售价格都高于当地市场价,从而有效地保证了农民收入的稳定增加。因此,农民合作组织在"农业—食品工业"产业链(供应链、价值链)利益联结机制上发挥着无可替代的作用。

2008年的三鹿毒奶粉事件,一方面,暴露出国内食品生产、检测等诸多方面存在的问题以及对食品安全防范的重视不足;另一方面,我国乳制品企业在原奶收购环节长期过分压榨奶农,致使产业链各环节的利益分配失衡。以下,通过对中美两国乳品产业链结构及政府产业支持政策的比较,分析三鹿事件的成因,从中可以看到合作社组织在产业链及其在稳定农民收入和保障食品安全中的作用。

(一)我国乳业产业链结构缺陷分析
1. 国内乳业产业链结构

国内乳业产业链可以划分为原奶生产、原奶收购和乳制品加

工、下游乳品销售三个环节(参见图10-1)。

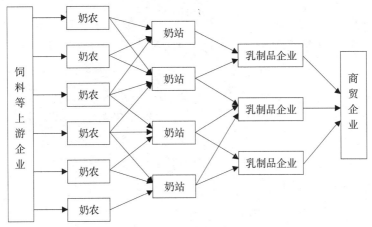

图 10-1　国内乳业产业链构成

(1)原奶生产环节。

按规模化程度划分,我国奶牛养殖的主要模式包括:规模化奶牛场、奶牛养殖小区(园区)、散户饲养三种模式(李胜利,2008)。

规模化奶牛场是指牛群存栏在100头以上的奶牛场,并且根据奶牛的年龄和生理周期分群饲养管理,机械化程度高,平均单产高,原料奶的质量好。

奶牛养殖小区的牛群存栏数不一,不按年龄和生理周期对奶牛进行分群饲养,而是按照奶牛所有权分群,各家照顾各自的奶牛。从理论上讲,小区应实现"五统一"(或"六统一"),但目前小区养殖还存在诸多问题,统一的程度还有待提高。小区一般都有与之相配套的收奶站,实行机械化挤奶,根据小区管理的好坏不同,奶源质量也不尽相同。

散户饲养是指奶牛养殖规模小于20头的养殖户,不对奶牛进行分群。其主要特点是:利用农副产品下脚料等作为奶牛精料来源,养殖规模与自家土地多少成比例,玉米秸秆等是奶牛主要的粗饲料来源,奶牛粪便用于自家田地施肥。散户主要通过两种方式挤奶:手工挤奶和机械挤奶,各自的比例分别为56%和44%。

目前,我国原奶产量中散户生产仍占据主导地位。在我国全部奶牛存栏量中,养殖规模在1—19头的奶牛场(养殖户)存栏奶牛数占比为72.6%,规模在20头以上的奶牛场(养殖户)存栏数占比为27.4%。[①] 由于资金、技术等资源有限,散户奶农在奶牛品种、养殖技术、牧场管理方面投入有限,牛奶单产长期在低水平徘徊,良种覆盖率仅为44%,平均单产3.9吨,仅为世界平均水平的70%,不到发达国家的一半。

小规模养殖的奶农无力保证原奶的安全,无论是面对疫病,还是面对问题饲料,奶农缺乏资金和技术力量应对。过去曾经在饲料中发现过作为添加剂使用的三聚氰胺,奶农既没有检测能力也没有处理方法,对此完全无能为力。

(2)原奶收购环节。

由于散养户规模小而分散,国内乳品企业的原奶并不直接从散户收购,而是主要通过奶站和规模养殖户完成。奶站产生于1998年,由民间自动发起设立,其生存模式本应为收取奶企提供的手续费,即挤奶费,平均每公斤为0.20元。但是,各地奶站并未满足于收取手续费的"糊口方式",更多的是充当了"中间贸易商"的角色。我国有70%的散户通过奶站售卖原料奶,而55%的奶站是个人所有。由于缺乏统一的奶站管理规范,个别奶站出现人工调奶、掺杂使假等现象(李胜利,2008)。此外,从收购价格比较来

---

① 根据《中国奶业年鉴2006》2003年数据计算。

看,乳品企业从规模化奶牛场和奶站收购的原料奶的价格并不相同,规模化的奶牛场的收购价格通常要高于奶站。

（3）乳品加工环节。

乳品加工行业竞争激烈,市场秩序不规范。近年来,奶业产业集中度不断提高,但全国乳品加工企业目前仍然多达1600多家。大部分企业规模小,技术水平低,加工能力严重过剩,开工率低（张照新等,2007）。企业为抢占市场,经常采取捆绑销售和低价倾销等方式。乳制品行业的无序竞争给乳制品企业造成了巨大的竞争压力。重压之下,一方面,没有企业敢轻易提价,难以将成本压力转嫁给下游企业和消费者;另一方面,无论是采取哪种营销手段,都会增加费用或压低利润。于是乳制品企业只能将损失向上游转嫁。

2. 产业链利益博弈的恶性循环

在乳业产业链条的利益博弈中,根本的问题在于奶农与工业环节之间的合理利益分配机制尚未形成。原料奶采购价格由乳品企业或者是企业和政府协商后制定,通过奶站实施（喻闻、杨建青,2008）。由于奶农个体分散、规模小,奶农合作组织发育滞后,加之鲜奶不宜储存,在奶农与奶站商议价格的过程中,奶农几乎无任何议价能力,而奶站则处于买方垄断地位。这样,乳制品企业能够将风险和损失向上游转移,奶农承担了整个产业链中的大部分风险。而且,由于原奶收购缺乏规范的标准和第三方监管,所谓的标准完全由企业制定,是否达标完全由企业说了算,尤其是在淡季,收购企业的检测结果常常低于奶站的检测结果因而可以压低收购价,而奶站则进一步向农户压级压价、克扣奶农资金。

奶农不仅在面对产业链中下游企业时毫无议价能力,而且对上游饲料企业的价格亦是被动接受。人大—利乐奶业研究中心分析报告(孔祥智、钟真,2008)显示:2007年8月跟2006年8月相比,饲料价格上涨了30%以上,玉米价格上涨了40%,燃料价格、土地价格等间接成本要素以及劳动力成本也在不断上升,而同期原奶价格仅上涨不到3%。

产业链上的利益博弈,造成了在牛奶销售旺季时,企业高价收奶;淡季时,奶农四处卖奶,企业压低奶价。乳制品企业以邻为壑的做法使本来应该是合作关系的企业和奶农成了冤家。农业部调研组2008年春季组织的"农产品价格形成及利润分配调查"结果表明,奶农的养殖成本占乳制品行业累计总成本的一半以上,而分得的利润却远低于这个比例。奶农没有足够的利润空间来缓冲成本压力,常常只能勉强维持生产,甚至被迫赔本退出,2007年大量奶农宰杀奶牛就是一个实例。由于没有利润的支持,奶农没有能力也没有意愿去扩大生产,或增加投入改良奶牛品种,更难以提高饲养和管理技术。这使得奶牛的单产只能在低水平徘徊,成本率居高不下。接下来,轮到乳制品企业自食恶果,高成本的原奶使其生产成本难以降低。在这样的恶性循环中,原奶价格剧烈波动,成为行业最大的不稳定因素。

通过对国内乳业生产链的分析可以看出,原料奶生产环节在原奶收购价格下降、饲料成本居高不下时承受着巨大的压力。在国内乳制品产业链条中,奶农、奶站、乳制品企业之间进行着激烈的博弈,各参与方都竭尽全力压低自己的成本或者从其他参与者手中夺取利润,导致了毒奶粉事件的发生。拥有自建规模化奶牛场的乳品企业如北京三元、黑龙江完达山,产品中未检测出三聚氰胺,这为上述"恶性循环论"提供了一个反证。北京三元在北京拥有近30家规模牧场,可以为本公司提供80%的优质原料奶;完达山拥有标准化奶牛小区136个,饲养优质奶牛50万头,已建立标

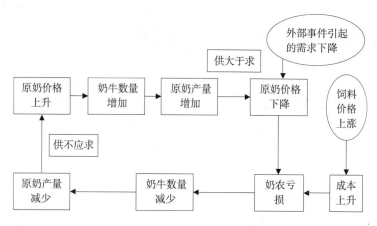

图 10 - 2　原奶生产和价格波动

准化挤奶站和收奶站 902 个,其原料奶 90% 以上来自这些标准化小区。这些企业摆脱了产业链的结构缺陷,避免了毒奶事件的发生。

(二)美国乳业产业链和政府价格支持计划

我们对美国乳制品产业链的上游环节进行分析,主要包括原奶生产组织形式、原奶定价方式等。

1.以个体、家庭为主的生产方式

从数量上看,美国奶牛场以家庭经营为主,这与国内情况相似。2002 年,美国 85% 的奶牛场是由个人、家庭或者家族企业经营,另外是合伙经营形式,而许多合伙经营也是限于家族成员内部。但是从养殖规模上看,则与国内差别很大。近 30 年来,美国奶牛场的规模集中趋势非常明显。2006 年开展经营的奶牛场数量比 1970 年减少了 88% ,2006 年奶牛数量在 30 头以下的奶牛场只占全部奶牛场的 30% ,产奶量更只占 1% 。在美国,少数大奶牛场提供了主要的牛奶产量,如2004年,占全部奶牛场3.7%的大奶牛场提供了全美原奶产量的47%。

2.原料奶销售方式

与我国散养户通过奶站销售不同,美国奶牛场的原奶销售主要是由合作组织完成的,而合作组织是由个体的家庭奶牛场结合建立而成。合作组织的作用:一是原奶的销售,二是市场产品的加工和制造,其中以前者为主。合作组织处理了超过4/5的原奶,但加工、制造仅占1/3。在美国,合作组织受反垄断法的豁免,允许他们联合销售产品。

3.原奶定价机制

美国奶牛场原奶收购价格的变动主要取决于市场供求关系及预期,同时,政府的原奶价格支持政策也发挥着重要作用。政府的支持政策和计划有:

(1)原奶保护价收购计划(黄敏,2008)。一是依据1949年《农业法》(the Agricultural Act)。美国农业部通过商品信贷公司(CCC)对原奶价格进行保护。商品信用公司将按宣布的价格无限制地收购黄油、奶粉、奶酪等奶制品。价格支持计划形成原奶的地板价(floor price),1999年起固定在9.9美元/磅,作为一项长期计划。二是根据1937年《农产品营销协议法》(the Agricultural Marketing Agreement Act)建立的联邦奶营销法令(the Federal Milk Marketing Order,简称FMMO),规定美国农业部根据奶酪、奶油、脱脂奶粉和乳清粉批发价(由国家农业统计服务局统计发布),综合考虑制造成本、加工制造商合理利润、水分和成分贡献等因素,利用公式推算出原奶价格。原奶价格每月发布,作为原奶使用人(乳和乳制品的加工制造商)支付奶价的最低价格表。

(2)直接补贴。在2002年农场法案通过后,直接补贴才成为美国奶业政策中的一项主要政策。2002 年通过的补偿计划为:在原奶的价格比预定的价格低的情况下,按月给原奶的生产者提供补偿,补偿的金额基于当前的产量并且以单个奶牛场一个财年 240 万磅为上限。2005 年 9 月 30 日,此项计划曾中止,但 2006 年又重新恢复,唯一重大的变化是将补贴率从 45% 下降到 34%。

(3)限制进口、刺激出口。一方面通过进口关税保护国内的奶制品市场;另一方面通过出口刺激计划将国内的奶制品转移到国外市场,对国内的原奶价格起到了支撑作用。但 1996 年后,由于 WTO 的规定,出口增强计划几乎仅仅限于禽类出口,奶制品出口鼓励计划则按照世界贸易组织规定的限额应用于脱脂奶粉、干酪和黄油出口,出口刺激计划受到限制。

在上述政策支持下,美国的原奶价格是沿着农业部发布的最低奶价这个价值中枢,运行在支持奶价之上的,如图 10-3 所示。1990 年之前,奶牛场原奶的价格在保护价上下波动,有时会触发保护价的收购,以发挥稳定市场价格的作用。之后,原奶价格基本上高于保护价,出口补贴在一定程度上起到了提高国内价格的作用。2006 年以来,随着直接补贴率下调,加之出口刺激计划受到了 WTO 的限制,乳业支持政策的力度有所减弱,但市场价格运行绝大多数时间也高于保护收购价格。

4.奶牛场获得稳定的回报

得益于美国乳业的产业结构特点及政府保护政策,奶牛养殖能够获得稳定的回报。在 2000 年到 2004 年间,美国奶牛场在支付了经营性成本和雇佣劳动力的报酬之后,每 100 磅原奶获得平均 4.73 美元的回报,这些回报足以弥补非自有的劳动力投入、资本成本、维护成本和管理费用,通常在扣除了所有的成本和费用之后,奶牛场能获得每 100 磅原奶 3—4 美元的回报,有利于奶牛场

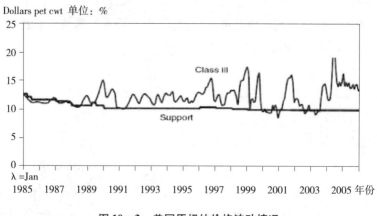

图 10-3　美国原奶的价格波动情况

进行投资和提高原奶质量。

(三)小结:建立奶农合作社,完善乳品加工企业和奶农的利益联结机制

我国国情是:目前有近 2 亿多农户从事分散的农业生产,我们日常所需的绝大部分食品,仍然依靠这种分散的养殖或种植方式生产。为绝大多数中国人提供食品的企业,是数十万个中小型的食品加工企业,有相当部分是 10 人以下的小作坊。通过对中美乳品产业链结构的对照分析,可以认识到毒奶粉事件不过是乳制品生产企业在原奶收购环节长期过分压榨奶农致使行业各环节利益分配失衡的极端表现。因此,要保障农民利益,确保产品质量安全,还得从源头抓起。

首先,要鼓励产业资本积极进入上游的原奶生产整合,促进规模化养殖。如果产业资本有效渗透进原奶供应环节,实现原奶提供商的品牌化经营并形成一定的议价能力,就能够通过产业经营行为对散养经营模式的替代来熨平原奶价格的剧烈波动。其次，政府对原料奶生产实行保护政策。只有对产业链最薄弱的原奶生产环节进行保护，才能促进乳品产业的健康发展。最后，也是最为重要的一点，通过建立奶农合作社，完善乳品加工企业和奶农的利益联结机制。加工企业通过奶站对奶农的挤压所形成的产业链恶性循环，是我国乳品产业结构中的深层次问题，也是毒奶粉事件的根源。因此，政府和企业必须帮助分散的奶农在自愿、互助的基础上通过各种形式组织起来，创办合作经济组织，统一技术服务，统一投入品供应，统一产品销售，统一疫病防治，统一经营管理，变龙头企业与农户间的单纯买卖关系为利益共同体，积极引导发展奶农合作社，采取"企业＋合作社＋奶农"、"企业＋协会＋奶农"等形式。通过签订完善的购销或服务合同，与养殖户建立更稳定的关系，理顺供应链各方的利益分配比例，从而提高奶农的生产效率和管理水平，降低原奶成本水平，提高原奶质量。

二、国内外农民经济合作社发展状况及主要模式

1844年10月，世界上第一个比较规范的消费合作社——罗奇代尔"平等先锋社"在英国诞生，宣告现代合作社的产生，接着很快扩展到西欧和北美各国。现在农民合作经济组织已成为世界各国，特别是发达国家农村经济的重要组成部分，在提高农民组织化程度、保护农民利益、增加农民收入、促进农业发展等方面起着举足轻重的作用。目前，法国有13000多个农业服务合作社，4000多个合作社企业，90%的农场主是农业合作社的成员；日本有综合农协2500多个，专业农协3500多个，全国100%的农民以及部分

地区的非农民参加农协,现有正式会员546万人,准会员350万人;瑞典90%的农民是农民联会成员,在与农业和食品有关的加工、营销等领域,合作社的市场占有率分别是:奶业99%、牛肉79%、猪肉81%、粮食销售70%、混合饲料80%、原材料80%。

(一)日本农协的经验简介

我国与日本是近邻,人均占有耕地少,在实行家庭经营等方面也与日本相似。所以我们重点介绍日本农协的经验作为借鉴。

日本农协是农民自主、自助、自治的经济组织,以提高农业生产力、提高农民的社会经济地位、实现国民经济的发展为目的,是法制化的农民合作组织。日本全国农协拥有1000多个地方协会,入会农户450多万,每年生产全国60%以上的各类农产品。

经过半个多世纪的发展,日本农协已经形成了独特的组织体系、服务体系和运行机制,在振兴战后日本农村经济、使农户能获得稳定的经济收入等方面,发挥了积极的作用。日本农业是建立在土地私有和分散经营的基础之上的,其之所以能够在相当程度上克服小生产的局限性,取得较大发展,是与日本农协提供的各种服务分不开的。日本农协利用联合的力量,为农民提供营农指导、农业生产资料供应、农副产品贩卖、信用服务、农业保险、信息服务等服务。通过服务,提高了农民的组织化程度,把分散生产的农户同城乡结合的大市场有机地连接起来。据介绍,日本农民生产的农副产品的80%以上是由农协为之贩卖的,90%以上的农业生产资料是由农协提供的。

为加强食品安全管理,让消费者放心,日本全国农业协同组合(全国农协)中央会决定,在2006年年底之前对通过全国农协上市的肉类和蔬菜等所有农产品编排识别号码,实施"身份"管理制度。全国农协决定将其下属农协生产的所有农产品都编上号码，零售商店在销售时必须标明该产品的名称、产地、生产者、使用过的农药名、浓度、使用次数、使用日期以及收获日、上市日等具体数据。全国农协方面还将这些具体的数据通过互联网公布。消费者可以通过网络清楚地了解和确认所有农产品的生产和流通过程。

日本农协在组织农业生产和农民生活中发挥了极其重要的作用。因为它是农民意志的统一体，代表着农民的利益，所以其职能非常广泛，概括起来主要有：生产指导、农产品销售、集中采购生产生活资料、信用合作、共济和社会福利等。

(二)我国农民合作经济组织发展类型状况

改革开放30多年来，我国新型农民合作经济组织经历了曲折的发展过程，形成了多种运作模式。据中国农业部统计，全国已有各类专业合作经济组织140万个，其中比较规范的合作组织有14万个，参加农户占全国农户总数的4%左右。我国目前的合作组织可以按照不同的标准进行划分。按照合作组织内部治理模式，可以概括为三类：

"政府主导型"内部治理模式。政府作为其组织的建设者和管理者，组织内部治理和外部管理，在其模式上充分体现为政府主导意识和权利的绝对控制；组织经理由政府指定，如村支书担任或代理，监事会形同虚设。这类合作组织的决策机制缺乏灵活性和民主性，在相当程度上不能很好发挥组织职能。这类组织治理模式在欠发达地区是主流模式。

"能人型"内部治理模式。在资金、技术和信息资源缺乏的农村，由见过世面、有一定经济和技术能力、观念较新的农村能人、种植大户、养殖大户、技术骨干等牵头，组织农民自发成立的合作组织。这类组织因缺乏专业管理经验,其基本特点表现为:组织结构简单,内部运行机制不健全,组织决策一般由能力说了算,其组织内部和外部治理模式简单,对外沟通能力、融资能力比较弱。

"公司型"内部治理运作模式。这类组织主要是借助公司资源,以股份制为基础建立内部治理模式。与前两种合作组织运作机制相比,有四大区别:(1)合作组织经理人主要由公司职业经理人担任。(2)合作组织一般以公司治理模式运作,特别是在规划、决策、组织生产、加工、销售、融资等方面发挥重要职能。(3)合作组织制度比较健全、组织结构完备,监事会可以完全行使监督权力。(4)在决策机制上,按组织原则运作,在某种程度上提升了在市场和政府中的话语权。

(三)临沂市农村专业合作组织几种主要的形式

1.农户联合型

主要是根据农民的意愿,按照"民办、民管、民受益"的原则,由几户、几十几户甚至上百户农民自发地联合起来组成的合作社。合作社成立后及时为农户提供产前、产中和产后系列化服务,使农民获取更大的经济效益。

蒙阴县的农村专业合作组织主要是农户联合型。目前,该县已有360个村的3.06万户农民自愿组建939个合作社,占全县总村数的61%,占农户总户数的21%。蒙阴县在创建农业经济合作社的过程中,把握了"党政引导、能人牵头、多户参与、优化组合,入社自愿、退社自由"的原则。基本做法是:

(1)丈量土地,合理分类。对所有土地全部丈量后,各村根据自己的实际情况,减少土地级差,将土地划分为一大类或洼地、岭地两大类。(2)以产定级,确定标准亩。以粮食常年产量确定地级,作为互换土地折算面积的依据。(3)确定土地附属物的处理办法。(4)在"三定"完成之后,张榜公布结果,群众统一意见后,将土地划分到合作社,由合作社社长代表全社抓阄,形成一社一大片。合作社再根据各户人口情况将土地划分到户,形成一户一大片。在这项工作中,该县特别注重群众自愿的原则,对于不愿意参与互换土地的农户,允许观望,不强制,避免引发矛盾,并牢牢把握了家庭承包经营机制不变、延长土地承包期30年不变和机动地控制在5%以内不变的原则,维护了党的政策的严肃性。(5)建立联合社,完善服务体系。在条件成熟的乡镇建立了农业经济合作社联合社。

2. 能人带动型

主要是由能人牵头,组织和带动周围农户形成的合作社。通过这种组织形式,既能发挥能人的示范带动作用,对农户进行技术传授指导,又能在资金、信息、销售等方面予以扶持,促进共同发展。沂水县马站镇在葡萄专业大户徐杰的带动下,成立了葡萄生产合作社,现在有周围3个村的400多户农民加入了该合作社。目前,共种植优质葡萄1500余亩,亩收入达5000多元,取得了良好的经济效益。

3. 企业拉动型

主要是依托龙头企业,组织农户共同参与而联结成的一种合作社。通过这种组织形式,有效地促进了农产品销售,从根本上解决了农户"卖难"的问题。临沂市康发食品有限公司是黄桃罐头的出口龙头企业,该企业年加工果品26000吨,带动黄桃种植户16000户,较好解决了果品的销售问题,从根本上解决了农户"卖难"的问题。沂水县诸葛镇张耿村依托临沂国际经贸运输公司成立了新兴农业合作社,并与其签订了购销合同,因而能够及时将生产的黄玉大葱销售出去,有的还出口到了日本,生产效益较过去有了明显提高。现在该村共发展黄玉大葱 1500 亩,亩收入 5000 元以上,同时还带动起了周围 4 个乡镇、14 个村的 250 余户农民种植黄玉大葱。

4.专业协会型

主要是围绕某一生产经营项目而成立的一种合作社。通过这种组织形式能够及时为农户提供技术、信息、销售等方面的指导和服务。沂水县红枣协会自成立以来,共发展团体会员 16 个,个体会员 4000 多户,涉及 12 个乡镇、50 多个村,发展红枣种植 15000 多亩,种植红枣新品种 30 多个,汇集全国各类枣品种 400 余个,其中沂蒙小雪枣、沂水大雪枣、中华大利枣在 2001 年首届中国种植业大会上获三项金奖,沂蒙小雪枣在 2001 年农业部、国家科委举办的国际农博会上获全国鲜食大枣百枣评选唯一名牌。协会所在地已成为国家林业局全国 50 家重点示范园之一,并成为全国红枣品种最多最全的红枣良种选育场。沂水县高庄镇上峪村多年来就有养兔的传统,但以往由于分散经营,长期形不成规模效益。2008 年该村成立了长毛兔养殖协会,并按照"对内协调指导,对外拓展市场"的建会原则,及时为养殖户搞好技术指导和产后销售服务。目前该村入会户数已达 850 户,养殖长毛兔 5.6 万只,年人均增收960 元。

5.科技服务型

主要是发挥农口部门在技术、信息、资产等方面的优势,在服务中牵头领办的合作社。如 2004 年 12 月成立的临沂市有机农产品协会就是依托临沂市农业局的牵头服务而成立的科技服务性协会;泉庄乡的兴泉果品产销联合社就是通过乡果茶站的牵头服务而联合兴办的,其主要作用是为果农提供生产技术、流通销售、物资供应、资金信息等全方位服务。合作社成立一年来共为果农引进了 11 个适销对路的名、优、特、稀品种;举办了 10 余期果品生产培训班,培训人数达 3000 多人次;与 10 多个省市的客户建立了销售关系。蒙阴县界牌镇建立的果品产销联合社,其 23 名工作人员全部来自各涉农站所,联合社选举了理事会、监事会,下设物资供应部、技术服务部、信息销售部、财务部。目前全镇已有 82 个农业合作社自愿接受联合社的服务,双方签订了服务合同。2008 年,联合社为各合作社统一购买农药 8 吨、化肥 260 吨、农膜 4 吨,为社员节约资金 5 万元,举办培训班 98 期、4600 人次,2009 年春天帮助农户销售大棚桃 40 万斤、增收 12 万元。

6.股份合作型

主要是采取入股的方式,让机关干部、职工、农户共同参与,并实行劳动联合与资本联合相统一而形成的合作社。目前已达到占地 250 亩、建大棚 150 多个、年收入达 100 多万元的规模。同时还充分发挥了科技示范作用,为农民提供了信息、技术、生产、销售等方面的服务,效果十分明显。

三、农村专业合作组织发展中存在的问题分析

从理论上讲,农村专业合作组织能够为农民提供有效服务,帮助农民增加收入。一家一户解决不了的事情,通过合作组织这种形式,可以得到很好的解决。但是基于我们对临沂市长期的了解和调查,发现新型专业合作经济组织的成长和发育面临很多困难,对农户的覆盖率较低。

（一）农户参与合作组织的意愿不强

无论是地理条件好、经营状况好的农民合作经济组织，还是地理环境差、经营还没见成效的农民合作经济组织，其周围都有许多没有参加的农户。如在合作组织发展良好的蒙阴县野店镇南宴子村，全村298户中有17户未参加农村专业合作社，占总户数的5.6%。

基于临沂市的问卷调查，我们发现农户未参加农民合作经济组织的原因主要在以下几个方面：其一是农民对于合作组织的认知程度低，有的农户认为，合作社不能从根本上解决增收问题，合作社组织的一些基本建设，加重了个人的投入，并认为这种合作组织不会存留太长时间。其二是现有的合作组织多以情感、家族作为组建的基础，职责、权利不明晰，因而还缺少足够的吸引力。其三是在现有的社会经济及政策法律等宏观环境条件下，农民对于合作组织这样一种新鲜事物的存在和发展存在种种思想顾虑。其四是能够推动制度创新的"企业家"稀缺，也就是农村的能人不多，带动性不强，导致制度创新供给不足。其五是经济实力较强的农户，不愿意参加到农民合作经济组织中来，认为这样会限制个体的发展。

（二）农户之间的信任缺失造成了合作组织巨大的组织成本

一些组织社会学家将制度经济学的交易成本概念引用到组织的研究之中，比如周雪光（2003）就认为，交易成本的概念可以回答"在什么条件下我们使用市场，在什么条件下我们使用组织来达到我们的目的"这个问题。[①] 也就是说只有参加组织的收益大

---

① 参见周雪光：《组织社会学十讲》，社会科学文献出版社2003年版，第28页。

于参加组织的成本的时候,参加组织的成本低于进行松散的市场交易的成本的时候,组织才能够建立起来。具体到农户身上,就是在其他条件一定的情况下,农户参与经济合作组织的收益越是大于参与其中的成本,农户就越有可能参与其中。

现今农村经济发展中的关键问题,就是农民对经济合作组织的组织者的不信任和对基层政府的不信任。这种不信任是由于市场经济的冲击导致的农民对传统人际关系信任的瓦解,而现代的系统信任没有建立起来引起的。信任的缺失确实提高了农户之间的交易成本,使他们很难组织起来进而享受合作组织带来的好处。

(三)我国新型合作组织只是松散的联合

由于受传统体制和农户自身素质等因素的限制,合作组织创新成本加大,我国新型合作组织基本上只是松散的联合,并非真正意义的合作经济组织。导致目前状况的因素主要有:一是缺乏良好的外部经营环境和法规政策,加大了合作组织建立、运行的成本和风险;二是我国农户普遍缺乏对于合作组织及其制度特征的了解和认识,将数量众多、规模狭小、缺少合作传统与习惯、对于合作组织认知程度很低的农户组织起来,要支付的谈判成本和组织协调成本都相当高。

四、促进农民合作经济组织发展的对策建议

中国农民专业合作社覆盖面不足,在实现合作社成员收益最大化方面远未发挥其应有的作用。对此,我们提出如下对策建议:

（一）将农民的自发创造与政府推动相结合促进合作组织快速发展

由于20世纪50—60年代合作化、人民公社运动的发展误区，中国不但遗留了农村合作经济组织的历史问题，而且长期以来农民专业合作组织的发展并没有受到足够的重视。改革开放以来，正是由于广大农民群众积极利用发展社会主义市场经济的良好环境，新型农民合作经济组织才在中国发展壮大起来。中国农民专业合作社的发展有两个基本背景：一是处于市场化、工业化、城市化、现代化、全球化的复合进程中；二是处于主体异质性、村社传统、供应链时代、社会政治结构等多重嵌入之中。如果没有各级政府的推动和介入，中国农民专业合作组织是很难快速发展起来的。

在我国现实条件下，单纯以农民为主体自发进行的需求诱致型制度创新难以满足社会对于合作组织的制度需求。这是因为：一是目前我国绝大多数农户由于受思想观念、社会地位和文化素质的制约，不可能成为制度创新的主体，农村中能够推动制度创新的熊彼特式的企业家高度稀缺。二是高昂的制度创新成本，降低了个别创新者的预期净收益，导致民间个体进行制度创新的动力不足，制度创新的供给滞后于制度需求。三是自发的需求诱致型制度创新存在着外部效果和"搭便车"问题，也必然导致制度有效供给不足。要实现我国新型合作组织的快速发展，必须将农民的自发创造与政府推动相结合。

（二）规范对农民专业合作组织的管理

首先，规范对农民专业合作组织的审核认定和登记管理。在国家相关法律尚未出台之前，非营利性的具备社会团体法人资质的农民专业合作组织，依照国家现行法律法规的要求，应在民政部门进行登记,取得社会团体法人资格;营利性的具备企业法人条件的农民专业合作组织,应在工商行政管理部门注册登记。其次,规范对农民专业合作组织的组织指导。从合作社角度来看,政府的支持可能是其当前最现实的、低成本的、可期待的资源。但是,目前中国很多农民合作经济组织承载了政府所要求的许多非经济功能,这种情况在农村社区合作经济组织中表现得尤为明显。有学者指出,正是过多地承载了非经济功能,使农村社区合作经济组织陷入多重发展困境。所以必须规范政府对农民专业合作组织的具体组织指导行为,即扶持而不干预,引导而不强迫,参与而不包办,推动发展而不放松规范。

(三)完善配套政策支持

政府在提供配套政策方面应做好以下几项工作:一是政府应积极创设条件,推动市场中介组织的发展,完善社会化服务体系,在财政补贴、金融支持、减免税费、人才培养、信息服务等方面给予支持。比如说,可以由政府提供优惠政策及部分启动资金,吸引风险投资加入,培育致力于推进农业科技研发与创新的孵化器,加强对科学育种、土壤改良、转基因技术应用、反季节种植、动植物疫病防控等领域的研究,加速新型农业社会化服务体系的形成。二是在城乡规划方面,应注意考虑市场需求、自然环境、劳动力及资金密度等因素,科学规划农村、城市、城乡结合部的产业布局。三是尽快制定有关农民合作组织的法律法规和各项优惠政策,保护和扶持合作组织的健康快速发展。四是做好宣传教育和典型示范,增进农民对于合作组织的认识和了解,调动农民参与合作的积极性,并采取各种形式,培育合作组织发展的积极分子和带头人,帮助农民自己组织起来。

　　发展新型农村合作组织,能够促进农业产业化经营,增加农民收入,为城乡一体化发展提供基础性的组织制度保障。从国际经验来看,农民合作经济组织已成为世界各国,特别是发达国家农村经济的重要组成部分,促进了各国农业现代化的发展。改革开放30多年来,我国农民合作经济组织经历了曲折的发展过程,形成了多种运作模式,但三鹿奶粉事件折射出我国农民合作经济组织发育严重不足。目前我国农村合作组织内部交易成本过高,组织松散,农民参与意愿不强,导致农民合作经济组织覆盖面不足,未能发挥其带领社员通过农产品销售、农业投入品采购或者农业服务的统一运营和规模扩展,以获得更多的交易机会和较高的市场地位,从而实现合作社成员收益最大化的作用。建议农村合作组织坚持市场化运作导向,将农民的自发创造与政府推动相结合,并完善政策配套措施,推动农民合作组织的健康发展。

第十一章 城乡社会管理一体化体制对策研究

　　按照发展经济学的基本理论,农村剩余劳动力的自发流动主要是基于城乡收入差距,城镇的良好就业机会和相对高的收入水平对农村剩余劳动力形成吸引力,农村非农业就业机会匮乏和农村相对低的收入水平对农村剩余劳动力形成推动力,正是这对吸引力和推动力的双向作用,共同推动着农村剩余劳动力持续的非农化就业和城市化转移,这一过程将一直持续到城乡差距基本消失,城乡一体化格局基本形成。但是,我国农村剩余劳动力的转移一直受到一些城乡分割体制的束缚,比较突出的是传统户籍制度以及附着在户籍制度之上的一些其他体制和歧视性政策,如农民工的社会保障、子女教育以至购买住房所享受的贷款政策等。尽管近年来不少地方对户籍制度进行了试点性改革,废除了传统农业人口和非农业人口两分法,采取按居住地原则划分城镇人口和农村人口、按职业划分农业人口和非农业人口的户籍制度,但由于传统户籍制度是城乡分割体制的一个核心,太多的城乡分割体制和歧视性政策都附着在这一制度之上,因此新的户籍制度推行过程中困难重重。另一方面,伴随农民工规模的不断扩大,农民工实现有效城市化的社会管理体制亟待改革。本章围绕农村剩余劳动力有效转移和农民工有效城市化这一主题,探讨以户籍制度和社区管理为重点的城乡一体化管理体制。

一、传统户籍制度的演变脉络及改革方向

表 11-1 总结了新中国成立以来我国户籍制度的演变脉络。从中可以清楚地看到,我国城乡分割户籍制度的确立及其延续是服从和服务于重工业优先发展战略和城乡分治的社会管理模式的。在不同经济社会发展阶段,尽管户籍制度及一些相关具体规定不断调整,但全国范围内城乡统一的户籍制度尚未真正建立,尤其是附着在户籍制度之上的一些歧视性政策仍然存在。传统户籍制度曾有力地保证了我国赶超战略的实施,并起到了积极的作用。目前,我国经济社会正进入城乡统筹发展的新阶段,传统户籍制度已经成为阻碍城乡经济社会一体化发展的重要障碍。因此,必须以户籍制度改革为突破口,逐渐剥离与户籍制度粘连的城乡有别的就业、医疗、教育、社会保障等歧视性政策,以加快农民工的流动,进而推进城乡经济社会一体化的进程。

新的户籍制度应适应人口的自由流动和城镇化发展的要求,确立以居住地划分城镇人口和农村人口、以职业划分农业人口和非农业人口的新的划分标准。当前,首先要全面推进农村小城镇户籍管理制度改革,为整个户籍管理制度改革积累经验。同时,以具有合法固定住所、稳定职业或生活来源为基本落户条件,由各地人民政府根据当地经济和社会发展的实际需要及综合承受能力,制定城市发展总体规划和人口发展规划,以落户条件取代计划指标。

表 11-1　中国户籍制度演变脉络

时间	标志	背景及影响
1950 年	《特种人口管理暂行办法（草案）》	巩固新生政权、稳定社会的需要。控制人口流动的职能还没有提上日程
1951 年	《城市户口管理暂行条例》	制定了划分城市户口的规定，建立了居住地迁移制度，并限制农村人口向城市流动。同时国家承担起为城市居民提供就业和社会保障的职责，而农村人口则由地方政府来负责
1952—1954 年	《关于劝止农民盲目流入城市的指示》；《继续贯彻劝止农民盲目流入城市的指示》；《关于实行粮食的计划收购和计划供应的命令》及《粮食市场管理暂行办法》	城乡差别、工农差别致使农民自发进城。在总体经济不发达的情况下，最终导致了城市供给能力不足。"命令"和"办法"一方面确保了农民对城市居民供应口粮，另一方面排除了农村人口在城市取得粮食的可能性
1955 年	《关于建立经常户口登记制度的指示》；《关于城乡划分标准的规定》；《市镇粮食定量供应暂行办法》	国家规定全国城市、集镇和农村都要加强户籍登记，进一步把城乡区别制度化。农民必须生产粮食，既卖给国家也留一部分自用，但是规定的自留粮食的数量比城市人口得到的配给粮少
1956—1957 年	《关于解决城市失业问题的报告》；《关于制止农村人口盲目外流的指示》；《关于各单位从农村中招收临时工的暂行规定》	过激的合作化运动加上自然灾害，不少省份的粮食歉收，农民纷纷进入城市寻求生存机会。但迫于城市供应压力和工业发展的需要，国家进一步将城乡隔开
1958 年	《中华人民共和国户口登记条例》	规定公民由农村迁往城市必须持有劳动部门的录用证明、学校的录取证明或者城市户口登记机关的准予迁入证明，同时必须向常住地户口登记机关申请办理迁出手续。城乡有别的二元户籍制度最终以法律的形式得以确立
1959 年	《关于制止农村劳动力流动的通知》；《关于制止农村劳动力盲目外流的紧急通知》	随着"大跃进"运动进入高潮，城市出现了劳动力不足的假象。1958 年 6 月，中共中央决定下放招工权限。然而，由"大跃进"带来的全国粮食危机很快使劳动力转移的大门再次紧闭

续表

时间	标志	背景及影响
1960—1965年	《关于加强户口管理工作的意见》;《公安部关于处理户口迁移的规定(草案)》	50年代末期的经济危机,导致中国人口的逆向大迁徙。中央领导层逐渐形成一个固定的认识,即大量农民进城会增加吃商品粮的人口,从而反过来加重农民的负担。它的长远后果就是强化了城乡分割的户籍制度
1966—1976年	文化大革命	户籍制度承袭既往的框架,附着的限制性功能更加强化,城市化停滞不前
1977年	《公安部关于处理户口迁移的规定》	第一次正式提出严格控制"农转非",规定每年从农村迁入市镇和转为非农业户口的职工家属人数,不得超过非农业人口数的1.5‰
1978—1983年	《关于逐步解决职工夫妻长期两地分居问题的通知》;《关于解决部分专业技术干部的农村家属迁往城镇由国家供应粮食问题的规定》	伴随着全国知识青年大返城,国家允许一些部门在所辖区域内跨省、市调动技术人员和管理骨干,鼓励科技人员从相对富裕闲置的地区、部门和单位流向相对缺乏而急需的地区、部门和单位
1984年	《关于农民进入集镇落户问题的通知》;中共中央一号文件	允许务工、经商、办服务业的农民自带口粮在城镇落户,这是我国小城镇户籍制度改革的最先声。它的历史功绩在于在几十年来铁板一块的二元户籍制度中打开了一个缺口
1985—1992年	《关于城镇暂住人口管理的暂行规定》;《中华人民共和国居民身份证条例》;《关于严格控制"农转非"过快增长的通知》;《关于"农转非"政策管理工作分工意见报告的通知》;《关于坚决制止公开出卖非农业户口的错识做法的紧急通知》	一方面全国办理"农转非"的人数大量增加,另一方面城镇还不具备大量人口的商品粮、医疗保健、就业、住房、退休保障等方面的供给能力,因此国家对农转非行为和买卖户口的行为进行了控制

时间	标志	背景及影响
1993—1999年	《小城镇户籍管理制度改革试点方案》;《关于完善农村户籍管理制度的意见》;《关于解决当前户口管理工作中几个突出问题的意见》;《中共中央关于农业和农村工作若干重大问题的决定》	鉴于经济发展的实际情况和全国各地改革户籍制度的强烈愿望,从1993年开始,中央相关部门陆续出台了一系列的文件,这些文件取消了按照商品粮为标准划分农业户口和非农业户口的"二元结构",建立了以居住地和职业划分农业和非农业人口的制度,以常住户口、暂住户口、寄住户口三种管理形式为基础的登记制度

资料来源:根据历年中央文件整理。

二、附着在户籍制度之上的相关体制改革

到目前为止,为适应城乡经济社会一体化的进程,我国户籍制度改革已经进行了很长时间,虽然很多省份已经放弃了农业户口和非农业户口的划分方法而统一叫做居民户口,但总体来看效果并不十分理想,统一的居民户口仍然不能完全解决因城乡分割而形成的教育、住房、社会保障等方面的待遇不公问题。原因十分简单:单纯地改革城乡有别的户籍制度比较容易,剥离与户籍制度粘连的种种城乡有别的歧视性政策却十分困难。因此,既要推进符合城乡经济社会一体化要求的户籍制度改革,又要完善与户籍制度改革相配套的其他改革。总的来看,应当重点从以下几方面着手:

第一,着力解决农民工子女的教育问题。随着农村劳动力跨区域流动,农村一些儿童伴随外出打工的父母流入了城镇。第五次全国人口普查的数据显示,我国有流动儿童近2000万。这些儿

童的教育是一个很大的问题,因为对他们的父母而言,一方面自身的收入较低,另一方面却要为子女的教育支付高额的借读费、赞助费,这导致很多儿童失去了受教育的机会。2003 年,国务院妇女儿童工作委员会和全国妇联在京公布的关于我国 9 城市流动儿童状况的调查结果表明,我国流动儿童失学率较高。由于教育公平是最基本的社会公平,因此,各地政府和有关部门应当主动承担责任,统筹安排,将解决进城农民工子女中适龄儿童接受教育问题纳入城市义务教育工作范畴。

第二,加大廉租房与经济适用房建设力度,解决流动人口的住房问题。目前,伴随着城乡经济社会一体化的推进,大量的农民工涌入城市,甚至最近几年还出现了流动人口不流动的现象。据中国人民大学人口与发展研究中心最新调查发现,流动人口在京滞留时间变长,平均在京居住 4.8 年,而在京时间超过 5 年者达到 51.4%,举家迁居的比例高达 41.2%。但这些人由于收入较低,能够买得起商品房的毕竟是少数。因此,政府应加大廉租房与经济适用房的建设力度,改善流动人口的居住条件和住房需求。

第三,为农民工建立城乡统一的社会保障机制。流动人口最基本的特性就是流动性,这要求对流动人口的社会保障权利不能有地域分割,要使流动人口无论在农村还是在城市都可以享受到相应的社会保障。因此,应当放弃个人的社会保障与工作单位、工作地域相联系的做法,在取消城乡户籍差别的前提下,尽快建立全国统一的个人社会保障账户制度,为农村剩余劳动力的转移创造条件。

第四,构建城乡统筹的就业体制。加快户籍制度改革,是农业劳动力向非农产业转移、农业人口向城镇和城市集聚的必然要求。从目前看,农业剩余劳动力进城所从事的绝大多数属于体力消耗大、劳动时间长、卫生条件差的工作。但伴随城乡二元社会结构的打破进而劳动力自由流动障碍的消除以及农民工素质的提高,流动人口的二次转移成为必然趋势,这必将冲击城市居民的就业。为了缓和就业矛盾,实现劳动力的合理配置和充分就业,必须建立覆盖城乡的劳动力市场,运用统一、竞争、有序的市场运行机制来促进人才和劳动力的合理有序流动。①

总之,由于城乡二元的户籍制度一度成为城乡有别的就业、福利、教育、住房、社会保障等政策制定与实施的基础,因此,在通过户籍制度的改革打破城乡差别的条件下应重点加快配套改革,为进城务工的农民提供平等的服务,促进农村剩余劳动力的流动,进而推进城乡经济社会一体化的进程。

三、农村社区化服务体系建设——以莒南县相沟乡农村社区化建设为例

所谓社区服务,是指在政府的倡导和组织下,居民所进行的自助服务,是以社区为单位开展的社会服务,是一种公益性质的福利便民服务和以提高社会居民生活质量为目标、有偿和无偿相结合的社会服务。农村社区化服务的组织方式是把一个或几个地域相邻的村庄规划为一个社区,在社区中心村设立公共服务机构,农民遇到各种问题、难题可以就近寻求帮助和解决。社区服务中心承接和延伸政府对农村的公共服务职能,构筑起为农民服务的平台

---

① 参见白益民:《论户籍制度改革与城乡经济一体化》,《经济问题》2002 年第 12 期。

和为农民提供公共服务的有效机制。临沂市莒南县相沟乡推行大村庄制、建立农村社区的经验表明,开展农村社区化服务开创了为农民提供零距离公共服务的有效机制,为加快城乡经济和社会一体化进程探索了有效途径。

(一)农村社区化服务产生的背景分析

1.农村基本社会公共服务供需矛盾突出

为农村提供基本而有保障的公共服务,是建设社会主义新农村的关键。由于长期以来的城乡二元结构体制,造成了政府公共服务资源大多集中在城区和乡镇(街道)驻地,一些事关农民切身利益的生产、生活问题得不到及时有效解决。城乡差距不仅表现在经济发展水平和居民收入水平上,更多地反映在政府提供的公共医疗、文化教育、社会保障等基本公共产品上。城乡公共服务的失衡,使农村居民特别是农村贫困群体难以享受到基本的公共服务,影响了他们的生存和发展。城乡差距扩大的问题已成为制约农村经济发展和社会稳定的重要因素。

2.村庄合并推动了大村制和农村社区化服务的发展

2004年,临沂市为了整合资源,减少基层管理人员,减轻农民负担,根据"五个不变"的要求,由9544个行政村合并为7128个行政村。村庄合并后,膨胀了规模,增强了实力,促进了农村经济和社会的发展。但是在运行中,也有相当一部分合并村存在着"貌合神不合"的问题,村干部之间相互扯皮,互不服气,部分村干部权利意识大于责任意识,工作不配合,工作效率低,村庄管理混乱,村级社会服务事业发展缓慢。部分村宗族性、家族性矛盾仍较突出。合并村强弱互补的优势没有得到充分体现,民心不顺。近年来中央一系列支农惠农政策的增加,特别是农业税的取消,村庄合并过程中坚持土地合同、债权债务、农民负担等不变的做法已不适应形势的变化,需要探索一种新的管理服务机制来适应农村发展的需要。

3.农村劳动力结构的变化突出了农村社区化服务体系建设的重要性

在近几年我们多次开展的农村劳动力转移培训问题调研中,农村生产靠老人妇女,农业从业者素质低的现象呈加重的趋势。大量优秀的"农村人"通过升学、参军、打工、经商脱离农村,临沂市农村中"38、61、99"现象的村庄的比例越来越高,"空壳村"的数量逐年增加。由于劳动力结构的变化,农民对销售、物资、信息、科技、资金、法律法规服务的需求度也越来越高,在农业生产中对产前、产中、产后的系列化服务的依赖程度越来越高。特别是农村的医疗保险、卫生教育及"留守儿童"等问题,都需要有一种新的服务形式来解决。

4.发展现代农业突出了农村社区化服务体系建设的必要性

发展现代农业必须具备先进的科学技术、发达的物质装备、高效的组织形式、完善的服务体系这四个基本的支撑条件。现代农业的发展,必然带来农业的分工分业,农业专业化生产、一体化经营,这些都需要更加高效的社会化服务体系。从现代国际农业发展现状看,农业从业人员老龄化、兼业化是难以避免的趋势。如果没有健全的社会化服务体系,农业就容易出现边缘化、副业化。同时农业功能的拓展,农业产业链条的延伸,也对农业服务提出了更高、更广泛的要求,需要一个新的多元化的服务体系。

5.农村多元化投入机制有利于集中支持大村或农村社区的发展

据统计,到2007年年底,全国有20个以上的部委为农村发展投入资金,促成了 100 个以上的工程或计划,形成了支持农村经济发展的多元投入格局。项目实施惠及的主体是广大农民,通过集中各类项目配套实施,减少项目实施过程中的成本,实现效益的最大化。一方面,项目的实施需要有一定规模的"大村庄"或农村社区来承载;另一方面,项目的集中实施更有利于支持"大村庄"或农村社区的发展。

(二)莒南县相沟乡推进农村社区化服务体系的主要做法

1. 先试点,后推广

在推进农村社区化服务体系建设中,莒南县相沟乡坚持先试点后推开的办法,选定三义口村作为试点,将三义口村改为三义农村社区。三义口村是 2004 年由张家三义口、杨家三义口等 6 个行政村合并形成,合并后共有 2300 户,6060 口人,221 名党员,区域面积 10 平方公里,是全县第一大村。社区在建设过程中,充分调动广大党员干部群众的积极性,重点支持社区发展,着力办大事、办实事、办群众受益的事,如解决了社区的集中供水工程、改扩建了社区卫生所、联小,解决了当前群众最关心的看病难、孩子就近读书难的问题,在较短的时间内改变了村庄管理混乱、街道脏乱、发展滞后的局面。在试点成功的基础上,在全乡进行了推广。

2. 整合农村人事、土地、财务等资源

(1)整合领导班子。社区只成立一套领导班子,即社区党组织和社区居民自治组织,根据社区人口数量对班子职数和交叉任职率进行确定,撤销以前各自然村党支部,成立以社区为单位的党总支,并在社区各种协会组织中建立党支部。

(2)整合土地资源。原行政村的土地除 30 年不变的承包土地外,其他如原来各村 5% 以内机动地、宅基地、建设规划预留地、

"四荒"地等,全部由合并后的新社区统筹管理和使用。

(3)整合债权债务。原行政村的固定资产、集体积累等及债权全部合并后由社区统筹管理和使用。原行政村涉及的债务转移到社区承担,根据集体经济状况及政策情况,逐年偿还,逐步化解。

(4)整合村庄合同。原行政村的各业承包合同,全部收归社区集中管理,集中变更发包人。对原自然村签订的未到期合同,继续维持合同期限,待合同到期后,再由社区公开发包。

3. 全面搭建服务平台

(1)搞好社区建设规划。坚持把提升农村社区示范功能放在首位,引导社区按新农村标准进行建设。

(2)注重农村经济发展。实施了"十个一"工程,即:每个社区建设一条商贸大街、一处集贸市场、一处便民超市、一个为民服务中心、一处小学或幼儿园、一处卫生室、一处文化广场和老年及幼儿游乐中心、一处警务室、一处工业及养殖项目区、一处现代农业示范项目区。在此基础上,发展各种服务业,为社区居民提供各类生产资料及生活用品服务,方便广大居民。

(3)提高农民的组织化程度。根据社区的产业结构情况,在社区内成立各类专业合作协会,发挥农村党员和农村能人的带头作用,以协会为单位统一组织、统一销售,为农民提供技术、市场、信息等产前、产中、产后服务,提高了农民的组织化程度,降低了农民生产经营的风险。

(4)推进小城镇的建设。通过加快旧村改造,集中力量建设居民新区,改善居民居住条件和环境。改造建设了各种基础服务设施,为居民提供全方位服务,加快了小城镇建设步伐。

(三)莒南县相沟乡推行农村社区化服务体系建设的成功经验

莒南县相沟乡在推进农村社区化服务体系建设中,紧紧围绕新农村建设的宏伟目标,认真探索乡村有效治理和发展的新路子,积极借鉴城市社区建设理念,集聚力量建设农村社区,加快传统农村向新型社区转变,取得了明显成效。

1. 探索了新形势下农村管理的新机制

随着城市化进程的加快和农村居民流动性的不断增强,传统的管理体制在很多方面已经不适应目前市场经济条件下农村工作的需要,在坚持党对农村工作绝对领导的前提下,对传统的农村管理模式和体制进行大胆变革,探索建立新的农村管理体制和运行机制,是解决生产力与生产关系之间的矛盾,促进农村经济发展的有益尝试。农村社区的成立并不是对原来村庄的简单翻牌,更不是对城镇社区化服务一词的"借用",实践证明这种全新的机制和体系赋予了农村社区化服务实质性的内涵,使农村党的建设、经济建设、民主建设、文化建设、社会建设等得到切实加强,使推进城镇化建设、社会主义新农村建设的措施,成为操作性强、保障有力的组织保证和科学的工作推进机制。通过建立新型的农村社区体制,初步实现了新的农村管理和发展模式。

2. 探索了农村经济发展与加强党的基层组织建设紧密结合的新模式

行业协会的发展,往往容易使得原有以行政村为单位的基层党组织的影响力弱化。相沟乡党委、政府打破传统的村民小组设置模式,积极引导各社区采取商企联建、行业联建等形式,在社区内依法建立起计划生育、企业家、青年、老年、妇女、文体、消费者权益保护、经纪人、平安创建、商会、交通物流等若干行业协会组织和各类社会组织及种植、养殖等专业合作社组织,把农村各项工作纳入行业化管理、产业化管理、群体化管理,减少管理成本,提高管理效能。三义社区按照地域相近、产业趋同、规模适度的原则,在专业协会中成立了8个协会党支部和3个不同群体的党支部,社区221名党员全部纳入各协会、群体支部中,使党的建设与经济建设紧紧结合在一起,与社会各层次群体紧紧结合在一起,更加体现了党的建设要以经济建设为中心的指导思想,更加密切了党的组织与全体居民的联系,增强了党的组织在社区里的凝聚力和影响力。目前,全乡共建立协会支部16个,产业、企业支部4个,联合支部1个,党总支3个,基层党委1个。每个协会、合作社设会长(理事长)1人,副会长(副理事长)1人,理事2—4人,均由所在协会会员、合作社社员直选产生。居民的生产经营活动,均以协会或合作社为单位进行。这些举措优化了党群组织结构,使基层组织焕发了新的生命力、凝聚力和战斗力。乡党委、政府从创新组织架构入手,调整基层党组织设置模式,划小运行单位,整合农村党员干部和农村能人等优势力量,建立起一套居民自治组织架构和党组织架构平行运作、交叉协作、简明高效的运行机制,形成了一支以村党总支为核心、以协会党支部为依托,带领居民发展社区经济,服务社区群众,服务“三农”的中坚力量,巩固了党在群众中的基础和地位。

3. 探索了以农村社区建设推动新农村建设的有效工作平台

建设社会主义新农村是一个动态的过程,从20世纪50年代党中央提出建设社会主义新农村的宏伟目标,建什么? 怎样建? 历代共产党人进行了孜孜不倦的探索。但是社会主义新农村建设过于宏观化、抽象化的问题依然存在。一个几百人、近千人的村庄很难建成社会主义新农村。村庄规模小了,农村社区建设的根本目的也就难以体现，带动示范的效果也不明显。相沟乡地处丘陵，原54个行政村坐落相对集中，自然形成10大块村落，超过1000人口的仅4个村。原村落中各行政村之间有的地挨着地、房挨着房，但村与村之间在基础建设、管理模式、发展现状、村"两委"班子建设及工作力度上有很大差异。乡党委、政府按照规模并大、实力并强、班子并优、布局合理的目标要求和有利于优化农村资源配置、有利于精简干部职数、有利于优化村级班子结构、有利于推进小城镇建设的原则，在全乡进行了村庄合并工作。行政村总数由原来54个村合并到23个社区(村)，净减少行政村31个，减少率达57.4%。目前，全乡共有行政村13个，农村社区10个。10个农村社区覆盖人口3.2万人，占全乡总人口的76%。经过合并，全乡村庄和社区规模得到快速膨胀，其中三义社区、王庄社区在人口规模上分别成为全县的第一、第二大村。通过村庄合并，整合了土地资源，为开发使用土地，以地招商，以地聚财，增加村级财力创造了条件。通过膨胀村庄规模，凝聚了人气、财气和力气，解决了农村社区建设有人办事、有钱办事、有地方办事的问题，探索了以农村社区建设推进新农村建设具体化、形象化，看得见、摸得着的有效工作平台。

4. 探索了农村社区化服务建设的有效模式

根据农村的实际情况、因地制宜、科学合理地规划好农村社区建设，是农村社区化服务能不能建成、能不能建好、能不能健康发展的关键所在。相沟乡在发展农村社区化服务新模式方面进行了积极有效的探索。

(1)中心集聚型社区。在引导社区建设上，以三义社区建设为引领，集中力量抓基础设施建设，整合资源，强化集聚辐射功能，两年大见成效。这种类型的社区在当地相对有一定的经济基础、有一定的产业优势或资源优势,便于扶强发展,有示范带动作用。

(2)历史渊源型社区。大王庄社区原来是 8 个村庄,村民世代相处,亲戚朋友交织,历史渊源深厚,确立了"聚零为整,抱团发展"的社区建设规划。社区建成后,实现了集中供水,迅速解决了5600 口人的自来水供应问题。这种类型的社区原行政村之间经济条件差异不大,民风朴实、民缘深厚,相互之间容易抱团。

(3)资源互补型社区。这种类型一般为一方有资源、班子有门路,但由于受空间、交通、其他配套设施的制约而影响发展;另一方有空间、有条件,但缺少坚强的领导力量而不能发展。这种类型社区有民心所向、容易聚合的特点,如石河社区原胡家石河、张家石河是盛产白云石的资源强村,但是发展空间不足;与之相邻的甄家沟等 3 个村,土地宽裕,但是集体经济弱、发展慢。社区成立后,将 5 个村的资源整合起来,使资源强村拓宽了发展空间,经济弱村得到了较强的领导力量和经济支持,优势互补、相得益彰。

(4)城镇带动型社区。这类社区拥有区位优势、借助邻城优势、占据乡镇驻地优势、具有人、财、物聚集的优势。相沟街社区对沿街两侧进行的商户开发,促进了商贸发展。

(5)强弱联合型社区。这类社区原强村、弱村之间差距大,便于充分发挥强村的带动作用。如原东崂坡子峪村是一个仅有 200多口人的小山村,村里班子软弱、工作落后,与之相邻的西崂子峪村,"两委"班子团结,经济实力雄厚。东、西崂子峪村合并组建崂子峪社区后,彻底解决了班子瘫痪、人心涣散的问题。

5. 探索了壮大村级集体实力、发展村级集体经济的有效形式

农村社区化服务体系的建立,为农村城镇化建设提供了可见、可学、可操作的载体和推动合力。合并村庄,使过去分散的资源整合到一起,有了发展的条件和资本,社区的人力资源、经济资源、信

息资源得到有效而合理的开发和配置,实现了互通共享,改变了越穷越不敢发展、穷村越来越穷的现象,有效地化解了原行政村的债务等遗留问题,有利于社会公共服务的有效配置与分配,治理了人居环境,节约了农村建设用地。三义社区建立仅两年时间,累计偿还原行政村借款100多万元,仅2008年一年,就实现项目区土地租赁收入20万元,各种财政奖励返还20万元,上级财政转移支付10万元,黄烟跨村和收取项目扶持20万元,各项新农村项目扶持资金10万元,"一事一议"社会事业建设基金10万元,其他收入5万元,累计收入近百万元,是社区建立前的两倍,从而为社区建设提供了强有力的资金支持。

6. 探索了以人为本、推进农村科学发展和谐发展的有效途径

(1)体现了以人为本。成立农村社区居委会后,一些农民担心像城市人一样的生活成本太高。为避免原村民的利益受到损失,打消村民们的顾虑,相沟乡党委、政府规定,在撤销原行政村村委会成立社区居委会后,农村社区居民的身份不同于城市居委会居民的身份,在土地政策、福利待遇、居民自治等方面的权利义务不纳入城市居民的政策范畴,仍按村民的政策进行管理,并明确农村社区居民既包括原行政村村民,也包括在本社区长期工作和生活的外来居民,扩大农村社区居民的覆盖面。

(2)确保了农村社会稳定。狠抓社区治安、环境卫生、计划生育、依法自治等各项管理工作。在平安建设方面,各社区在全县率先成立了中心警卫室和群众工作室,由专职机构、专职人员全力参与维护农村稳定工作。各社区在落实"三防"措施的同时,适应本社区特点,建立了治安巡逻队、"夕阳红"护村队和各居民区群众工作联络员,提供无缝隙的治安、人民调解、群众信访工作方面的服务,做到小矛盾不出社区,信访下移,居民的安全感大大增强。

（3）关注民生，协调发展。在社区建设过程中，各项工作始终围绕为民服务这个出发点和落脚点，处处从居民需要着想，一切为了居民，一切服务于居民，体现了新时期党的以民为本、改善民生的执政理念。在制度管理上，将原行政村制定的规章制度和村规民约废止，全部执行新社区制定的统一的各项规章制度。在水电路等基础设施建设上，打破原行政村"各自为战"的建设方式，做到一张图纸规划，一个整体建设，减少了各类建设成本，管理也更加科学。农村社区化服务体系的建立，使各项事业得到可持续协调发展，社区居民得到了更多的实惠，促进了社区的和谐稳定。

7. 探索了推进农村城镇化的发展方式

农村资源的集约化、规模化是农村再发展、再提高的必由之路。村庄合并建社区化服务体系，实现了农村各类资源的合理有效配置，把原来的村民变为现在的居民，并积极引导居民接受居民小区的统一管理，开展自我教育、自我管理活动，把居民自治活动引入小区化管理，减轻了民众和国家的负担。而更深刻的意义还在于，从根本上推动了中国农村由村民自治迈入"小区化管理"，由农村变成城镇，由农民变成市民的根本转变。当然这个转变必须是在农民的生产发展、生活水平提高、收入增加的前提下实施的。实行村庄合并的"大村庄制"或农村社区化管理，对于加速农村城镇化建设，构建社会主义新农村具有"起好步"、"开好头"的重要作用。

（四）对推进农村社区化服务体系建设的几点建议

1. 坚持政府主导的原则，以乡镇为单元稳妥扎实推进

推进农村社区服务体系建设，是对农村管理体制进行的一次革命性的变革。变革无论大小，总会触及到一部分人的根本利益，

对于整合土地、重新规范、居民自治、农村班子削减人员等一系列敏感问题的触及，都会引起这样那样的矛盾，在依法推进的前提下，允许尝试、允许有失误、允许有失误就改。推进农村社区化服务体系建设需要具有熟悉农村情况、驾驭能力强、用心服务、真心服务、贴心服务、干事创业，为民、想民、富民的领导魄力，必须发挥政府在推进农村社区化服务体系建设中的主导作用，更需要各级政府强力的政策支持。实践证明，推进农村社区化服务，必须以乡镇为单元进行，充分把握地域相近、趋同性强、产业结构类似、民缘便于融合等特点。

2. 坚持服务为先的原则，把为广大农民提供公共服务放在农村社区化服务体系建设的首位

农村社区服务体系建设，为政府公共服务向农村、向基层延伸搭建起高效平台，使农民群众和城市居民一样，能够享受到及时、便捷、优质、高效的公共服务，改变了长期以来政府在农村的公共服务被"边缘化"的局面。只有把为广大农民提供公共服务放在推进农村社区化服务体系建设的首位，真正让农民感受到社区建设给他们带来的好处，才会增强社区的亲和力和凝聚力。

3. 坚持党建为本的原则，把党的基层组织建设与经济发展紧密结合起来

社区党组织和社区居民委员会是两个重要的基层组织，二者缺一不可。社区党组织在社区各组织中发挥领导核心的作用，党的形象和先进性就体现在社区的每一位党员身上，农村社区建设必须发挥党员的先锋模范作用和党组织的战斗堡垒作用。社区居委会发挥着直接联系和组织居民开展自治活动的作用，其他社区组织在各自行业和领域发挥着牵头带动作用。社区居委会直接面对广大人民群众，是最基层的居民自治组织。健全在社区党组织

领导下的充满活力的居民自治机制,完善居委会选举制度,规范居民会议、居民代表会议制度,健全居务公开和民主管理制度,保证居民群众各项民主权利落实到位。始终把党的基层组织建设与发展经济捆在一起,培育和发展农村社区中介组织、各种行业协会、各类专业经济组织协会,引领和推动经济的发展,是推进农村社区化服务体系建设的基础。

4. 坚持选用好人才的原则,发挥班子在推进农村社区化服务体系建设的动力作用

农村社区班子是社区建设的直接组织者和实施者,社区建设水平的高低、发展的快慢、推进的深度无不与社区班子的整体素质有直接的关系。打造一个精干高效的社区班子,这是建好农村社区的重要组织基础和组织保障。坚持精干高效的原则,选好素质高、战斗力强的班子成员,特别是党组织书记、居委会主任和行业负责人,是推进农村社区化服务体系建设健康发展的根本动力。结合临沂市选聘优秀大学生担任村官的试点工作,培育选拔一批有知识、有能力、有创新精神、有实干精神的新型农村社区领导人,扩大选人用人视野,把优秀的人才选进社区领导队伍中来。

5. 坚持建立长效机制的原则,把健全长效机制作为推进农村社区化服务体系建设可持续发展的保障

一是建立健全有效投入机制。资金困难是农村社区发展的一大问题。充分发挥财政投入的主体作用,积极引导各驻区单位与社区开展共建活动,实现社区内人力、物力、财力和其他资源的优化整合。二是发挥好各类协会的作用,引导养老、托幼、物业管理、家政、就业等向产业化方向发展,使农村社区建设逐步走上良性发展的轨道。三是解决"有地方办事"的问题。在既方便群众,又不增加群众负担的前提下,挖掘闲置资源,建设不同层次的农村社区

服务中心(站点)。四是加大教育宣传的力度。农村社区是农民群众共同生产生活的家园,要强化共建共享的理念。根据山东省委近期提出的建设经济文化强省的要求,充分挖掘农村社区文化资源,经常性地开展喜闻乐见、健康向上的群众文体活动,丰富社区居民的精神文化生活。鼓励和引导各级机构、部门和社会团体帮助和支持农村社区建设,形成多方齐抓共管、社会力量和广大群众广泛参与的整体合力。

6.坚持量力而行的原则,避免在推进农村社区化服务建设中增加农民负担

推进农村社区化建设,要因地制宜,量力而行。在当前公共财政尚无力覆盖农村广大地区的情况下,村域集体经济收入直接决定着社区公共服务建设的水平。在推进农村社区化服务建设中,在解决农村社区公共服务设施建设和社会事业发展的费用方面,要尽量避免过多地转嫁到农民和农村集体身上、增加农民负担,造成新的农村债务的做法。避免属于农民的合法权益因种种原因隐含在不平等交换中而使农民收益造成损失,把切实保护广大农民的切身利益放在第一位,明确农村社区化服务的职责定位,形成责权明晰、配置合理、和谐有序、可持续发展的农村服务体系。

第十二章 城乡一体化过程中的教育均衡问题

改革开放以来,我国城乡经济取得了巨大发展,但在发展的过程中依然存在城乡经济发展不平衡的问题,城乡居民收入差距、生活差距、充分就业差距不断扩大。教育发展的不均衡是造成城乡经济发展不平衡的一个不容忽视的因素。因此,要实施城乡教育均衡发展策略,通过更新观念,摆脱"城乡二元社会经济结构"思维的束缚;深化高校招生制度改革,促进农村高中阶段教育的发展;大力发展非正规教育,积极推进农村教育结构多元化,促进城乡经济协调发展。

一、城乡教育均衡发展的理论分析

(一)城乡教育资源的界定

城乡教育资源是指分布在农村和城市地区的促进教育培训事业发展或进步的各种资源的总和。按照不同的标准,城乡教育资源可以分为不同的类型:按照资源的性质,教育资源可以划分为教育人力资源、教育资本资源、教育信息资源、教育管理资源、教育组织制度资源;按照教育资源的接受者的水平和层次,可以划分为初等教育资源、中等教育资源和高等教育资源;按照资源的区域不同,可以划分为东部发达地区的教育资源、中部发展较快地区的教育资源以及西部发展相对较慢地区的教育资源。

(二)城乡教育资源配置的内在机制

上述资源在我国现行的经济社会中究竟是如何运动的呢? 这涉及三个概念,即教育主体、教育环境、教育客体。城乡教育资源的配置实质就是教育主体适应教育环境的变化、促进教育客体知识技能水平提高的过程。

在我国,教育资源所有者主要包括中央政府、地方政府、社会组织、教育企业;教育资源所有者通过配置教育资源形成了现在我国城乡教育系统的城市教育高端封闭发展和农村教育低端封闭发展的极化现象。教育资源所有者配置教育资源的根本动力源于主体对教育实践活动产生的收益或利益,而这种利益的大小一般取决于教育环境的影响,甚至决定着教育需求和教育供给的动态发展。

教育资源优化配置的实质在于教育资源所有者根据教育环境的变化,遵循教育发展的内在规律,提高教育投资效益,实现其发展目的和目标的过程。一般地,政府、社会组织、教育企业的根本利益存在着差异,各个主体面临的环境各不相同,政府、社会组织、教育企业的目的和目标大相径庭。

在城乡教育资源的配置过程中,有三种基本机制存在并发挥着作用,即教育资源的集聚—扩散机制(市场机制),政府逆教育发展水平调控资源配置的机制,以及上述两种机制的混合机制。前者是指在市场经济体制下,在历史或现实中形成的比较优势的推动下,城市教育主体凭借良好的区位、交通、信息、通信、基础设施等优势,使城市教育资源能够比农村教育资源获得更好的经济效益,而好的经济效益使城市教育资源优势进一步增强,由此吸引更多的农村教育资源或其他具有相对比较劣势的城市教育资源流动到具有相对比较优势的区域,形成所谓的城市教育发展的集聚机制;在区域教育资源和教育比较优势以及教育需求的有限性的作用下,城市教育发展的集聚机制不能无限制地运行下去,终究在激烈的教育市场竞争促进下,伴随着教育投资边际收益的下降,而导致城市教育发展的比较优势下降,教育资源流向绩效更大的地区或新的具有教育发展比较优势的地区,这些新的地区往往就是次级城市或城市郊区,从而形成所谓的教育资源或教育发展的扩散。

政府在配置教育资源的过程中要坚持"效率优先,兼顾公平"原则。政府为了促进经济发展而在经济发达地区投入更多的教育资源,从全国来看,东部地区相对于中西部地区发展得更快,而我国绝大多数的城市集中在东部,所以东部城市相对于西部城市获得了来自国家的更多的教育资源,这可能是我国著名的大学主要集中在东部的重要原因;就区域局部而言,城市相对于农村而言经济社会发展水平更高,往往需要更多的人力资源,同时能够提供更多的就业。因此,根据效率优先的原则,区域内城市相对于农村能够获得更多的区域教育资源。

政府逆教育发展水平调控资源配置的机制是指无论是中央政府还是地方政府,在市场经济集聚—扩散机制的作用下,往往形成了教育资源的城市聚集,越聚集越多,而其他城市和农村地区的教育发展水平相对低下,这与本地区的经济社会发展的需要相背离,从而形成所谓的市场机制的失灵。

我们的分析不得不考虑我国教育资源配置的大区域经济社会

发展背景,我国东部、中部、西部不同的区域发展环境决定了不同的教育资源配置的条件和教育资源配置的需求;从而,三种资源配置机制在三大区域中的体现和发挥的作用也各不相同;进而,正是这种不同导致了我国城市教育资源的高端封闭和我国农村教育发展的低水平陷阱或低端封闭。

因此,从全国教育资源的配置看,相对于中西部地区,我国东部地区存在教育资源和教育发展水平的高端封闭;从城市和农村角度来看,我国城市教育资源和教育发展水平已经形成了高端封闭循环,尤其在我国经济社会发展的上升时期,这种态势很难转变,或者说在城市发展和城市资源的瓶颈充分展现之前,很难形成有效的教育资源和教育发展水平向农村扩散的格局;进而,农村往往成为城市教育资源的提供者,教育发展水平越来越低,陷入农村教育发展的低端循环。

二、我国城乡教育发展差距及其危害

从教育发展水平来看,城乡之间的差距是非常明显的,这主要表现在城乡教育机会和城乡教育资源配置两个方面。

(一)城乡教育机会差距

在义务教育阶段,城乡教育机会有显著差距。我国自1985年起实施九年制义务教育以来,义务教育逐步推进,取得了突出的成就。但义务教育阶段教育机会的城乡差距依然存在。就小学阶段而言,根据《2002年全国教育事业发展统计公报》公布的统计数据,当年小学在校生12156.71万人,适龄儿童入学率为98.58%,

由此我们可以计算出当年适龄儿童未入学人数为172.6万人。另外,小学阶段依然存在辍学现象。在1986—2000年的15年间,小学阶段的失学人数累计达到3791.5万人。由于城镇小学义务教育的入学率和辍学率较为稳定,这部分未入学和失学的儿童基本上是农村儿童。较之小学阶段而言,初中阶段教育机会的城乡差距更明显。一方面,我国大中城市已于1995年实现普及九年制义务教育,同年全国初中阶段毛入学率为78.4%,这表明农村地区离实现"普九"目标还有一段距离。1995年后,我国初中阶段毛入学率不断提高,但城乡入学率仍相差10个百分点以上。另一方面,农村初中阶段的辍学现象较之小学则严重得多。在1995年之前的6年间,辍学率都超过5%,后来虽有所下降,但仍然维持在3%以上,失学人数在2000年达到200万人。仅在1987—2002年间,初中阶段的失学人数即达到3067.6万人。初中阶段的辍学现象主要发生于农村。这表明义务教育阶段教育机会存在较严重的城乡差距。

到了高中阶段,教育机会的城乡差距又明显大于义务教育阶段。进入21世纪以来,我国发达城市已普及高中教育,而在一些贫困农村地区,迄今还在为普及初等教育而努力。在幅员辽阔的欠发达农村地区,高中阶段的教育实际上呈现出停滞不前甚或"回落"之状。越来越多的农村初中毕业生加入了"打工者"的行列。在每年数以千万计的涌入城市寻找工作的流动人口中,我们不难见到正值高中适龄青少年的身影。正是这类"劳动力"的流动,折射出农村地区高中教育发展的困境与艰难。有研究指出:"从初中毕业生升入高中的比例看,城市的升学率从1985年的40%提高到了1999年的55.4%,而同期农村则从22.3%下降到18.6%,两者间的倍数差距从1.8倍扩大到3倍,绝对差则从17.7

个百分点扩大到36.8个百分点。"①

(二)城乡教育资源配置差距

教育资源配置的城乡差距主要表现在城乡义务教育生均教育经费的执行状况和教师状况两个方面。

城乡义务教育生均教育经费执行包括不同层次学校生均预算内教育事业费支出和生均预算内公用经费支出两部分。从教育部颁布的历年全国城乡义务教育生均教育经费执行情况看,其间存在的城乡差距较为明显。2001年,我国普通小学的生均教育经费城乡差异明显,城镇平均是1484元,农村为798元,城镇小学平均比农村小学高出86%。初中的生均教育经费,城镇平均是1955元,农村为1014元,城镇初中平均比农村初中高出93%。显然,初中生均教育经费的城乡差异大于小学的生均教育经费的城乡差异。

城乡教师差距是指同一层次、类别的城乡学校教师队伍整体水平与素质存在的差异。这是教育资源配置城乡差距的又一重要反映。进入新世纪以来,我国对加强中小学教师队伍建设采取了多种措施,也取得了积极的成效,但城乡教师差距仍有所扩大。2001年,农村小学师生比为23:1,城市小学为19:1。就城乡教师的学历结构而言,学历不合格的教师主要集中在农村,我国一些城市地区已开始实现小学教师大专化,甚至本科化。而相当多的农村地区,小学教师合格率主要维持在中师学历水平。在一些贫困农村地区,优秀教师流失严重,代课教师的比例仍居高不下,合

---

① 厚婧:《关于我国流动人口子女教育问题探析》,《淮阴师范学院学报》(自然科学版)2010年第3期。

格教师的严重匮乏制约着农村义务教育的健康发展。

除了以上两个方面,在课程建设、教学设施等方面,城乡之间也存在着严重不平衡。我国实施的城乡二元户籍结构直接导致农民丧失了获得与城市户口相应的教育、就业、医疗等诸多方面国民待遇的公平权。如目前非常突出的民工子女入学的公平性问题就是因农民工身份不平等而引发的一个社会问题。另外,城乡之间的非义务教育严重不平衡。目前,农村的职业教育、成人教育同城市相比相差太远,根本适应不了将农民培养成为有一定能力素质的劳动者的迫切需要,而高等教育主要集中在城市,这样就直接导致了农民无法有效获得社会竞争技能,使得农民的能力素质在社会竞争中处于弱势地位。

城市和农村地区巨大的教育差异或城乡教育失衡发展,使城市教育资源的配置效率较低,形成了高端封闭;而急需要提高农村居民素质的农村地区的教育资源极度匮乏,在很多领域形成了低水平发展陷阱,即农村地区的教育形成了低端封闭。我国城市和农村教育的高端封闭和低端封闭问题,成为制约劳动力综合素质的重要因素,是我国城乡一体化发展和经济社会长期稳定的重要力量。因此,有必要对这一问题进行进一步的讨论。

(三)我国城乡教育差距的危害

教育的发展与城乡经济的发展有着密切的关系,教育发展的不均衡是造成城乡经济发展不平衡的一个不容忽视的因素。当前,均衡发展是一种新的教育发展观和科学合理的政策导向,实现城乡教育的均衡发展对城乡经济的协调发展有着重要而积极的意义。

造成城乡经济发展不协调的原因是多方面的,其中一个不容忽视的因素就是教育发展的不均衡。现代社会知识经济的两大支柱是人力资源和科技创新,而其中人力资源又是科技创新的必要条件,没有人力资源根本就谈不上技术创新。当前,大量人口滞留在经济落后的农村,由于农村教育发展水平低,使在劳动力资源中占到绝对多数的劳动者素质长期难以提高,一方面是大量劳动力过剩,另一方面是经济发展中最急需的、有一定劳动技能和知识水平的中间层次的劳动者供给不足,来自农村的劳动力在技术、技能和知识上不能适应现代制造业的需要,整个社会劳动力供给结构与需求结构不相衔接,社会劳动成本提高,经济竞争力受到影响。如何将人力资源优势转化为人力资本优势,成为当前城乡经济协调发展的关键。这就意味着承担人力资源培养的教育已成为促进城乡经济发展的"动力源",在城乡经济协调发展的过程中担负着重要的责任。要实现城乡经济的协调发展,必须以大力发展教育、培养高质量的人力资源做保证。通过城乡教育的均衡发展,为促进城乡经济的协调发展提供有力的保障。

实现城乡教育的均衡发展的核心意义,就是为全体公民提供公平、有效的教育,促进所有公民素质的全面发展,培养社会主义合格的建设者,实现城乡教育与社会经济的协调发展。

具体来说,一方面,实现城乡教育均衡发展是解决"三农"问题的有效途径。解决"三农"问题的落脚点是提高农民素质,不断增强搞好生产经营的能力和参与市场竞争的实力,而能力与实力的增强离不开让农民享受更高更好的教育。促进城乡教育均衡发展能促进全体公民的全面发展,使目前落后的农村教育得到有效改观,使农民的整体素质得到有效提高,而"三农"问题也必将因农民整体素质的提高而得到有效解决。另一方面,实现城乡教育均衡发展有助于城市经济与社会的协调发展。城市经济与社会的协调发展是以城市市民与进城务工的农民等城市发展的建设者的素质为基础的,这些都需要以城乡教育的统筹发展为基础。目前,城市教育内部结构的不平衡已导致教育不能将所有城市市民及时、有效地培养成为城市发展所需要的建设者,表现出教育与社会、经济发展的不平衡。同时,城乡之间及农村教育内部发展的不协调加剧了城市中农民工的弱势地位,诱发了农民工犯罪的发生,对城市经济社会发展构成破坏。因此,促进城乡教育均衡发展必将有利于城市经济与社会协调发展所需大量合格建设人才的培养与获得,城市农民工也将随着农村教育改善而减少犯罪,从而促进城乡经济与社会的协调发展。

三、城乡教育资源优化配置的对策分析

(一)更新观念,摆脱"城乡二元社会结构"思维的束缚

摆脱"城乡二元社会结构"思维的束缚是城乡教育均衡发展的关键。目前,加速农村教育发展是城乡教育协调发展的重点和难点,而"城乡二元社会结构"是造成我国目前农村教育落后的重要根源,城乡二元教育结构导致了目前农村教育经费的不足,城乡二元户籍结构导致了目前城乡两种不同的国民教育待遇。"城乡二元社会结构"是我国历史发展中长时间形成的,需要通过政治、经济、文化等支持系统的统筹建设,才能最终摆脱"城乡二元社会结构"思维的束缚。这就要求我们必须树立城乡公民地位公平的崭新观念,认识到目前农村落后的教育是他们为国家工业化进程作出巨大牺牲的结果,目前应是恢复农民公平教育权的时候了。

首先,坚持城乡义务教育的共同发展。无论是从教育权利平

等的角度还是从教育义务平等的角度看,国家对全体国民的义务教育都不应有双重标准。现阶段缩小城乡教育差距最需要关注的工作是促进农村地区尤其是贫困农村地区普及九年制义务教育的健康发展,同时要继续致力于扫除在农村中仍然存在的文盲现象。农村义务教育不仅应在发展步骤与速度上跟上城市的发展步伐,同时要在办学条件与教育质量上达到与城市同等的水平。为此,我们应对农村义务教育的经费政策与教师政策进行更深入的调整与变革,以达到在义务教育阶段逐步缩小教育机会的城乡差距的目的。

其次,切实保障进城务工的农民工子女公平接受义务教育的权利。农民跨区域流动已形成近亿人的规模,与此同时,农村一些儿童伴随外出就业的父母流入城镇,其规模也已达到200万—300万人,这使城市接受义务教育的群体结构发生了变化,传统的以当地常驻户籍人口儿童为对象的义务教育受到挑战。建议进一步明确和落实以流入地政府为主搞好进城务工农民工子女的义务教育。流入地政府要采取有力措施,充分发挥公办中小学的潜力,利用城市中小学入学人数下降的有利条件,尽可能多地吸纳流动学龄儿童。要降低他们的入学门槛,除学杂费以外,严禁对进城务工的农民工子女入学收取赞助费和借读费。应考虑将公办学校因接收进城务工的农民工子女而增加的费用纳入当地财政有关教育事业费的预算加以解决。

第三,统筹城乡教育资源建设,保证城乡教育均衡发展。一是统筹城乡教师队伍建设。通过加强高等师范院校对师资的培养与健全城乡之间教师交流体系,统筹推进城乡师资队伍的建设,主要是解决目前农村合格教师严重不足的问题。二是统筹城乡课程的科学设计与开发。重点加强农村教育课程的系统建设,实现与城市教育课程的协调,加大城乡课程的综合性、开放性、探究性、现代性、社会性等研究,突出教育与人的生活、情感、道德、意志、学习方式、终身学习能力等之间的联系,突出教育为社会经济发展培养合格建设者的功能。三是统筹城乡教育结构与设施建设。可以通过调整城乡学校布局和教育类型结构,大力改善农村教育设施,继续完善城市教育条件等手段进行。这样从多方面同时入手,可以实现教育资源的最优配置,增强育人功能。

(二)政府教育资源的优化配置

在我国目前的经济社会发展水平下,中央政府应采取有选择的逆区域经济和教育发展梯度战略,优化配置国家教育资源。中央政府要在宏观层面上引导教育资源向教育欠发达城市和农村地区有效流动,主要措施包括以下几个方面:

(1)中央政府通过增加或增强或完善教育发展水平评价指标,激励各级地方政府增加教育投入,优化教育投入绩效,特别是要逐步完善对省级政府的教育发展综合评价指标体系及其激励约束制度。"科教兴国"是我国的基本国策,也是世界各国发展实践的基本经验。问题在于,地方政府是由具有"个人理性"的微观主体构成的,地方政府具有理性;而教育往往需要高投入,其产出或绩效往往需要多年以后才能够展现出来;其他行业或领域的投入产出往往比教育更为直接和明显,从而地方政府对教育投资的积极性往往比对非教育领域的投资更低。因此,作为整个国家利益的代表的中央政府有着义不容辞的责任和义务,采取积极有效的措施引导、规范地方政府促进本地区教育事业的发展。比如增加一些硬性指标,包括本地区教育投资总量指标,教育投资增长率指标,初等教育、中等教育和高等教育投资比例指标等;比如实行教育发展不达标在政府工作综合评价中一票否决制,实行教育工作省长负责制,等等。

(2)中央政府通过采取积极措施引导大学生就业,将每年新增人力资源的大部分吸引到西部、中部地区的农村和城市,使这些地区获得新生的教育资源。为了增强每年新毕业的大学生到中西部地区从事教育活动的积极性,中央政府和地方政府应增强在艰苦环境下从事教育工作的教师及管理人员的补贴力度,并不断探索更为有效的补贴机制和补贴办法。首先,中央政府和地方政府及金融部门可以探索更好地促进优秀教育资源培养和发展的机制和制度,对于贫困学生和顺利完成高等教育有困难的学生,在以前提供学生贷款的基础上,开拓创新,通过完善资助机制和约束制度,引导合格的、优秀的毕业生到教育欠发达的地区就业、创业,实现人生的价值和理想,使社会上接受现代高等教育、具备现代文明的人增加到最大限度,而使没有享受到现代教育的人减少到最低限度;同时,又促进了国家教育资源的培育和宏观调控的实施。其次,对在校师范生的补助政策有必要作出调整。经过调查,25%—47%的师范生毕业后根本不从事教育教学活动,导致政府的这部分支出的绩效不高。可以通过对结果或工作绩效的补贴,而不是对过程的补贴,激励约束大学生积极学习,踊跃到政府希望的地方和行业去就业。此外,通过完善教师从业资格制度,可以使非师范类的学生通过学习培训获得从事教育的资格,从而确保政府获得所可能支配的资源的数量,也使大学生和其他人员拥有了更大的选择空间。

(3)促进地方政府教育资源的优化配置。地方政府在巩固和发展基础教育的同时,使初等教育和中等教育向县级市或部分条件好的乡镇集中,使高等教育向中等城市集聚,逐渐形成"基础教育以乡村和居民点为中心,非基础教育以城市为中心"的基本教育资源的区域布局体系。地方教育资源的培育的基本目标应定位在区域教育为本地区的经济社会发展服务,地方政府在中央政府的领导下合理规划本地区教育事业的发展目标与布局。

(三)统筹城乡国民教育经费投入,为城乡教育均衡发展提供经费保证

城乡教育经费投入的巨大差异直接导致了城乡居民在入学的条件、受教育的机会等教育起点方面的显著不公平。因此,要从经费方面入手,着手维护城乡公平的国民教育起点。

第一,增加各级财政的教育投入,提高中小学生均预算内教育经费标准。各级政府要保障财政教育经费总量的法定增长,争取财政教育经费比上年增长高于财政支出增长2—3个百分点;要明确各级政府教育投入占财政支出比例的下限,规定教育财政支出占本级财政支出的比例,各省应当不低于20%,各县市应当不低于30%,并且近5年,中央、省级、市(地区)级和县级教育财政支出占本级财政支出比例比上年增长1个百分点。国际比较表明,经合组织国家(OECD)小学和初中的生均教育经费占人均GDP的比例(生均经费指数)平均在20%和30%,我国也应当提高义务教育阶段生均预算内教育经费的标准,小学提高到占人均GDP的15%,初中提高到20%;同时提高中小学教师待遇,对于中小学教师工资与公务员收入的差距由当地财政给予补贴;研究制定中小学生均公用经费(分地区)基本标准,规定政府教育投入必须保证中小学的基本生均公用经费。

第二,缩小中小学教育经费的城乡差异,提高义务教育均衡化水平。财政教育资金要向义务教育倾斜,继续高标准、高质量地普及九年制义务教育;缩小中小学教育经费的城乡差异,以城市学生的生均预算内教育经费确定农村学生的生均预算内教育经费,保证教育财政资源的城乡分配的均衡化;拓宽财政支持范围,设立财政专项基金,关注和资助弱势群体,保证教育财政资源公平分配。通过设立财政专项基金,对于城乡贫困家庭学生及来自外地的农民工子女和城市下岗失业人员的子女,在学费、补助书本费和优秀学生奖励方面给予更多的财政资金支持,保证教育财政资源公平分配。

第三,理顺教育投入的关系,切实减轻乡镇财政负担。贯彻中央提出的"将义务教育的主要责任从以乡镇为主转移到以县为主"的关键,是进一步调整农村义务教育的管理与投入机制。建议农村中小学教师工资改由中央、地方各级政府共同负担,由县统管;逐步降低公用经费从学生交纳的杂费中开支的比例,农村中小学运转所必需的公用经费,应主要由县、乡两级政府财政安排;在贫困地区,要在免费对家庭经济困难的中小学生提供教科书的基础上,实行完全免费的义务教育。实行费改税以后,确定一定比例的税收专门用于教育。

(四)深化高校招生制度改革,促进农村高中阶段教育的发展

在现阶段,高中阶段教育属于非义务教育。为逐步缩小这一阶段的城乡差距,政府应以更多的政策支持促进农村高中阶段教育的发展,以提高农村适龄青少年接受高中教育的机会;吸引社会力量与资源在农村兴办高中阶段教育;严格控制高中学校对农村学生的收费标准,在高中阶段建立面向贫困学生的助学金与贷学金制度,等等。

要通过深化高校招生制度的改革,缩小城乡高等教育机会的

差距。一是继续改革现行的高校招生中实行分省市定额划线录取
的方法,努力实现高校自主招生,实行不分省市按报考志愿选拔录
取;二是改革现行的高校收费方式,体现本科高等教育与专科高等
教育的应有差距,这对提高农村适龄青年的入学机会起到一定的
积极作用;三是健全与完善对贫困学生的助学金、贷学金制度;四
是更加重视地方性高校的发展,促进地方性高校更好地为农村发
展服务。

(五)大力发展非正规教育,积极推进农村教育结构多元化

城乡教育差距不仅表现在正规教育领域,同时也突出地反映
在非正规教育领域。这里的非正规教育是指区别于普通学校教育
的成人教育、职业教育等各种形式的继续教育。从大力开发农村
人力资源的需要出发,我们应以更强有力的政策促进农村非正规
教育的发展,并使农村非正规教育的发展与农村经济的全面发展
和农村人口的生活水平、生命质量的改善与提高更有机地结合
起来。

我国的劳动力市场正由单纯的体力型向智力型、技能型转变。
目前,城镇每年约有1000万新增劳动力进入劳动力市场,需要就
业和再就业的人数达2400多万。同时,农村约有1.2亿—1.5亿
富余劳动力需要逐步转移出来。由于大批外出就业的农村富余劳
动力综合素质低、劳动技能差,不能适应城镇经济发展特别是第
二、三产业对劳动力素质的要求,在就业市场上正逐渐失去竞争
力。因此,必须下大力气,在认真办好农村九年义务教育的同时,
在政府统筹领导下,依靠各行各业、社会各种力量,在对农村各类
教育资源进行适当整合的基础上,开展各种类型的农村教育;鼓励
与支持各类社会教育培训机构承担职业培训任务,主动开展多领

域、多渠道、多形式的职业技术教育、成人教育与技术培训活动。有计划地实行小学后、初中后、高中后三级分流，实行学历教育与职业资格教育并重的制度，多形式、多层次、多渠道地提高农村劳动者素质，逐步建立并完善农村职业教育和成人教育的运行机制，做到"学者有其校"。对具有初中文化程度的青年劳动力，应让其通过成人教育等方式继续接受高中或中专教育，同时也可延缓就业年龄。对具有高中文化程度的劳动者，要认真抓好职业教育，使他们在具有一定文化水平的基础上，再掌握较高水平的专业技术知识和技能。其他的劳动力也要有针对性地制定农民就业培训政策，进行专业技术培训以及岗位定向培训等，力争使大多数农村劳动力特别是青壮年劳动力都能掌握1—2门实用技能。

（六）加强教育评价体系结构和人才市场建设，保证城乡教育均衡发展的实效

我国教育评价体系中存在的重结果轻过程、重知识获得轻社会生存技能培育、重经济利益轻社会效益等倾向，导致了人的片面发展与社会经济发展的不和谐，再加上受到城乡二元的教育评价体系与人才市场的制约，更加不利于农村教育的发展，也不利于城市教育中人的发展与经济社会的协调。因此，要加强城乡教育评价体系与人才市场的建设，通过建立发展性的教育评价体系，重视对教育过程、教育内容、教育方式、教育结果等多元因素的评价，引导城乡教育真正促进人的全面发展、促进城乡经济社会的协调发展；通过构建城乡一体化的人才市场，使接受教育培养的人能有效地为城乡经济协调发展服务，充分实现城乡教育的育人功能与社会经济功能。

　　通过对我国城乡教育发展水平的描述性分析,我们发现我国城乡之间存在显著的教育差异,明显地呈现出城市教育发展的高端封闭、农村教育发展的低端封闭这一格局。因此,如何解释这种现象,如何打破城市和农村教育发展的两个封闭,是推进我国城乡一体化过程中必须面对的问题。研究发现,我国城乡教育封闭发展根源于城市教育资源的相对比较优势、教育在市场经济条件下的集聚—扩散机制,以及政府以效率为基础的城市优先发展战略。在此基础上,本书从六个方面进行了有针对性地对策分析,建议政府实施逆教育发展梯度配置教育资源的宏观调控政策,充分发挥地方政府、社会组织、专业教育机构的积极性和主动性,实现我国城乡教育事业的一体化发展。

第十三章　行政体制改革与
城乡一体化研究

改革开放以来,为保障和促进社会主义现代化建设事业发展,我国的行政管理体制改革不断推进。党的十七届二中全会提出,到 2020 年建立起比较完善的中国特色社会主义行政管理体制的总体目标。那么,城乡经济社会一体化和我国行政体制改革之间有什么关系? 在世界各国推进政治、经济和社会发展的过程中形成了哪些对我们有益的经验和建议? 在已有的工作推进中我们取得了哪些成果和教训? 中国行政体制改革的动力和方向是什么? 本章主要就这些问题进行探讨。

一、我国现行行政体制对城乡
一体化的制约分析

(一)五级政权体制对城乡经济社会一体化的束缚

世界上大多数国家一般是三级政权体制,但中国目前实行的是五级政权体制。中国历史上行政格局曾出现过三级、四级、五级的形式,各种政权体制的存在都有其历史合理性,推动了社会经济的发展。但随着经济社会的发展,以"市管县"为主要特征的中国五级政权体制在实践过程中遭遇了各种各样的问题,越来越不能适应城乡经济社会一体化变革的要求,并产生了一系列不良后果。

1. 行政层级多,行政成本高

五级行政体制层级过多,行政运行成本高,学术界对此诟病较多。周天勇教授认为,市管县体制增加了行政机构,扩编了行政人员,现在实行市管县的地方,只有小部分是地市合并的产物,大部分则是地改市的结果。地市合并可以减少一套行政机构,而地改市却要增设机构、扩大编制。一个地区改为市,马上五套班子就出来了。有一级政府的设置,相应就有一级权力机构、审判机关、检察机关等各类机关、事业单位的对口设置,形成一支庞大的“吃皇粮大军”,运行成本巨大。张占斌教授和全国政协委员赵秀云则以一个中等地级市为例,计算全国地级市的财政支出数据。一般地厅级干部20人,县处级干部200人,科级干部1000人,财政供养的公务员和事业单位人员一般在1万人以上,每年仅工资方面就要财政支出2亿元左右,再加上后勤、办公经费等,一年一个市本级的财政支出要在5亿元左右,而全国共有260多个地级市,匡算下来,每年全国单地级市本级的财政支出就要在1300亿元以上。中国是世界上行政成本最高的国家之一,高出世界平均水平25%。

由于政权层次增多,办事时间延长,使得一些经济活动失去最佳的机遇期,整个国家投资、贸易、技术开发等的机会成本大大上升。行政层级设置多,国家公务员和其他人员编制就会增加,必然增加行政管理等费用,从而大大提高行政成本,这与“精简机构”、“降低执政成本”等原则也是背道而驰的。

2. 行政层级多,行政效率低

五级政权体制,使政权运作的效率越来越低。虽然五级政权运作投入的成本相当高昂,但是其提供的服务与投入相比却不成比例,并且致使办事层次增加、办事环节成倍增多,办事的时间成本也加大。特别是我国庞大而复杂的审批体系,更使得运作效率无比低下。同时分层政权之间有很多的摩擦,需要协调,形成消耗性摩擦,并要支付协调成本,降低了行政效率。一个层次有 N 个机构,就要多开一个层次的 N 个会议,上传下达;本来有三个层次的 N 个机构相互协调相应地变成五个层次的 N 个机构相互协调。在各层次中的各机构之间存在许多意见上的不一致,存在利益上的矛盾,存在管辖权力上的冲突,都需要通过开会、协商,甚至以社会和经济发展的代价来支付其成本。按照信息学原理,信息流经的环节越多,信息流动的速度越慢,原始信息在流动中大量地漏损和消失,并且信息内容被放大、或者缩小、或者被篡改。[①] 五级政权体制使信息传递环节增多,传递速度变慢,传递内容变味,影响行政效率,也影响民众对政府的评价。

3. 阻碍县域及农村经济的发展

截留:国家行政学院汪玉凯教授认为,现行"市管县"模式增加了行政管理层次,不仅行政成本高、管理效率低下,而且不利于发挥县一级政府在经济发展和社会管理中的主体职能(2008 年 8 月 28 日《半月谈》)。市是一级政权,市把整个县管起来了,省的各种政令只能下到市,通过市再到县,县再到乡镇。由于多增加了市一级政权,市一级为了维护自己的利益,就可能把大量的权力和利益截留下来,包括经济上等各个方面的,很多资源就到不了下面,这就阻碍了城乡资源的合理流动和优化配置,城乡差距越来越大。

---

① 参见周天勇:《突破发展的体制性障碍》,广东经济出版社 2004 年版,第 135—140 页。

抽水:地级市还不断地通过行政权力向县级单位抽取资金。国家社科基金管理项目《扩权强县与市管县体制改革研究》的承担者、江苏"省管县"改革课题组的牵头人孙学玉向媒体透露,据他对中国统计年鉴和中国乡镇年鉴的整理统计显示,"国家对县乡财政的转移支付"与"县乡上缴财政收入"之间的差额已从1980年的"160亿"变为1999年的"－1600亿",始于20世纪80年代的"市管县"体制与此有着直接的关系,其弊端之一就是"上级对县转移支付的截留和市对县财政收入的抽头"。进入20世纪90年代,由于城市改革和城镇化提速,一些国有企业出现较大的困难,部分市级政府的财政压力加大。许多市把更多的精力用在了城市化建设和国有企业改制、脱困等工作上。由于地级市自身实力不够强大,伴随着财政吃紧,不仅无法拉动县域经济,反而出现了越来越多的从县里抽水的现象(邱炯绘)。

辐射拉动作用弱:市在管理县的时候,往往是通过行政命令,使行政区域和经济区域达到一致,以经济比较发达的城市辐射和带动周围农村乡、镇经济的发展,逐步实现城乡一体化。但在现实中,市所辖的行政区域却往往与经济区域不相一致。而根据行政学的有关原理,一个下级只能服从于一个直接的上级,以避免多头领导和政出多门。因此,在行政体制上,不允许两个同级的地方政府共管一个县;但从经济发展的需要上看,有些县的确需要多个中心城市的带动和辐射,甚至需要外省的市来带动。市管县强化了一个市对所带县的垄断地位,但却限制甚至排斥了其他市对该县的带动作用。再者,对于判断哪一个市才是带某县的最佳选择,我们也缺乏有针对性的科学而具体的标准。①

---

①　参见颜杰坤、邓继泽:《"省管县"政策分析》,《重庆行政》2008年第2期。

县级政权是中国各级政权的基础,是连接上级政权与基层民众的枢纽,它向全国 70% 以上的人口提供着绝大部分的地方公共服务。县级行政管理层次,是宏观管理和微观管理的结合部,它的积极性发挥得如何,无论对于全省、全国的政治、经济形势,还是对于当地经济、社会发展来说,都具有举足轻重的作用。市管县行政体制的一个致命弊端,就是非常不利于发挥县级行政管理单位的主动性和积极性。许多地方比较普遍存在的情况是,县级行政管理单位消极被动,软弱无力,缺乏独立精神和创新能力。①

4. 造成行政体系混乱,城市建设重复

中国行政区划在"市"上没法区分大小,省地县三级都叫"市",为了说明其行政级别的高低,往往还要在前面再加上级别,说明是省级市、副省级市、地级市还是县级市,无形中又多了一道麻烦,更糟糕的是,虽然名称叫"市",但"市"里又包含了许多根本不是市的农村,非市区远远大于市区,名不符实。地级市包含太多的县,县级市又包含太多乡,表面上似乎城乡界限不分,市民与农民不分,但实际上,以户口划分的城乡二元鸿沟,并没有因此消失。② 许多的县级市由于受到行政级别的限制,虽然在经济总量和城建规模上完全可以超越地级市,但就是不能升级,不能升级就不能享受相应的行政待遇,使得其下辖的乡镇也只能永远是镇。除非中央批准重新进行行政区划,或者再发明"镇级市"、"乡级市",甚至"村级市"这样的怪名词。这种僵硬而奇特的观念约束,

---

① 参见胡顺延、周明祖:《中国城镇化发展战略》,中共中央党校出版社 2002年版,第 198—218 页。

② 参见胡顺延、周明祖:《中国城镇化发展战略》,中共中央党校出版社 2002年版,第 198—218 页。

以及行政区划上的逻辑混乱,影响了城市统计的数据,成为今天中国城市化发展的一个严重障碍。

为了获得政策优惠,地级行政单位大量增加,在经济比较发达的长江三角洲、珠江三角洲、环渤海地区等地区,由于地级以上城市过于密集,再加上各自为政,各搞一套,致使这些地区在民用机场、高速公路、高速铁路、深水港口等重大基础设施建设上互相攀比,搞了许多重复建设、无效建设,结果是谁都没有进一步发展的空间,谁都难以充分发挥聚集效益和辐射作用,从而造成极大的混乱和浪费。①

五级政权在实践运行中产生了如此多的问题,其根本原因是不适应经济体制变革的要求。为什么实践的结果与良好的初衷背道而驰? 市领导县作为计划经济时代设计的、城乡合一的行政管理体制,试图通过行政手段强行将市县捆绑在一起,进而实现城市对农村的领导和带动,恰恰与市场经济平等竞争、自由联合、互利共赢的宗旨相背离。"市管县体制"实行到今天,虽十分重视城市的发展,但城市发展并不尽如人意。"市管县体制"忽视了农村、农民利益和农业发展的现象,拉大了城乡差距。要想实现城乡经济社会一体化,五级政权体制亟待变革。

(二)政府职能定位不合理对城乡经济社会一体化的影响

从新中国成立到1978年,我国一直实行计划经济体制,其主要特征是政府用行政力量来配置资源和控制经济活动,从而导致从中央到地方各级政府经济和社会管理权限的高度集权化,即所

---

① 参见胡顺延、周明祖:《中国城镇化发展战略》,中共中央党校出版社2002年版,第213页。

谓的"全能政府"、"全责政府"。1978 年以后,我国开始向市场经济体制过渡。1992 年召开的党的十四大,明确提出了经济体制改革的目标是建立社会主义市场经济体制,实行政企分开,精简政府机构,逐步放松政府对经济的直接控制,释放经济发展的活力。1997 年召开的党的十五大、2002 年召开的党的十六大,又相继对行政管理体制改革提出新的要求。但由于长期以来思想观念的束缚和经济发展阶段的现实情况,政府管理职能并未得到根本的转变。一些地方政府仍在市场体系中扮演着主要投资主体、经营决策主体以及收益主体的多重角色,其弊端比较突出地反映在经济管理上的"越位"和"缺位"并存的现象。越位,主要是对本应由市场配置、公平竞争、优胜劣汰的经济活动强行插手干预,过多地用行政手段参与经济事务。目前有的地方政府仍以"全能者"的身份出现在市场经济中,涉足了市场、企业、社会的职责管理范围,管了许多不该由政府管,而且管不了、也管不好的事情。缺位,主要是应该由政府承担的责任,由政府完成的事情,政府却没有负起责任,没有履行好职能。比如在建立和完善社会信用秩序,给失业者、各类退休人员、失去劳动能力的人、贫困者提供最低收入保障,提供充足的公共物品的服务等方面,政府的工作不到位。目前,有的地方将一些关系国计民生的自然垄断行业、公共福利设施全部推向市场,实质上就是一种推卸政府责任的行为。

造成政府职能定位偏差的原因是多方面的,主要影响因素有:

第一,事权、财权相互脱节的体制对乡镇政府职能的影响。现阶段,我国政府层级之间的事权、财权分配不够合理、缺乏规范。一个突出的问题是各级政府事权层层下放,财权层层向上集中,导致乡镇事权与财权严重不对称,这种状况严重制约基层政府职能的全面履行,造成政府职能缺位和不到位的现象。

第二,压力型体制对政府职能的影响。现行行政管理体制是一种压力层层传递的运行模式,处于"压力型体制"下的基层政府,一方面,必须限期完成上级党委、政府下达的各项任务和指标,面临着一票否决、考核检查、评比排名的压力;另一方面,基层政府又将这些任务和指标,加码后分解给下属各部门和事业单位,责令其限期完成,并根据完成情况给予政治或经济方面的奖惩。

第三,不完整的政府职能对发挥政府效能的影响,主要表现是"经济调节、市场监管、社会管理、公共服务"不能得到有效的发挥。

政府经济管理的"越位"和"缺位",一方面影响了市场机制作用的正常发挥,另一方面也弱化了政府职能作用的发挥。

二、改革行政体制,促进城乡经济社会一体化发展

(一)构建符合城乡经济社会一体化的行政体制框架

1.外国政府行政格局借鉴

欧美等西方国家的行政区划包括省(州)和县(郡)两个级别,相当于中国的省和县。许多都是县管市体制,所有城市(个别直辖市除外),无论大小,坐落在哪个县,就归那个县管辖。当然,所谓管辖,它们的中央和地方各级政府之间,在立法、司法、财政税收等方面,一般都有明确的权责划分,不会因为建市和扩市而影响到利益分割问题。一个县往往可以管辖几个甚至几十个市,县内的任何村镇,只要人口增长到法定规模,当地居民就可以通过地方议会自行表决,自动升格为市;为了经济融合,几个小市镇也可以合

并成大市；相反，如果某个城市扩大到大而不当，居民们感到影响了他们的生活质量，也可以通过辩论和表决，再分裂成若干易于管理的较小城镇。总之，并大也好，分小也好，一般仅需报上级备案，不需要高层行政部门的审批，更不需要改变原来省（州）县（郡）的行政区划。如果深究西方国家城市化何以后来居上，远比我们发达，其中的原因可能多种多样，但人口自由迁徙、自由择业、城市体制灵活多样，以及行政区划的长期相对稳定，等等，肯定是极为关键的因素。① 如德国宪法规定了德国包括联邦、联邦州、地方政府（市县、社区）三级政府构架，各级政府由所辖区域通过选举产生，实行地方自治，国家通过法律规定各级政府的工作任务与范围，各级政府在各自的法律框架内独立工作。② 美国从中央到地方实行三级政府管理，即联邦政府、州政府和地方政府（县、市、镇政府），并通过法律的形式明确了地方政府的责任和权利，赋予了地方政府充分的自主权和决策权。联邦法律规定了联邦政府的权力（如外交、国防、电信、铁路、金融、币制等）。州法律规定了州政府的权力（如资源开发、环境保护、公共福利、财政税收等）。美国联邦法律和各州法律明确规定了小城市与州、联邦之间的关系是一种权力分配关系和法律监督关系，而不是上下级之间领导与被领导的关系。③ 日本的行政区划是都—道—府—县，共有 1 都、1 道、2 府、43 县，即 1 都是东京都（日本的政治、经济和文化等的中心），1

---

① 参见陈爱民：《中国城市化：田野研究与省例分析》，经济科学出版社 2003 年版，第 100—103 页。

② 参见傅阳：《从德国城乡建设的经验看江苏省城市化战略的实施》，《东南大学学报》（自然科学版）2005 年第 7 期。

③ 参见张小冲、张学军：《经济体制改革前沿问题：国际比较与借鉴》，人民出版社 2003 年版，第 618 页。

道是北海道,2 府是京都府和大阪府(是关西地区的主要地方,是关西的历史和经济的中心地带),43 县(相当于中国的省,当然面积要小得多)。除了北海道,都府县以下分成两个系统,一个是城市系统,有市—町(街)—丁目(段)—番地(号),一个是农村系统,有郡(地区)—町(镇)—村,因此,日本是县大市小。

2. 国内改革的一些试点

20 世纪末,浙江省出现了县域经济实力超过市的现象,1992年,该省对 13 个经济发展较快的县(市)进行扩权,给予县级地方政府更多的发展空间。浙江省持续 10 多年的改革示范效应,带动了其他地区此项改革的进展。从 2002 年起,湖北、河南、广东、江西、河北、辽宁等省也先后开始了"扩权强县"的改革。2007 年 5月,安徽省政府宣布无为县等 12 个县实行扩大经济社会管理权限试点,标志着"省管县"改革在全国范围内正式开始。2008 年 7 月8 日,中共海南省委会议通过一项决议,177 项行政管理权被下放到该省各个市、县,"省管县"的改革试验再次被推向前台。目前,全国有河北、山西、辽宁、吉林、黑龙江、江苏、浙江、安徽、福建、江西、山东、河南、海南等省份,加上北京、上海、天津、重庆四个直辖市,共有 20 多个地区实行了"省管县"试点,覆盖面超过了全国非民族自治区域的 2/3。试点数量是巨大的,但在质量上还主要集中在财政体制上的"省管县"。

从浙江省的改革试点开始,经济学家便注意到了浙江省民营经济和草根经济的作用,"省管县"由此走入学者讨论范围之内,并逐渐走入国家政策层面。2005 年 6 月,温家宝总理在全国农村税费改革工作会议上指出:"具备条件的地方,可以推进'省直管县'的试点。"2005 年 10 月 11 日,中国共产党第十六届中央委员会第五次全体会议通过《中共中央关于制定十一五规划的建议》,

提出"理顺省级以下财政管理体制,有条件的地方可实行省级直接对县的管理体制"。不仅对推进财政体制上的"省管县"进行了肯定,而且还提出"逐步减少行政层级",表明中国开始从行政架构上寻找改革的突破口。2007年召开的党的十七大提出:精简和规范各类议事协调机构及其办事机构,减少行政层次,降低行政成本,着力解决机构重叠、职责交叉、政出多门等问题,实际上都是对这些年来一些地方政府进行相关改革的积极回应和肯定。

3.改革五级政权体制的具体措施

(1)调整行政区划。在民主政治推进的过程中,省级行政区域太大,其经济总量、人口规模等因素过强,会对中央政权形成一定的制衡。并且,省级政府以下再设地、县、乡,政令畅通也会受到层级的影响。因此需要通过行政区划改革来划小省级行政区域的范围。① 目前中国面积在30万平方公里以上的省有8个,人口在5000万以上的省有9个,相当于世界其他地区中等国家的规模,因而有必要削减某些省的规模,增加省份的数量。

行政区划调整是重大的行政体制改革,牵涉面比较广泛,也是一项比较精细的工作,民政部门一直在做这方面的调研,这是一个非常大的改革举措。借鉴中国历史和国外区划的经验,我们不可能有一步到位的非常明确的改革方案,但可以提出改革的主要思路和方向:在考虑政府管理能力和管理半径的基础上,省级区划需要作出调整,划小省域,扩大省数。

从美国等国的经验来看,中央以下的省级单位数量可以控制在50—60个之间,省以下的县级单位应该控制在100个以内。如

---

① 参见周天勇、王长江、王安岭:《攻坚十七大后中国政治体制改革研究报告》,新疆生产建设兵团出版社2007年版,第182页。

果中国将省级单位的数量扩大一倍,那么每个省内县的平均数量就只有 50 个左右,显然处于省级政府有效管辖的能力范围之内。总的来说,中国人口压力大,从乡镇直到省的建制不可能有太大的变动空间,但是如果适当调整省和省内县级单位的数量,维持现有市、县和乡镇总数基本不变,那么实现宪法规定的四级政府模式,不仅能优化中国的地方政府结构并提高地方治理效率,而且也将促进区域平等和城乡一体化进程。① 省份的数量应在 40—50 个左右,太多了根本管不过来,会有不少问题。

从目前各省区所辖人口和地域来看,我国内地 32 个省级单位中仅有海南省、宁夏回族自治区和 4 个直辖市下辖的市县数在 40 个左右。据此,全国人大研究室特约研究员、国家行政学院教授杜钢建认为,中国目前行政区划存在的核心问题就是省级行政区划过大,形成了地方坐大、中央指挥不灵的弊端。省管县是对地方权力的再分配,其目的是要取消地级市对县的领导和管理权,逐步形成省和县(市)两级政府管理模式。这直接涉及省级政府的管理幅度问题,也必然触及现行省级行政区划的问题。在未改革现行省级行政区划的情况下推行省管县,将使省级行政区划过大这个问题变得更加严峻。省管县后,由于直接管理的县(市)数量增多,省级政府的管理幅度将进一步变宽,管理难度将进一步加大,管理成本也将明显上升。因此,必须通过行政区划调整来对省级政府的管理幅度加以合理化,并在此基础上建构省管县的公共行政体制。目前,国内关于缩小省级政府管理幅度的行政区划调整方案,主要内容是通过增设直辖市、分省等措施直接增加省级行政区划数量,缩小现有省级行政区划规模,取消中间管理机构,让省

---

① 参见张千帆:《"省管县"的好处和难处》,《南方都市报》2008 年 8 月 3 日。

直接管理适度数量的县市（一般认为，省直接管理的县市数量以40个左右为宜）。① 从国内外的经验和管理需要出发，全国省级建置可以设至50—60个。划小省（区）的办法有三，一是将一个省一分为二，二是从几个省中划出一块单独设一个省，三是以一个特大城市为中心增设几个重庆模式的直辖市。第三种办法是比较好的办法，增加机构少，震动小，比较容易为地方接受。另外还可以扩大现有直辖市的行政区域，如北京、天津可以与河北省一起统筹规划，上海可以与江苏、浙江两省一起考虑。

在划小省区的同时，对规模过小的县也可以合并。如河北、山西等省县的规模就偏小，有的县只管三五个乡镇，二十几万人，有的只有十几万人，面积只有二三百平方公里。这样的县无论是从精简机构、减轻人民负担的要求出发，还是从经济发展和行政管理的需要来看，都应该进行合并。一些规模过小的县被合并后，县的总数就减少了，这样就更有利于省直接管县体制的推行。特别是近年来随着乡镇的撤并和乡镇数量的减少，在此基础上撤并一些小县的条件更加成熟了。

根据人口、面积、经济发展状况、民族分布、自然地形、历史传统等综合因素，将现有的31个省、自治区、直辖市（香港、澳门、台湾各自作为省级行政区不变）相对均衡地调整为50个左右的省级行政区。撤销地区、盟和自治州，自治州所辖的县改为相应的自治县，取消市领导县体制，由省级政府直接管辖县级政府，平均每个省级行政区管辖40个县级行政区。按上述改革设想，中国行政区划体系简化为省——县——乡三级，与城乡社区构成三级政府、

---

　　① 参见贺先志、王仕军：《试析当前我国省管县制改革的动力、局限和途径》，《岭南学刊》2008年第2期。

四级网络的行政区——社区管理新模式。随着民主化进程的推进,政府职能的不断转变,社会主义市场经济体制的进一步完善,交通、通信特别是计算机网络的日益发展,条件成熟时可将乡(民族乡、镇)政府改为公所,作为县级政府的派出机关。

需要注意的是,中国选择的城市化道路是要"坚持大中小城市和小城镇协调发展"。但大中小城市和小城镇到底要如何发展,这两者之间到底如何权衡,势必涉及城市规划到底如何进行,中国到底想要一个什么样的城市和乡村等问题。这其实都和我们即将要进行的行政区划密切相关。行政区划可以在一定程度上决定城乡的发展蓝图。

区划改革一定要有预见性和长远性。"摸着石头过河"是小平同志的高见。晋江人对此改进为:"摸别人的石头、过自己的河"。樊纲教授更加风趣:"让别人在前面摸石头,我们更快地过河"。经过改革开放30年的探索,我们已经积累了许多的建设经验,发达国家在行政区划方面也提供了许多优秀的案例。我们要发挥落后国家的后发优势,缩短探索的时间是一个方面,更重要的是更加高屋建瓴地进行科学的规划,并且用制度和法律的形式规范起来,不要朝令夕改,不要人治。大家都知道荷兰的城镇建设十分科学,布局合理。殊不知荷兰的城镇建设规划都比较长远,并以立法的形式固定下来,基本框架长期稳定,有的几十年、甚至上百年不作变动。和林木市是荷兰17世纪古老的中心,城市规划已有几百年的历史,城市下水道在1770年就建好了,到现在还能达到雨停水干的排水效果。① 这都是区划的预见性和长远性的结果。

---

① 参见张小冲、张学军:《经济体制改革前沿问题:国际比较与借鉴》,人民出版社2003年版,第634页。

中国的改革具备探索性和渐进性,但是有时候决策缺乏长远性,甚至出现朝令夕改的现象。比如城市里的道路挖开又合上,合上又挖开;比如行政区划时的合并与分离;比如机构改革的精简再膨胀;等等。对于省级区划调整这样重大的行政区划变更,中央一定要慎之又慎,眼光高一点,考虑问题长远一点,即在制订计划时要把动态发展中的经济规模、农民进城、城市建设、生态保护等多种因素通盘考虑,协调发展,使其能经受时间的考验。同时必须超越自身的能力和知识的限制,大胆学习和吸收别人的经验。① 最好能够以法律和制度的形式确定下来,必须是动态的稳定,方向一定要明确。

(2)实行省管县、市。逐步进行行政区划改革,一些省级行政区可以保留原有体制,在各方面条件逐渐成熟之后再过渡到省管县,而不是全部一步到位。但东部的一些省域面积不是太大,可以先推行,而且相对来说其推行过程不会遇到太大困难。改革本身需要有一个过程。东部地区有条件的可以先走一步。省管县这一方式,在省域面积比较小的地方更为适用。

中央党校教授周天勇认为,省管县改革,总体上可分三步进行:第一步是目前各省的改革试点,即省主要对试点县的财政进行直管,并适当下放经济管理权,但仍维持市对县的行政领导地位。第二步是市和县分治,相互不再是上下级关系,各自均由省直管,重新定位市和县的功能,市的职能要有增有减,县的职能要合理扩充。第三步是市的改革,合理扩大市辖区,调整精简机构和人员。总的方向应当是撤销传统意义上的管县的地级市,保留级别只负

---

① 参见陈爱民:《中国城市化:田野研究与省例分析》,经济科学出版社2003年版,第9、189、210、211页。

责管理城市本身,而由省直管县。① 周晓光建议:由省直管县(市)后,不要撤并市一级的级别,以保持这一级行政区的稳定。同时,省管的各市县,除直辖市外,可按地域面积、人口、经济规模等几个指标,分为大城市、中等市、县和县(市),并制定政府机构的编制和权限标准,以利实行。此外,对于一些多余的行政人员,可向人民团体、行业协会等社会中介服务机构和企事业单位分流,也可在一省范围内余缺调剂。

在改革推进中,发展县域经济是党的十六大提出的今后国家改革建设非常重要的战略布局。解决"三农问题",县级政府责任重大。省级政府应把大量的行政审批权限下放到县级行政单位,使得大量的具体事务由县级行政单位解决,减小省与县发生关系的工作量,这是目前县级行政单位在经济发展过程中需要尽快解决的问题。这样可以使县级行政单位功能不断完善,成为真正的一级权力主体,其发展经济和社会治理的主动性、积极性将会大幅度提高。目前省直管县改革中存在的问题表面是扩权县(市)与省里、市里对接不好,沟通不畅,对扩权政策不熟知,用得不足、不活,但实际上是缺乏相关实施细则,一些应该下放到县(市)的管理审批权限没有下放,仍需到市里办理,扩权政策执行不彻底。这就需要中央、省级政府出台一些文件,以保证强县扩权的推进力度。

实行"省管县"体制,应注意调动地级市和县(市)两个积极性。推行"省管县"财政体制,实质上削弱了地级市的财政管理权,会在某种程度上影响到地级市的工作积极性;而对于那些经济

---

① 参见周天勇:《攻坚十七大后中国政治体制改革研究报告》,新疆生产建设兵团出版社2007年版,第185页。

规模大、财政实力强的地级市,则有可能减少对所辖县(市)的支持和扶助力度,影响县域经济的发展。因此,在推行"省管县"财政体制过程中,特别是在财政体制与行政体制的矛盾未得到有效解决之前,应注重调动和发挥地级市和县及县级市两个积极性,既不影响中心城市与地级市的发展、建设,又使县域经济和农村经济社会发展迈上一个新台阶。浙江省的经验证明,在县域经济和农村地区得到较快发展的同时,还通过一系列合理、有效的制度设计和配套措施,充分调动地级市挖掘财政潜力、发展经济、培植财源的积极性。实践证明,浙江省通过"两保两挂"和"两保一挂"等政策措施,有效地促进了地级市的财政增收,使地级市财政在"省管县"体制下也获得较快增长,较好地解决了调动市、县两个积极性的问题。①

(3)改革县管乡。在条件成熟后,改乡镇政府为县级单位的派出机构,合理确定乡镇行政机构的管理幅度。目前,镇乡财政风险日益显现,政府的形象和公信力受损严重。国家大范围、大幅度减免农业税,也使乡财政收入减少,如果不采取改革措施,乡镇为保运转,就可能转嫁压力,继续违规克扣农民,农民负担问题也难根治。为改变这种状况,需要明确乡镇一级政府在今后改革中的定位,可考虑把乡镇一级政府改成为政府的派出机构,财政由县政府掌控和统筹,这样也可防止新的"三农"政策落实出现反弹。要从服务于强县扩权和省直管县的高度出发,在广泛调查研究的基础上,切实做好撤小乡并大乡工作。

---

① 参见负杰:《浙江"省管县"财政体制及其对我国行政体制改革的启示》,《江苏行政学院学报》2008年第1期。

(二)提高行政效率,降低行政成本

行政成本是政府为了获得某种收益而必须为之付出的代价,即政府为了实现对社会的公共管理和为公众提供公共服务,所耗费的各种资源,以及由此所引发出的现今和未来一段时间的间接性损失。长期以来,我国政府行政成本居高不下,成为国人议论最多的问题之一。主要原因可以归结为:

(1)政府职能转变不到位,财政供给范围过宽,加大了政府运行成本。经过 10 多年市场化改革,我国政府职能已经发生了很大转变,但政府职能转变不到位,"缺位"和"越位"的问题仍然十分突出。一般而言,按照市场经济理论,凡是市场不能提供有效竞争的领域,才是需要政府干预的领域。政府干预的目的,不是参与市场竞争,而是维持公平竞争的市场秩序和环境。但是,由于我国的经济体制改革都是由政府自上而下推动的,政府所承担的职能越来越大,体现在政府机构设置上,就是旧的机构没有撤销,新的机构不断增设,新的行政管理支出又不断扩大,导致了政府行政成本的不断增加。

(2)行政区划和行政管理层级的设置不科学,加剧了政府行政成本扩张。从行政区划看,主要存在两个问题:一是机构升格,相应按级别配置的住房、用车、工资、办公设备都要到位,行政管理费成倍上升。二是规模和范围过大的地(市)、县(市)、乡镇与规模过小的地(市)、县(市)、乡镇,都会导致行政成本的扩张和浪费。从行政管理层级看,目前我国行政管理层次分中央、省、市、县、乡五级。政府层级过多,给政府行政管理带来了很多负面影响,因为多一级政府,就要增设一系列职能部门,增配一定数量的公务员,由此就要直接增加政府行政成本。

不仅如此,我国政府还长期存在行政效率低下的问题。企业

以逐利为其最终的目的，为了获得利润最大化，必然要考虑成本费用问题，但是政府的官员则不同，他们的收益不是与他们的工作效率正相关，而是与政府的预算正相关。降低成本虽然对于人民大众有益，但对于政府官僚个人来说却没有任何收益。[1] 对于转型中的中国政府来说，站在市场经济的立场上来看问题，中国政府既存在规模过度膨胀、效率过低的问题，又存在政府能力与市场经济体制对其能力要求不相符合的问题。因此，对于转型中的中国政府来说，政府改革同时涉及以下两个方面的内容：一是根据市场经济对政府的要求，提高政府的行政能力；二是针对计划经济留下的政府规模过于膨胀的问题，精简政府机构，提高政府的工作效率。

提高政府运作效率的途径：一是用企业精神改革政府部门。尽管政府和企业两者之间有本质上的差别，在激励方式上也明显不同，政府不能像企业那样运作并不意味着政府就不能具有企业精神。美国著名的管理学家彼得·德鲁克早就指出，成功的组织总是把高层管理与具体运作分开的，因为这样就可使高层管理者集中精力进行决策和指导，这就要求政府把作为掌舵的决策和作为划桨的服务加以分开，以便使政府决策能力和服务效率都得到提高。二是树立政府支出是一种投资的观点，要充分估计投资的回报状况，决定何时进行投资，怎样投资能够带来最大效益，让纳税人的钱用到实处，从政策层面建立激励的体制来鼓励政府官员的企业家行为，节约成本，提供更好的公共产品，成为精明的管理者或者企业家。

因此，必须在政府机构中引入竞争机制，用市场的力量来改进

---

①   参见孙荣、许洁:《政府经济学》，复旦大学出版社2002年版，第148页。

政府的工作效率,低成本、高效率是政府体制改革的主要目标
之一。

(三)转变政府职能,为城乡经济社会一体化服务

在行政管理体制中,职能、结构、功能是有机结合的重要组成
要素和方面,其中职能是逻辑起点,职能决定组织、结构和机制,最
终体现为效能。政府职能是行政管理的基本问题,是政府一切活
动的逻辑与现实起点,政府权力来自法定的政府职能,政府所有其
他要素都是由职能派生出来的。因此,职能定位正确与否,是政府
能不能正确行使权力、发挥相应作用的关键。强化政府的宏观调
控职能,弱化管理职能,分化部分职能,转化社会管理职能,真正实
现有所为有所不为。

对于一个发展中国家来说,要有领导有秩序地实现现代化,就
必须有一个具有高度权威的中央政府,强化控制财政的能力,加强
宏观调控的能力,并在收入公平分配、社会保障、提供公共产品等
方面发挥重要作用,这是现代社会发展规律的反映,也是当今世界
政治发展经验的总结。当然,强调中央政府的权威,绝不是强调中
央集权、专制,也不是削弱地方政府的权力。

把市场因素和企业家精神引入政府管理中,按照市场经济规
律的内在要求,确定我国政府职能、机构设置、运行机制和管理手
段。要树立政府管理是一种服务的意识,把管理变为服务,逐步实
现从控制型政府向服务型政府管理模式的转变、从"全能政府"向
"有限政府"的转变、从"审批政府"向"填表政府"的转变。① 加强

---

① 参见陈秀山、胡铁成:《WTO 与地方政府职能转变》,经济科学出版社
2002 年版,第 211—215 页。

制度创新职能,在有效地开发政府新的职能的基础上建立新的政府管理体制与决策机制,保障政府职能的彻底转变。

转变政府职能要着力处理好五个关系:一是要处理好经济发展与社会事业发展的关系,高度关注社会事业尤其是那些促进经济运行质量提高的社会事业和解决民生问题的公共事业的发展,努力增加公共产品数量,不断提高公共服务水平,并形成全方位公共服务体系,调整政府工作绩效评估标准,强化行政问责制;二是要处理好"管理"和"服务"的关系,服务型政府的本质是政府在履行自身职能时坚持以人为本,充分体现"社会本位、民众本位"精神,在制定政策、实施管理、提供服务中,都应从公共性角度来考虑;三是要处理好改革体制与创新机制的关系,规范行政审批制度,创新管理制度和方式,继续清理行政许可项目和非行政许可项目,该取消的应当坚决取消,能下放的要尽快下放,减少"多头审批"和审批环节,提高审批效率;四是要处理好政府职能与其他社会主体职能之间的关系,在社会管理和公共服务中发挥政府的主导作用,引导市场主体、事业单位、社会组织各自的职能履行到位,避免职能缺位;五是要处理好职能改革与依法行政的关系,坚持"职能法定"原则,依法界定和科学规范政府职能,防止政府职能改革中的随意性。在履行政府职能时,必须把不断创新、勇于探索和严格依法、依规办事结合起来。

第 三 篇

调 查 研 究

第十四章　临沂市城乡经济社会
一体化发展调研报告

一、主要做法及成效

近年来,临沂市紧紧围绕建设"大临沂、新临沂"的宏伟目标,始终把推进城乡一体化发展作为经济社会发展的战略举措来抓,统筹城乡经济社会发展,城乡面貌发生了巨大变化,城乡融合发展的趋势日益明显。

(一)城乡建设水平不断提高

2003 年以来,临沂市把农村和城市作为一个有机整体,科学规划,通盘考虑,致力于打造中心城市品牌,健全完善城镇功能,搞好新农村建设,城乡建设互相衔接、互相促进、共同发展。临沂市开展了《临沂城市空间发展战略研究》,完成了全市新一轮城市总体规划修编,加快了分区规划和控制性详细规划的编制,确立了"以河为轴、两岸开发、北上东进、南优西连"的城市发展布局。各城区规划体系日趋完善,2006 年各县新一轮总体规划全部获批实施,并加快了各类专业规划、控制性详细规划和村镇规划的编制工作。至 2007 年年底,临沂市 149 个小城镇总体规划全部编制完成,村庄建设规划完成71%。城乡建设水平不断提高。坚持"重点做大临沂城、加速提升各县城、优化布局重点镇"的原则,努力构建以临沂中心城区为龙头、9个县城为支撑、29个中心镇为基础、其他乡镇为补充的有机结合、协调发展的城镇体系。重点实施了南坊新区开发、滨河景区及涑河治理、开发区新建扩建、大学城建设、批发市场提升、"城中村"改造等工程,中心城市的辐射带动能力不断增强。按照"卫星城市、副中心城市、小城市"的总体布局,突出特色,分类推进,县城建设水平不断提高。积极推行城镇集约发展模式,重点扶持中心镇的开发建设,推动城市公共设施向城乡结合部延伸,加快郊区城镇化进程。到2007年年底,临沂市城镇建成区面积为602平方公里,其中县城为159.8平方公里,建制镇(含中心城区以外的办事处)为325.8平方公里,居住在市区、县城、建制镇驻地建成区内的人口为424万人,人口密度为7043人/平方公里;市区建成区面积为139.8平方公里、人口为136.82万人,是1994年撤地设市时的2倍多,城市化水平达到43.8%。

(二)城乡产业体系不断完善

近年来,临沂市认真落实国家产业政策,积极改造传统产业,加快推进经济发展方式转变,产业竞争力显著增强,初步形成了以城市工业为龙头、以乡村企业为基础、城乡配套、互动发展的产业格局。目前临沂市的食品、机械、建材、木业、化工等8大支柱产业大都分布在中心城市和开发区,为其提供原材料及粗加工产品的基地和企业主要分布在乡村。以临沂批发城为龙头、以各县城批发市场为主体、以乡村集贸市场为基础的辐射城乡的商贸物流体系日臻完善,围绕批发市场以商兴工、以工促商,地产品加工业快速发展,批发市场对临沂市经济的贡献率达到30%。在发展现代农业过程中,临沂市注重做好与城市经济发展、工业产业振兴相结合的文章,积极调整农业产业布局,大力发展产业化经营。目前,临沂市市级以上农业产业化重点龙头企业发展到331家,居全省第2位,建成农业标准化生产基地320个,总面积260多万亩,评选命名了300多个市级名优特色农产品。临沂市各类农民专业合作经济组织达到13985个,分别占全国的10%和全省的50%。临沂市综合实力显著增强,2007年全市实现地区生产总值1660.5亿元,增长16.2%,实现地方财政收入68.7亿元,增长18%。在中科院2007年发布的中国城市综合竞争力200强报告中,临沂市综合GDP增长居第7位,比2005年提升了35位。在国家统计局公布的2006年度全国地级以上城市综合实力百强榜排名中,临沂市首次入选,排名第60位。

(三)城乡基础设施建设逐步加强

近年来,临沂市在投资192亿元用于建设、完善城市基础设施的同时,大力加强农村基础设施建设,努力增加对农村道路、水、电、通信、广播电视、垃圾处理设施等方面的建设投入,并与中心城区、县城相关设施统筹考虑,逐步推进城乡共建、城乡联网、城乡共享。目前,以临沂中心城市为龙头、以县城为节点、以国道省道为骨架、以县乡村道路为基础、连接临沂市城乡的交通网络基本形成,各县到临沂城、各乡镇到县城的通行时间都在1小时左右。以农村广播电视“村村通”工程为抓手,临沂市积极建立覆盖城乡的信息化基础网络设施和服务体系,实现了全部行政村和50户以上的自然村村村通有线广播电视。同时,积极推进农田水利设施建设和村村通自来水工程,有效改善了灌溉条件和农民生产生活水平。临沂市加快农村电力设施改造,增大电力设备容量和供电能力,提高农村供电质量,保障农村用电需求。

(四)城乡社会事业蓬勃发展

大力发展科技、教育、文化、卫生,扩大公共事业在农村的覆盖面,不断提高农民群众享受公共服务的水平,城乡社会融合度进一步提高。实施"科技入户工程"、"科技信息村村通工程"和"科普村村通工程",农业科技创新和转化得到加强。积极推进教育资源均衡化,大力改善农村办学条件,推进农村学校标准化建设,农村小学学龄儿童入学率、小学入初中升学率均为100%。农村公共卫生体系建设取得新进展,农村三级卫生服务网络建设得到加强,185个乡镇卫生院全部实现上划县级管理,4994个村卫生室实行一体化管理,新型农村合作医疗参合率高达89.8%。农村社会保障工作进一步加强,社会救助体系不断完善。对农民的职业技能培训投入和补贴力度逐年加大,走以培训促转移、以转移带培训的路子,培养造就了一大批适应市场需求的"沂蒙铁军"、"沂蒙小伙"、"红嫂家政"等劳务输出队伍。切实解决好失地农民的就业和生活保障问题,将郊区及经济发达地区的失地农民纳入城镇公共就业服务体系和社会保障体系。2007年,临沂市农民人均纯收入达4722元,比上年增长15.6%,增速列全省第一位,连续4年增速超过13%。城镇居民人均可支配收入与农民人均纯收入比为2.71:1,低于全省的2.86:1和全国的3.35:1。

(五)城乡管理水平进一步提高

努力探索和建立有利于统筹城乡经济社会发展的管理制度。改革户籍制度,2003年在全省率先实行了一元化户口登记制度,在临沂市范围内取消了农业与非农业户口性质,统一登记为居民户口,大幅放宽了户口迁移条件,引导人口合理有序地向城镇流动。扎实推进农村综合改革,强化乡镇公共服务和社会管理职能。全面实行"乡财乡用县管"和"村财村用乡管"体制,切实加强县乡财政管理。积极实施"抓小放大"信贷政策,将信贷资金向"三农"倾斜。不断完善农村现代流通服务体系,充分发挥供销和邮政物流的新优势,构建县、乡、村三级流通服务网络。实施"千村帮扶"和"百村示范"工程,在资金、物质、项目、人才上给予扶持,促进了临沂市农村经济社会的健康发展。

二、存在的主要问题

虽然临沂市城乡一体化取得了一定成绩,但远落后于发达地区的水平,与城乡一体化的标准和要求相比也存在较大差距。

(一)经济整体素质不高,县域经济实力较弱

总体来说,临沂市仍处于由农业大市向工业强市转变过程中,工业以资源加工和劳动密集型的传统产业为主,高新技术产业发展慢、总量小、占比低,第三产业发育不平衡。2007 年,临沂市实现生产总值居全省第 7 位,人均水平仅为全省的 61.2%,人均地方财政收入不到全省的一半(29.2%)。9 县实现生产总值、地方财政收入占临沂市的 69.6% 和 41.1%,分别低于人口比重 11.3 个和 39.8 个百分点,人均地方财政收入仅为全市平均水平的 51.7%,9 个县都被列为省级财政困难县。2007 年,全国百强县中山东省占 25 个,临沂市没有县区入围;全省 122 个县区综合排名,

临沂市没有一个县区进入前十强,9个县都在60位以后,有5个县仍处于全省欠发达县行列。

(二)城乡公共服务发展不均衡,农村社会事业相对滞后

近年来城市化建设步伐明显加快,而农村交通、通信、水利设施建设仍相对落后。城乡教育、卫生资源配置不合理,大量优质资源向城市集中,农村教育教学条件明显落后于城市,农村卫生技术力量薄弱,特别是村级医疗保健设施简陋,农村保障体系不健全。法制化程度不高,社会治安有待进一步加强。

(三)投融资渠道不畅,投入"三农"的资金严重不足

各级财政困难,无法拿出更多的资金用于城乡一体化建设。2007年,临沂市人均财政收入669元,比全省低1130元,人均财政支出1237元,比全省低1193元;临沂市农林水事业支出11.9亿元,仅占地方财政收入的17.3%。2007年,全省有76个县区地方财政收入过5亿元,其中过10亿元的37个,临沂市仅有兰山区过10亿元,过5亿元的县没有,9县地方财政收入占临沂市的比重比2002年降低了10个百分点。农业发展的良性机制还没真正建立,投融资渠道狭窄,除了财政和银行资金外,社会资金尚未大量投向"三农"。

(四)农村经济发展水平落后,城乡居民收入差距仍呈扩大趋势

由于长期存在的城乡二元发展格局的惯性作用,加之城市经济进入了快速发展期,导致临沂市城乡居民收入差距进一步拉大,收入差由2000年的2933元扩大到2007年的8097元,收入之比

由 2000 年的 2.24：1 扩大到 2007 年的 2.71：1，与城乡一体化低于 2：1 的要求相比，还有较大差距。如果算上城市居民在医疗、养老、住房等方面享受到的公共服务，城乡居民的实际收入差距更大。

（五）以工促农、以城带乡的长效机制尚未建立

"三农"在经济资源和公共资源配置中依然处于不利地位，导致农业发展缺乏现代生产要素和现代生产方式的有力支撑，农村基础设施、社会事业、社会保障等公共产品和公共服务供给严重不足，农民难以平等分享工业化、城镇化的成果。

三、加快推进临沂市城乡一体化的思路与对策

临沂市推进城乡一体化的思路是：围绕建立有临沂特色的促进城乡经济社会发展一体化制度，坚持"以城带乡、以工促农、城乡联动、协调发展"的原则，以缩小城乡差距和提高城乡居民生活水平为目标，以改革创新为动力，以加快城镇化进程为核心，以促进城乡产业融合互动为着力点，大力推进新型工业化、农业现代化、公共服务均衡化，努力实现城乡发展一体化的新格局。

临沂市推进城乡一体化的总体目标是：到 2012 年，人均地区生产总值达到 5000 美元，地方财政收入突破 200 亿元。80 万农民的身份转变为市民，城镇居民收入稳步增长，农民人均纯收入年均增长 10%以上，工业集中度达到 50%，万元地区生产总值能耗下降 10%，城市化率达到 55%，土地规模经营率达 30%。初步建立起推进城乡统筹发展的体制和机制，农村发展水平全面提高，城

乡差别、工农差别、地区差别明显缩小,初步形成以城带乡、以乡促城、城乡互动的发展格局,为进一步消除城乡二元结构、实现城乡一体化打下坚实的基础。到 2020 年,城乡居民收入比缩小到 2：1,城市化率达到 65%,基本形成以先进制造业为中心,园区化、多元化、开放型、三次产业协调发展的新型城乡产业体系,基本形成完善的城乡一体化社会保障体系,基本建成人与自然高度和谐的资源节约型、环境友好型社会,全面实现城乡空间、人口、经济、社会、生态一体化发展。

(一)统筹空间布局,着力推进城乡规划一体化

搞好城乡规划是实现城乡一体化的先导。坚持规划先行,强化规划的空间指导作用和约束力,通过规划引导城乡空间布局优化,促进城乡资源要素的合理流动和整合,把广大农村纳入临沂市规划范围,统筹城乡基础设施、社会服务设施规划。按照"人口向城镇集中、工业向园区集中、土地向规模经营集中"的原则,在不断完善中心城市和各县城规划的同时,健全城镇体系和村庄布局规划。对城市周边的村庄,逐步纳入城市范畴,对平原地区的村庄,特别是经济基础比较好的村庄要拓宽发展空间,逐步形成特色突出、梯次鲜明的县城—中心镇—农村社区的城乡布局。要尽快制定临沂市城乡一体化发展总体规划及城乡基础设施一体化规划、城乡产业一体化发展规划、城乡公共服务一体化发展等专项规划。建立城乡统筹的规划实施和监管体制,完善城乡规划许可、公开公示和监督检查制度。

(二)统筹资源配置,着力推进城乡产业发展一体化

城乡产业协调发展是城乡一体化的重要基础。要合理布局,

科学定位,统筹城乡产业发展。以开发区和工业园区为主要载体,以龙头企业为依托,大力发展特色产业镇和专业村,着力培育和发展一批特色鲜明、结构优化、体系完整、市场竞争力强的地产品加工业集群。积极发展优质高效经济作物,加快发展养殖业和林业,做大做强优质粮油、果品、蔬菜、畜牧、水产等优势特色产业,加快建设临沂市9大种植业、6大畜牧业、5大林业和两大渔业优质农产品基地。继续按照"龙头企业+基地+农户"的模式,推进农业产业化经营,大力支持经营机制好、产业关联度大、与农户关系密切的龙头企业,提高其辐射带动能力。在县乡村三级搭建土地流转服务平台,建立农村土地流转有形市场。引导有条件的龙头企业以入股或租赁的方式从农民手中流转土地,建立自己的原料生产基地,推动农业规模化种养、集约化经营、标准化管理。大力发展县域经济,使其成为加快城乡一体化发展的突破口,积极实施工业强县战略,以先进制造业、高新技术产业和优势产业为主攻方向,加快传统产业的改造提升,延伸产业链条,发展配套产业,促进产业聚集。积极发展规模大、辐射带动作用强、各具特色的大型专业批发市场,搞好农村现代流通体系建设,做大做强商贸物流业。

(三)统筹城乡建设,着力推进城乡基础设施建设一体化

实现城乡基础设施的对接是推进城乡一体化的重要前提。加快公路、铁路、机场建设步伐,构建高效协调发展的综合交通体系,进一步提升临沂市在全国交通大格局中的枢纽地位。加快推进县乡道路与高速公路、国省道及市区道路的互通连接,搞好县乡村路网的维护改造,不断提高公路等级水平,加快农村客运站点建设,完善城乡交通网络。抓住国家和省对水利工程大投入、大建设的机遇,大力开展以抗旱水源工程、小型农田水利设施为重点的农田

水利基本建设,加快实施水库除险加固、河道治理和村村通自来水工程,以治水改土为重点,搞好水土保持和小流域治理。加强通信、有线广播电视等设施建设,形成覆盖城乡的共享性、集约化信息网络。

(四)统筹公共服务,着力推进城乡社会事业一体化

公共服务均等化是衡量城乡一体化发展的重要标志。要进一步优化配置城乡教育资源,重点改善农村办学条件,大力巩固和普及九年制义务教育成果,提高高中阶段学生入学率,切实保障农村义务教育阶段中小学公用经费每年都有新的增长。配套完善农村文化设施,巩固农村文化阵地,发展农村文化产业,促进城市现代文明向农村扩散。统筹城乡社会保障体系建设,逐步把养老保险、医疗保险和最低生活保障制度从城市向农村延伸,促进农民由土地实物保障向社会统筹保障转变,建立起城乡统一的社会保障体系。加快发展农村卫生事业,逐年增加投入,有效解决乡镇卫生院、村卫生室设施简陋、医疗设备落后的问题。进一步完善新型农村合作医疗制度,扩大资金筹措渠道,提高政府补助标准,完善大病救助制度,切实提高农民的医疗保障水平。建立布局合理的劳动力转移培训基地和城乡统一的人力资源市场,推动城乡劳动者平等就业制度的形成。

(五)统筹发展资金,着力推进城乡公共财政一体化

资金是制约城乡一体化发展的瓶颈,健全公共财政制度是促进城乡一体化的重要手段。积极调整和优化财政支出结构,逐步加大公共财政向农村基本公共服务领域的投入,着重抓好重大公共服务项目的实施。加快完善公共财政体制,努力形成支持城乡

公共服务一体化财政投入的长效机制。切实加强公共资金监管，努力提高使用效益。充分发挥市场机制作用，拓宽融资渠道，逐步形成公共产品供给主体的多元化。扶持发展农村金融业，鼓励支持银行、保险、证券等机构在县区设立分支机构，拓展业务领域。整合开发地方金融资源，合理引导民间资本流向，发展农村资金互助合作社、村镇银行、小额贷款公司等产权多元化的金融机构和民间金融组织。充分发挥政府资金的示范导向作用，着力形成以优惠政策、优质服务、优良环境为重点的"洼地"效应，积极吸纳社会资金和民间资金投向统筹城乡发展的重点项目、重点领域，建立起"政府引导、项目补助、民资参与"的良性投入机制，为统筹城乡一体化发展提供保障。

（六）实施中心城市带动战略，着力推进城乡建设一体化

中心城市是统筹城乡经济社会一体化发展的龙头。做大做强中心城市，努力提高其辐射带动能力，以中心城市的率先发展带动和加快临沂市城乡一体化进程。在中心城市建设上，突出"滨水、商贸、文化"特色，按照"北山、南闸、东泉、西路"的空间格局和"南工、北文、中商"的功能布局，"以河为轴、跨河东进"，"一河五片、组团发展"，把临沂城建设为鲁南苏北的区域性中心城市。在县城建设上，根据鲁南经济带和"大水城"、"沂河经济带"建设的总体要求，立足各自的区位优势，找准功能定位。临沭、沂南、费县作为卫星城，沂水、平邑、莒南、郯城4个县城作为副中心城市，要与中心城市功能互补、错位发展，不断扩大县城规模，完善城市功能，提升规划建设管理水平，充分发挥其在城乡一体化中的骨干作用。在小城镇建设上，以中心镇为重点，在政策、资金等方面实行重点扶持，完善水、电、路、医、学、气等设施建设，引导和支持农村生产

经营项目向乡镇工业区集中,形成工业主导型、流通贸易型、交通枢纽型、旅游观光型等各具特色的小城镇格局。在村庄建设上,要搞好规划,科学确定发展规模和发展空间,促进农村人口向小城镇、中心村聚集,逐步推动农民居住社区化。对城镇周边等经济比较发达的村,逐步打破村庄界限,统一规划建设社区;对经济条件一般的村,重点搞好宅基地"空心"填实,促进土地集约利用;对环境条件差、居住零散的村庄,按照"以大并小、以强并弱"的原则,逐步合并。

（七）统筹配套政策,着力推进城乡改革一体化

改革是推进城乡一体化的根本动力,扎实推进城市各项改革和农村综合配套改革是城乡一体化的必然要求。继续深化土地制度改革,合理确定土地流转的方向及规模,积极创造条件,使土地向规模经营集中、向城镇和工业园区集中。建立完善土地流转经营激励机制、利益协调机制、管理服务机制,促进土地流转市场健康有序发展。不断深化户籍制度改革,重点建立以居住地登记户口为基本形式、以合法固定住所或稳定职业为基本落户条件、与市场经济体制相适应的新型户籍管理制度,逐步消除附加在户籍制度上的社会保障、劳动就业、计划生育、服役退伍、文化教育等方面的城乡差别,使进城务工农民与城镇居民享受平等待遇,促进农村劳动力转移。加快推进城乡管理体制改革,适应建立新型城市管理体制的要求,以强化街道管理、发展社区服务为重点,进一步创新机制,完善设施,拓宽服务领域,满足社区居民生活需要,提高城市管理服务水平。对纳入城镇规划区内的村庄,逐步"撤村建居",促其向社区管理模式转变。继续深化乡村管理体制改革,稳妥推进撤乡并镇、合村并组,提高基层管理水平。

第十五章　农村社会化服务
体系调研报告

　　农村社会化服务主要是指对农业(农林牧渔)生产的各种产前、产中、产后服务。农村社会化服务体系是指为农业、农村、农民生产生活服务的一系列社会组织与服务体制的总称。它是运用社会各方面的力量,使经营规模相对较小的农户克服自身规模较小的弊端,适应市场经济体制的要求,获得大规模生产效益的一种社会化的农业经济组织形式。构建完善的农村社会化服务体系,是促进城乡一体化发展的重要制度保障。课题组以临沂市为案例,在全面、深入调查研究的基础上,分析了完善农村社会化服务体系的必要性以及当前存在的主要问题,提出了建立和完善农村社会化服务体系的几点建议。

一、现阶段农民对农村社会化服务的需求分析

1.销售服务需求

　　由于多年来受农产品"卖难"的影响,被调查的农民普遍迫切需要社会提供及时而有把握的销售服务。69%的农民希望提供"订单",帮助自己按照合同生产,特别是能帮助农民销售产品;

57%的农民希望建立农副产品专业批发市场,帮助农民直接销售产品;85%的农民希望国家扩大农产品收购量,缓解"卖难"压力;42%的农民希望政府组织集体或个人直接上门收购农副产品;75%的农民愿意加入到有保障的营销组织中(注:调查数据为多项统计、无累加,下同)。

2. 物资服务需求

调查发现,95%以上的农民认为,现在是"买方市场",只要有足够的资金,就可以买到所需要的物资产品。对农业投入品,农民普遍最关心的是价格和质量问题,最怕买到质量差的产品,尤其是种子、农药。普遍希望能从根本上解决农用物资,特别是化肥、柴油等涨价过快过高的问题,希望政府有关部门加大打假、打劣,以及查处坑农、害农等违法、违纪案件的力度,保护农民的切身利益。85%的农民希望能就近到政府认定的地方买到质高价廉的农产品。

3. 信息服务需求

调查表明,农民普遍希望社会提供农产品价格、生产资料价格方面的信息,更希望得到生产项目信息、得到符合自己实际的致富信息、打工信息,52%的农民希望及时得到去何处打工既保险又挣钱的信息;63%的农民希望得到种植业结构调整的信息,希望准确知道种什么才有市场、有销路。

4. 科技服务需求

科技服务仍受到农民的普遍欢迎,广大农民更希望得到一些有关"新、奇、特"方面的科技服务。54%的农民基本掌握了一些常规的科学种、养知识。眼下他们非常希望提供一些"特色"科技服务,如特色种植业、特色养殖业、绿色无公害食品生产技术等。31%的农民仍然采用看着别人家种什么、自己跟前种什么的办法;

32%的农民从协会、经济合作社中得到科技服务;43%的农民从农业部门得到科技服务。90%以上的农民希望得到点对点、手把手、面对面的科技服务。

5.资金服务需求

大多农民认为现在贷款的条件比较宽松,只要有几户担保就可以得到小额贷款,再就是"百万农户致富工程"等项目提供的资金支持,连续几年的农民增收,有81%的农户已有能力依靠自有资金或临时相互拆借资金,保证从事基本的生产,特别是春耕生产的资金需求。41%的农民希望社会能够提供更多的资金尤其是低息或无息贷款,低成本地上一些新项目,加快自我增收。

6.政策、法律、文化卫生等方面的服务需求

调查中了解到,农民的政策性服务意识普遍增强,如了解粮食补贴政策;采取什么措施抑制化肥等农业投入品价格的过快、过高上涨等。外出打工经商群体对法律服务的需求更加迫切。在乡村从事生产的年青人对文化服务的需求有比较浓厚的兴趣,这部分人多为35岁以下的年轻人,他们认为现在的农村文化生活比较单调,希望组织农村青年开展一些文化娱乐活动,成立内容比较新颖的村级图书阅览室等。农村居民普遍希望提供就近、低价、实用的医疗卫生服务,希望上级医疗队经常下乡、下村开展义诊,宣传各种疾病的防治知识和健康知识;提高村级卫生站的医疗水平和服务能力。此外随着农村青壮年群体大量进城务工,针对留守农村的老人、儿童、妇女的综合服务亟待加强,特别是对留守儿童的教育培训问题应高度关注。

二、当前临沂市农村社会化服务存在的问题

1. 对农民的主体地位重视不够

表现在：一是服务的单向性。各级各有关部门对"三农"工作的高度服务热情与农民的接受程度不对接，其主要原因是服务的单向性，服务者没有充分考虑被服务者的需求，忽视了农民的主体地位。二是服务针对性、指导性和适用性不足。不同乡镇、家庭、农户对社会化服务有不同地需求，比如调整产业结构，市场上究竟需要什么？种什么、养什么才有销路？有什么新品种，用什么新技术，才有效益？这一系列内容应该是在农民生产经营活动前就向农民提供的，但在这方面做得很不够。三是服务中存在过度的功利性，服务诚信体系缺失，也是影响农村社会化服务体系发展的因素。部分面向农民的基层服务机构，赢利性与服务性的双重职责不对等，过度的功利性影响了服务体系的发展。再就是农民、服务机构双向诚信体系远没有建立起来，服务诚信体系的缺失，影响了农村社会化服务体系的发展。

2. 公益性服务力量薄弱

以农业部门为例，临沂市从事公益性农技推广服务的能力严重不足。12个县区的乡镇推广机构，除费县实行条条管理体制外，其他县区实行条块管理，双重领导。由于实行条块管理，双重领导，在业务技术指导上，形成了县局想管而管不了，乡镇能管而不管的现象，推广机构主体定位空缺，职责不清，出现了管理上的空当。尤其是基层乡镇农技人员，由于忙于乡镇安排的"中心"工作或为保工资而忙于创收，疏远了农技服务业务，普遍存在着"重

经营、轻服务"的现象,人员知识老化,知识结构"断层",信息不灵,服务手段落后,对现代农业知识了解和掌握的少,不能及时向农民推广新技术、新成果,技术推广明显滞后于现代农业的发展。

3. 农村专业合作经济组织实力不强,服务功能较弱

目前,临沂市各类农村合作组织达到 13985 家,参加农民专业合作组织的农户达到 153 万户,参社人口约为 520 万,平均每个合作组织参合的户数为 109.4 户。而依法到工商局登记取得合法经营法人资格或到民政局登记取得合法协会资质的不足 10%,规范进入财政局项目统一管理的为 35.8%,到农业局备案的为 65.7%。参加农民合作组织的人数占临沂市农民的比例约为 36%。农村合作组织普遍存在着连接市场的能力和作用不强,规模化、标准化经营水平低,一头连接农户组织生产、一头连接市场谋求利润最大化的"两翼"职能不对称,导致其组织生产的能力比较强,抗御市场风险、抢占市场先机的能力则比较弱。另外,合作组织缺乏经济实力支撑,管理层素质普遍偏低,参合农民的合作意识淡薄,其运行机制、管理制度和利益联系机制亟待完善和提高。

4. 有效的综合服务平台发展缓慢

现阶段的农民对社会化服务不仅限于农业生产,还包括社会保障、医疗卫生、文化生活等方面,农民对社会化服务要求的多元性包括物质内容和精神内容多个方面。而目前的服务组织主要提供动植物种养、农产品销售、农资销售等服务,在法律援助、医疗保障、资金信贷、留守人员管理等方面提供的服务相对较少,很难满足新时期农民生产、生活的需要。

三、建立和完善农村社会化服务体系的几点建议

1. 改进公益类服务机构的服务机制,为农村社会化服务体系发展提供引领示范

公益类服务机构承担着农村社会化服务的重要功能,迫切需要改进公益类服务机构的服务机制,为农村社会化服务体系发展提供引领示范。一是探索农村公益性服务机构和体制建设的新机制。在服务机构的设置上,应整合基层人才资源和技术优势,建立综合区域服务中心,将直接参与农村服务的各有关机构根据产业不同,分区域设置综合服务中心,作为县里的派出机构,负责本区域乡镇服务工作,业务由相关县级部门联系指导。借助农业部"科技入户工程"实施的经验,在业务经费上按"服务内容"计费,以农民对服务的满意程度和服务效果确定费用的高低,改用钱养"人"为用钱办"事"。二是将乡镇具有公益性质的事业机构的人、财、物、责直接由县级相关部门管理,明确市、县、乡、村服务职能的分工,健立"四级联动"服务体系。共同做好专业合作社、供销社、农信社、邮政物流"四个载体"在村级的合理布局和协调。村级服务组织是乡镇(或区域服务中心)"四个载体"服务组织的延伸,为独立的实体单位,在利益共赢的前提下,让农民自主承办。

2. 加快农民专业合作社的发展,为农村社会化服务搭建平台

目前,农民专业合作组织的登记材料过于烦琐,有的为了办理一个手续,跑 10 趟、20 趟也审批不下来,影响了农民合作社的发展,同时也会动摇初创者的信心。应当依法简化手续,建立适应农

民特点的依法规范登记程序,加快农民专业合作社的规范发展。在临沂市逐步建立起结构合理的"层级式"合作组织网络,形成大、小互补的合理发展模式。制定减税、免税等税收优惠政策,支持合作社的发展。对合作社经营原始农产品或初级加工品,应该视同农民经营征税,对分配给农户的股息、红利及其他收入应该免征所得税。

3. 构建以供销、金融、邮政物流为载体的农村社会化服务体系的支持架构

充分发挥供销社和邮政物流的流通功能以及农村信用社和邮政储蓄的金融服务功能,建立优势互补、有机结合、利益共享、风险共担、多层次合作,以供销、金融、邮政物流为载体的农村社会化服务体系的支持架构。一是以供销社网络为载体,构建农村现代流通服务体系。建立县级配送中心——乡镇直营店——农村便利店为依托的直线式的农资经营服务体系,服务的主体与受益的主体都是农民。同时引导大型超市、购物中心开展连锁经营,建立工业品下乡、农产品进城的现代流通快捷服务网络。二是以农村金融网络为载体,构建农村金融服务体系。发挥农信社经营网点遍布城乡的优势,强化农信社支农资金主渠道的作用。借鉴"孟加拉国小额贷款"等成功经验,简化农民办理小额贷款的手续,增加农贷覆盖面,农信、邮政部门利用"惠农一卡通"工程,在代发好政府各类助农资金的同时,采取多种形式,为农村社会化服务体系建设和农业产业结构调整提供多渠道的资金支持。三是以邮政物流网络为载体,构建农村现代物流、信息服务体系。发挥邮政网络遍布村村镇镇的优势,构建市、县、乡、村四级物流配送体系,实现资金、实物、信息"三流合一"的独特效能,拓展农村新的营销、交易渠道,解决部分农产品销路不畅的问题。

4. 为农村社会化服务体系发展提供空间

有关部门做好协调,使各专业合作组织可以在本辖区内,也可跨村、镇、县、市进行服务与合作,为农村社会化服务体系发展提供空间。

5. 支持和发展以农村文化大院建设为载体的综合服务平台

把法律援助、社会医疗保障、留守人员管理等服务项目纳入到农村文化大院建设中,由能人牵头带动,以农民自己乐意接受的方式,组织开展相关的服务。

6. 完善法律制度,切实保证农村社会化服务体系运行秩序

让法律为农村服务体系建设保驾护航。要依法规范服务组织之间和服务组织开展服务的行为准则,规范法定办事程序;从多环节入手,为农村社会服务体系的建设和发展提供有力的法律保障。

第十六章　农村劳动力转移
问题调研报告

在当前及今后相当长一段时间内,我国城乡一体化的过程都将是农村剩余劳动力非农化就业和城市化转移的过程。由于我国农村教育水平相对较低,农村劳动力的素质普遍不高,与非农业就业的要求存在较大差距。因此,要促进农村剩余劳动力有效转移,就必须对其进行综合培训和专业技能开发。临沂市是一个有着1000余万人口的典型农业大市,其城市化和农村剩余劳动力转移的任务异常艰巨,只有持续有效地促进农村剩余劳动力不断向非农业和城镇转移,城乡一体化发展的道路才能真正开启。本章以山东省临沂市为典型案例,对其农村剩余劳动力的转移情况进行全面调查研究,分析了当前临沂市农村剩余劳动力有效转移的主要制约因素,提出了以综合技能培训和开发为主要措施来促进我国农村剩余劳动力转移的主张。

一、临沂市农村劳动力及其转移情况分析

(一)临沂市农村人力资源规模及素质状况

1. 人口大市,农村人力资源占总人口的比例大

临沂是一个农业大市,据统计,2002年年末临沂市总人口达

到 1008 万人, 农业人口 865.923 万人, 占临沂市总人口的
85.90%; 临沂市农村从业人员为 497.42 万人, 占农业总人口的
57.44%。农业人口的比例高出发达国家近 1.5 倍, 具有劳动能力
(16—59 岁)的人员占 57.44%。从事第一产业的农村从业人员的
比例高出全省 7.08%; 非农产业从业人员的比例比全省低 7.1%。
农业从业人员从事非农产业的, 仅占农村劳动力的 28.7%。

2. 临沂市农村人力资源文化素质的状况

文盲半文盲占 8.01%, 小学文化程度占 29.6%, 初中文化程
度占 49.26%, 高中文化程度占 9.98%, 中专文化程度占 2.75%,
大专及以上文化程度占 0.4%。临沂市农村劳动力平均受教育年
限为 6.4 年, 受过专业技术培训人员的比例为 9.8%。

(二)临沂市农村劳动力转移的基本情况、结构和特征

1. 临沂市农村劳动力转移的基本情况

从经济发展的规律看, 农村劳动力转移的快慢总是与国民经
济发展的快慢相一致的, 农村富余劳动力是伴随着农村改革和农
业发展而出现的必然现象, 是生产要素配置的具体表现形式。近
年来, 随着临沂市国民经济发展速度的逐步加快, 临沂市农村劳动
力转移的规模逐年扩大, 由于各县区采取了一系列促进农村劳动
力转移的政策措施, 到 2002 年年底, 临沂市农村劳动力转移人数
达到 142.82 万人。

2. 临沂市农村劳动力转移的基本特征

一是转移劳动力以从事工业、商业贸易和餐饮业为主。二是
转移劳动力的文化素质较高。从转移劳动力的人均受教育年限
看, 平均受教育年限为 8.1 年, 高出农村劳动力 1.7 年。受过专业
培训的比例为 19.6%, 高出农村劳动力 18.3 个百分点。三是省

内转移以乡内为主,省外转移以省会城市为主。根据我们对平邑、费县、河东、莒南、临沭、沂南、沂水、苍山8个县区,地方、丰阳、临涧、梁邱、新庄、石莲子、涝坡、矿坑、南古等20个乡镇,共计137个行政村的调查情况看,临沂市的农村劳动力外出务工主要分布在省外的地域依次为北京、天津、大连、上海及南方城市;省内依次是青岛、烟台、威海等。东部地区仍是转移热点。在转移地域上,劳动力转向发达地区及东部地区的比重为79.2%,转向中部地区的比重为11.7%,转向西部地区的比重为9.1%。这一趋势符合梯度经济理论中劳动力转移总是由低梯度地区向高梯度地区转移的特点。四是农村富余劳动力的转移,在方式上仍存在着相当程度的盲目性。目前农民外出就业以依托传统的血缘、地缘、人际关系网络为主。从转移的组织方式看,政府组织的不足5%,亲属朋友介绍的接近50%,以自发方式盲目转移的占40%,另有8%左右的新增劳动力年初外出2—3个月后,无事可做,要么回家,要么"云游"打工。五是我国农村劳动力的转移具有明显的兼业性。这些转移的劳动力绝大多数还保留着对土地的承包权,每年除在外务工,农忙季节都要回家从事农业生产,属亦工亦农性转移。兼业长短因家庭劳动力的多寡与从事劳务收入的高低而不同。农村劳动力兼业转移人员在外工作时间在1—5个月的比率为3.4%,而在本乡从事非农行业时间为1—5月的比率为18.3%。

3. 重新认识当前临沂市农村富余劳动力的基本结构情况

2004年,全国新增外出务工就业的农村劳动力的比例为3.8%,临沂市的统计数字为5.6%。临沂市到2004年年底的农村富余劳动力约在120万人左右,这些农村富余劳动力的基本情况是:

(1)富余劳动力大多分布在农村人均收入处于中下游水平的乡镇、村,分布相对集中。经济较发达的乡镇,由于中小企业、民营企业发展得比较迅速,农村劳动力的就业率很高,如兰山区义堂镇,围绕板材加工及为临沂城区服务等,具有劳动力能力(16—59岁)的农村劳动力的就业率在83%以上,有些60岁至70岁有劳动能力的老年人,每年的有价工作量约在50天以上,与当前全国种植业农民每年平均70个工作日的水平接近,农村基本上无闲人。而经济欠发达的乡镇,近年也开始注重劳动力转移工作,同时农民自己也为了找到挣钱的门路,迫于生计四处打工。一个带一个,几个带一村,从而形成了打工村、打工乡镇。如费县梁丘镇,是一个近9万人的农业大镇,常年有外出务工人员近1.7万人,该镇蒋家围子村总人口2015人,地处丘陵,自然条件非常恶劣,近年来常年外出打工人员780多人,占劳动力总人数的75%以上,农民人均收入有很大程度的提高。而收入处于中等水平的乡镇、村,其外出务工的人数占劳动力总人数不足30%。农村劳动力转移中群体性、集中性、分布的局限性等,限制了从业面的选择。

(2)农村富余劳动力的文化程度、年龄、职业技能限制了转移。据临沂市统计局发布的数据,2004年上半年,全市已转移的农村劳动力总数达到167.9万人,其中,具有初中以上文化程度的占63.6%,小学及文盲文化程度的占36.4%。年龄在18—40岁的占62.9%。应该说,率先转移外出务工的农村劳动力在农村中是文化素质较高、头脑灵活、适应能力强、年轻力壮的青壮年。即使是文盲,在农村中也属于比较灵巧的小能人。这部分人转移后,农村中的富余劳动力的文化程度更低,正是由于没有技能,所以转移才更加困难。有统计表明,在当前临沂市农村富余劳动力中,小学及文盲文化程度的达到48.6%,文化程度较低又无一技之长、适应能力差等问题,限制了农村富余劳动力的转移。

(3)农村中"40"、"50"妇女劳动力的比例增大。据临沂市妇联统计的数据表明,农村妇女劳动力在农业生产中占45%以上,劳动力转移比较好的乡镇、村,已婚妇女劳动力成为农业生产的主力,农业劳动的格局发生了根本性的变化。同时随着农业产业结构的调整,农业劳动强度向精细化转化、农村妇女劳动力也在当前农村富余劳动力中占有相对较大的比例。

二、临沂市农村劳动力转移存在的问题分析

1.新增农村劳动力数量大,待转移劳动力数量众多

临沂市农村人口多,总人口占全省的1/9,农村劳动力占全省的1/8多,仅每年新增的农村劳动力就在7万人以上,到2004年,新增加农村劳动力9万人以上。劳动力资源的增长远远超过了社会发展的需求,劳动力明显过剩。临沂市农村人均占有土地1.3亩,不仅不能与发达国家农业从业人员人均占有土地120亩以上的水平相比,即使与我国经济学家提出的稳定农民人均种植土地面积4.6亩的标准也相差很远。随着工业用地的不断增加,临沂市农民人均耕地每年都在减少,在课题组调查的村中,有的村农民人均耕地仅0.3亩。据测算,临沂市以现在基本粗放式的土地种植方式,土地能容纳的农村劳动力280万—300万人左右,扣除转移到非农行业的人员外,临沂市约有135万—150万农村富余劳动力,这还不包括农村处于季节性歇业的潜在的富余劳动力。富余劳动力占现有乡村从业人员总数的30%—32%,就业压力相当大。

2.农村劳动力素质低,经营能力差等因素限制了农村劳动力转移的速度

农村劳动力素质低,一方面难以接受科技知识,农业生产率难

以提高,致使广大农村大多仍停留在传统的耕作模式上,农村劳动力退出农业生产的基础不稳。另一方面,由于劳动力素质低,适应不了非农产业的发展要求,农村富余劳动力进入非农产业就业就比较困难。

3. 乡镇企业吸纳劳动力的能力在减弱

乡镇企业是农村非农产业的重点,临沂市乡镇企业的发展对转移农村富余劳动力起到了重要的作用。但由于乡镇企业发展速度在减慢,随着增长方式的转变,劳动密集型逐渐向资金密集型转化,劳动就业成本大幅度增加(1985 年,乡镇企业安排一个劳力约需投资 1700 元,到 1995 年达到 5000 元,到 2000 年约需 9000元),加上在市场经济激烈的竞争环境中管理水平、技术力量相对薄弱,经济效益不佳,因此,如果没有新的举措,今后乡镇企业可能会丧失容纳农村富余劳动力第一载体的地位。与此同时,农村个体、私营工商业等其他非农产业容纳农村富余劳动力的能力虽然有所增加,但与急剧增加的农村富余劳动力相比,远不能适应。特别是乡镇企业的更新换代、新的科技含量高的企业的发展,使原来就业的农村劳动力又失去就业的机会。

4. 滞后的城市化水平、城镇自身的严峻就业形势以及农村现行的家庭经营模式制约着农村劳动力转移的步伐

临沂市目前有县级以上中小城市 12 个,建制镇 178 个,城市化水平与全国相比显得滞后。2002 年,山东省城市化水平为38.06%,临沂市只有 31.88%;而且城镇基础设施落后,人口超常流动。随着企业减人增效措施的推行,失业率不断提高。在这样的背景下,农村富余劳动力以本地转移为主的向城镇流动就比较困难。同时,临沂市农村基本上仍以家庭为单位的分散经营为主,尚未脱离自给半自给小农经济生产方式;农民的生产活动仍以自

我服务为主,很多属于第三产业的服务混在第一产业里没有分离出来,农村缺乏完善的社会化服务体系。第二产业布局分散,企业小而全,企业生产、职工生活基本上也是以自我服务为主,使得农村劳动力就近转移的心理需求得不到满足,无处可转。

5. 现行的户籍制度、土地制度和农民的养老保险制度不利于农村劳动力的转移

首先,我国长期实行城乡分割的二元户籍制度,虽然有所改革,但并未从根本上改变。农民与市民在地位、身份、就业、住房、补贴、劳保、福利等方面仍存在着明显的不平等。农村劳动力虽然流入城镇,但在现行户籍制度的约束下,无法取得与当地市民平等竞争的权利和平等待遇,同时在吃、住、就业、加薪、子女上学等方面面临许多困难。这一方面使农村劳动力在城镇就业的成本加大;另一方面使农村劳动力在城镇不能长期稳定地就业,致使相当一部分的劳动者在城镇干几年后又回流到农村。其次,现行的农村土地制度是集体所有、家庭联产承包,在联产承包的实施中,土地基本上是按人头平均分配的,不仅土地面积是按人头平均,而且土质也是按肥瘠搭配、按人头平均的,只要是农村人口,无论是做工的,还是经商的,不管是否愿意接受,都平均分得一份土地。在当前特别突出的农村养老保险制度不健全的情况下,农民手中的土地实际成了农民的一种基本保障的基础,这一方面使土地不能充分地集中到种植能手的手中以发挥最大潜能;另一方面又在一定意义上为外出打工者留了一块放不下的"牵挂"。

6. 劳动力市场发育迟缓,中介组织发育程度低

目前农村劳动力跨地区流动大都是自发的,而由政府职业介绍部门组织安排外出的却很少,农村劳动力流动几乎完全处于无组织和无序状态。农村劳动力流动无序状态带来的主要弊端是不

能进行宏观控制。在大量劳动力流动的同时,必然形成初级劳动力市场,对于劳动力市场,政府同样需要宏观调控,但目前还缺少这一环节,即缺乏对农村劳动力的总需求、总供给的调节,缺乏对农村劳动力就业的组织与指导。近年来,由于各地都重视农村劳动力的转移工作,"用工信息"一定意义上成了炒作的资本和一种"利益"关系,各类中介相互封闭、各自为战,对本区域的农村劳动力的基本情况难以进行系统的规划,因而农村劳动力流动只好是"八仙过海、各显神通"。目前,临沂市除劳动部门单一地对农村劳动力转移进行统管,农民外出复杂的手续及操作过程中相对较高的各类费用,也是影响农村劳动力有秩序、有组织转移的原因。

三、临沂市在加快农村人力资源综合技能培训转移方面的探索

1. 加强农村人力资源综合技能培训转移的机构建设,争取合法的资质

(1)设立了专门的农村劳动力转移培训机构。经过积极准备,2003年4月,市编委发文,同意在课题组设立"农村人力资源培训开发中心",具体负责农村劳动力转移培训工作。同时市农业局专门制定了"关于开展农村劳动力转移培训工作的意见",具体部署了转移培训的任务,课题组将开展农村劳动力转移培训工作列为考核各县区校全年工作的重要内容。(2)设立了旨在提高农村劳动力转移水平的职业技能鉴定站。为了探索培训、鉴定、输出、服务为一体的转移培训模式,提高农民工的技能和水平,2008年5月,经省农业厅批准,设立了"临沂课题组职业技能鉴定站",与市

劳动部门联合,设立"职业技能鉴定点",目前已能对30多个专业近50个工种进行技能鉴定。目前已组织中、初级技能培训鉴定2040人次。(3)取得了合法的农村劳动力转移中介资质。为了减少转移的中间环节,更直接地为农民服务,2003年3月,经过市劳动部门组织的审查评估和市劳动和社会保障局批准,设立了"临沂课题组职业介绍所",临沂课题组系统可以直接组织开展农村劳动力对外输出转移工作。

2.加大信息服务,切实为农村劳动力转移创造条件

(1)在全国农广校系统建立了首家市地级为农村劳动力提供服务的"临沂农业远程教育与人力资源"网站。投入15万元资金,完善了信息平台的建设,专门为农村劳动力转移提供供求信息。(2)举办农民工信息"大集",现场解答农民群众在科技致富和外出务工中遇到的困难和问题,并把农民需要的先进适用技术和最想了解的外出务工政策和信息以及技能送到他们手中。据统计,仅2007年,在集中开展的农村劳动力转移咨询暨送科技下乡活动期间,共向农民朋友无偿提供各类科技书籍19000余册,VCD光盘1000余张,印发科技明白纸及务工信息36万余份。共有25万农民到各县区活动现场参加了咨询。(3)积极与劳动用工密集地区加强联系,切实组织好劳务输出工作。

四、加快农村人力资源综合技能培训转移的对策措施

1.把农村劳动力转移作为一个产业来重视

美国经济学家舒尔茨认为:没有对人力的大量投资,就没有现

代化的农业,也就没有现代化的工业。目前临沂市拥有剩余劳动力120万余人,占临沂市总人口的12%以上,已输出的农村劳动力数量少、规模小、从业面窄、技能水平低,劳动力转移水平与农业人口大市的规模极不对称。所以,重视和强化农村人力资源的综合技能培训转移,变农村劳动力富余为人力资源优势是一项系统的工程。

2.加大对农民的教育投入,改革培训方式,增强培训的时效性

从临沂市农村劳动力的现状看,建立完善的农村科技教育培训体系,健全市、县、乡三级农村职业教育网络,在劳务输出前组织开展有针对性的劳动技能、法律、法规等培训。利用农业广播电视学校、农业科技推广体系等形式,加快对新技术、新成果的传播与推广,一方面提高他们的科技水平,有利于农业产业结构内部优化并加大对劳动力的吸纳能力;另一方面使更多的农村劳动力掌握1—2门操作技能,为实现劳动力转移打下基础。培训机构应将基本技能和基本工作程序作为重点培训内容,着重强化学习能力以及适应能力的培养。强化服务及跟踪服务手段,缩短培训时间,压缩并精练培训内容,实施宽口径、大容量的培训措施,减少培训费用,增强培训的时效性。

3.拓展国际劳务市场,增强对农民工外出就业的服务

劳务输出作为对外开放的一种重要的形式,在近几年的发展中落后于招商引资等多种对外合作形式。当前外地大型用工企业希望从规范的农村劳动力培训转移介绍机构中选用农民工,但是由于中介机构都存在着信誉危机,再加上各方面的管理费用,为了生存,中介机构手中较好的用工岗位,就成了他们赚钱的条件,无形中增加了农民工外出就业的成本,抬高了农民工外出就业的门槛。各级政府应增强对农民工外出就业的服务,尽量减少中间环

节,降低农村劳动力外出务工的成本。

4.建立农村劳动力就业服务体系,健全土地流转、养老保险等社会保障机制

农村劳动力的转移与城市劳动就业有很大的区别,应由劳动和社会保障部门与农业部门共同协调负责农村劳动力的转移与培训及管理服务工作。建立和完善农村劳动力职业介绍机构,形成市、县、乡、村四级劳动力服务网络;培育放活市场中介组织,强化临沂市农村劳动力的社会调节机制,用灵活的市场机制引导劳动力流动,调节数量供求,带动质量提高,拓展农村劳动力的就业空间。健全养老保险,制定适于农民现状的养老保险机制,为农村劳动力转移增加一道安全防护网。由于农村土地流转制度不健全,外出务工经商人员的承包土地得不到妥善解决,在一定程度上牵扯了外出务工人员的精力,同时也不利于土地向种田大户集中,造成某些地块种植粗放,甚至撂荒。土地流转机制的建立,应在中央稳定土地承包经营的大政策下运作,农业部门要根据农村劳动力转移的实际,制定切合实际的土地流转机制,为农村劳动力转移提供法律保障。政府作为社会管理者,主要职责是通过制定法律法规,维护社会经济秩序,保障社会稳定。一方面,要取缔限制农村劳动力转移的有关政策和做法,如同工不同酬、子女上学不能享受义务教育、在户籍管理上农民进城仍然受到一定限制等。另一方面,要制定一个保障农村劳动力转移和农民进城的法规,使农民工收入能够得到法律保障,使入住城市的农民真正与城镇居民一样,得到"国民"待遇,消除待转移劳动力面临的制度障碍。

第十七章 农村土地流转
问题调研报告

农村土地流转问题在农业产业化、农村工业化和农村剩余劳动力转移过程中至关重要。本章以临沂市加快农村土地流转两个市场建设、保障农民的两个权益的情况为例,对推进农村土地流转稳步健康发展的相关问题进行分析。

一、健全"两个市场"、保障"两个权益"是
推进农村土地流转健康发展的基础

"两个市场"即建立健全土地承包经营权流转市场;逐步建立城乡统一的建设用地市场。"两个权益"即依法保护农民对承包土地的占有、使用、收益等权利和农户宅基地用益物权;对依法取得的农村集体经营性建设用地,通过统一有形的土地市场,以公开规范的方式转让土地使用权,在符合规划的前提下与国有土地享有平等权益。土地承包制度是我党农村政策的基石,是宪法规定的农村基本经营制度。加强土地承包经营权的流转管理和服务,建立健全"两个市场"、保障"两个权益",是贯彻落实党的十七届三中全会《决定》提出的赋予农民更加充分而有保障的土地承包

经营权,使现有土地承包关系保持稳定并长久不变的根本保证;是依法推进土地承包经营权流转、发展多种形式的适度规模经营、培育多种形式的规模经营主体、发展中国特色现代农业的重要保障措施;是体现公开、平等,依法保障农民的合法权益、建立合法有序的农村土地流转市场的具体体现。因此,建立和健全"两个市场",保障"两个权益",是推进农村土地流转稳步健康发展的基础。

二、临沂市农村土地流转的现状及 其对"两个市场"建立的影响

1.农村土地流转推进缓慢

从 1993 年年底中央下发文件,明确提出开展第二轮农村土地延包,承包期 30 年不变,提倡根据需要以不同的方式推进土地流转,到 1998 年第二轮农村土地延包工作全面展开,党中央和各级政府都加大了推进农村土地流转的力度。尽管临沂市的农村土地流转工作走在了全省的前列,但是参与的农户少、流转的土地少。目前,临沂市农村土地流转面积 53.3 万亩,占家庭承包土地面积的 5.8%,而同期全国承包土地的流转面积已达到 1 亿亩,占承包地总面积的 8.7%;长三角、珠三角地区农村土地流转面积占家庭承包土地面积的 22.4%。农村土地流转的速度缓慢,不利于临沂市土地承包经营权流转市场的形成。

2.农村土地流转的"基础不牢"

第二轮土地延包、农民土地承包经营权证书的换发,特别是2003 年《中华人民共和国农村土地承包法》、2004 年山东省《实施办法》等法律法规的颁布实施,使农村土地承包纳入了依法管理

的轨道,赋予广大农民更加充分而有保障的土地承包经营权。但是农村中因干部调整进行土地调整,换一次班子调一次地,三年一小调、五年一大调几乎成了普遍现象。2007年7月,农业部等七部委联合下发了《关于开展农村土地突出问题专项治理的通知》。为了贯彻落实文件精神,临沂市委市政府召开了四次会议、进行了四次专项检查,临沂市专项治理基本完成,取得了很好的成效,但是村集体随意调地动地的"顽症"没有得到彻底的根治。农民手中的土地一直处在变动中,没有稳定的归属感,所以农民在土地流转上放不开、没有长远打算,农村土地流转的"基础不牢",农民不敢流转。

3. 农村土地流转的拉动力不足

由于临沂市农业人口多、临沂市城市化率和工业化率低于全省平均水平,大量的农民进城打工、经商,但是在城市稳不下来,找不到稳定的工作,只能滞留在农村、滞留在土地上,特别是大批综合能力弱的农民进入非农产业更难,这就决定了土地流不动、转不了。推进工业化、城镇化增强了对农村劳动力的吸纳能力,也是减少农民的基本动力。据专家测算,城市化率每提高1个百分点,每年就有10万农民转入城市,而工业化、城市化水平低,成为影响土地流转的又一个因素。

4. 多种形式的适度规模经营、多元化经营主体培植发育不够

据统计,在临沂市农村土地已流转的53.3万亩中,转包、转让、互换、租赁、入股、托管或合作等形式分别占总流转面积的34.6%、4.1%、20%、20.4%、8.9%、11.9%,具备了多种形式适度规模的发展趋势。但是在流转的土地中,除金锣集团等个别企业通过土地流转,建立了规模达到10000亩以上的自主经营农产品基地外,规模达到1000亩以上的数量少,多种形式的适度规模经

营的活力没有显现出来，带动性不强。以农业龙头企业经营型、农民专业合作社经营型、种养大户经营型、普通农户经营型为主的多元化经营主体培植不够、形式不多、数量不足。

5.土地流转的市场机制不健全

土地流转是一种市场交易行为，要有市场运行的实现机制。由于临沂市土地流转处于缓慢起步期，土地流转中的口头交易多，通过熟人、朋友关系联系供求，使土地形不成一个科学合理的价格机制，稳定的供求关系难以建立。据对临沂市36家中小农业龙头企业、农民合作组织负责人进行的问卷调查，有土地转入的15个，占总调查人数的41.7%，转入土地746.2亩，平均每个转入49.8亩；签订合同的6个，签订合同率仅为40%，平均转入价格538元，其中转入最高价1000元，最低价150元；没有签订合同的，有的是朋友介绍说和、有的是亲属间商量同意，形成的是口头协议。从以上情形不难看出，农民对订立合同的重要性认识不够，缺少有效的约策机制和风险意识，很容易引发纠纷。据对2008年前10个月农民到省以上的上访案件分析，因土地引发的上访案件达到76%。由于土地流转中的市场要素之间相互缺乏匹配，制约了土地流转市场的健康快速发展。

三、临沂市农村土地流转存在的问题分析

1.政策落实不彻底，认识不到位

农村土地承包是以家庭为单位，提倡"增人不增地、减人不减地"。《中华人民共和国土地承包法》也明确规定：本法实施前已经预留机动地的，机动地面积不得超过本集体经济组织耕地总面

积的 5%。不足 5% 的,不得再增加机动地。但是在二轮延包时,有的地方超 5% 多留机动地;有的违规留取还债田、村干部工资田、产业结构调整田等,形成事实上的"两田制"。取媳生子增加人口必须增加土地,被很多农民认同,这也为农村基层干部"忙调地"提供了很好的"借口"。在调查中,有近 70% 以上的农民认为增人增地是合理合法的事。对土地这一生产资料的唯一性、稀缺性、时段性没有充分的认识,对《中华人民共和国土地承包法》的法律界限认识不清,政策落实不到位,很难保障农民的合法权益。

2. 农村土地法律属性的两个主体不对等、同地不能同价

由于城乡统一的建设用地市场没有形成,普遍存在着同地不能同价的现象。特别是农村土地的集体属性与承包经营权的私有属性两个主体不对等,限制了土地使用权的自由流转。一方面,由于城乡土地管理制度的不同,形成了城镇房屋商品化、村镇房屋非商品化,并且不能直接流通、两种价值有本质区别的房屋格局,造成了城乡资产体系的不平衡,农民的财产性收入无法落实。另一方面,新增建设用地的主要来源是集体土地,农民享有土地的直接使用权,但是在土地转让中农民既没有话语权,收益权也不完全。土地转让中的权利主体的责、权、利不对称,没有很好地保护农民的土地使用权、处置权和收益权,抑制了农民收入的增长。农村土地承包权作为法定权益,没有得到很好的尊重和维护。

3. "人地矛盾"突出,土地经营兼业化现象蔓延

在第二轮延包时,因当时的农民负担比较重、种田效益低,很多外出务工、经商、进城居住的农户不要承包地。从 2003 年开始,国家逐步取消了农业税和"两工",实施了各种强农惠农政策,种田效益提高,原来放弃土地承包权和无承包地的农民纷纷要求承包土地。在我们回收的对三区的 130 份农户调查表中(农村实有

农户),共有人口509人,其中有地人口为463人,占90.9%;无地人口为46人,占9.1%。对6个县的32个村随机调查,平均人口为1012人,有地人口949人,占93.8%;无地人口63人,占6.2%,"人地矛盾"十分突出。由于国家取消了对土地的各项税收,承包土地不用再缴纳各种税费,国家还有补贴,农民拥有土地的愿望强烈。但是拥有土地后对土地的珍惜程度发生了弱化,不能做到精耕细作,土地以兼业的方式来经营。调查中,年龄在16—55岁之间的农村劳动力,85%以上都有每年在外打工的经历,农忙时就回来,农闲时就出去,兼业化经营造成了土地效益低下。

四、推进农村土地流转市场健康发展的建议

1. 明晰产权关系,为推进农村土地流转夯实基础

一是确保农村土地承包经营权落实到户。农村土地承包经营权证书换发补发工作,是确保农村土地承包经营权确权到户,明晰产权关系,杜绝农村随意调整承包地、机动地超5%、变相实行"两田制"的有效措施。承包经营权真正落实到户,农户手里有了抓头,也就有了如何经营自己土地的底数,因此必须坚定不移地抓好农村土地突出问题的专项治理,确保农村土地承包经营权证书换发补发落实到每一个农户。二是突出宣传"家庭经营"为主的土地经营基本政策,要把土地制度是一个国家的基本制度,土地作为稀缺资源的唯一性,不能任意随家庭成员的增减而增减的政策宣传到每家每户,为促进农村土地流转奠定坚实的基础。

2. 健全管理服务机制,搭建规范的交易平台

一是要利用各级农村经管部门的工作职责与性质,建立以市、

县、乡农村经营管理部门为主体的土地流转管理服务体系,防止政出多门的现象。建立市、县区、乡镇为一体的农村土地流转交易网络服务体系,扩大交易范围。二是要在不增加农民负担的基础上,依法建立科学的农村土地评估服务体系,以利于农村土地价格的形成。依法明确规定各方的权利、责任和义务,完善市场要素机制。三是要逐步建立城乡统一的建设用地市场,积极探索"同地同价"的有效形式。四是要及时总结经验,推广典型。在抓好试点的基础上,稳步推进。如从 2009 年 5 月起,临沭县郑山镇投资 60 余万元,在临沂市率先成立镇土地流转服务中心,并在镇村两级建立了土地流转服务体系,标志着临沂市第一个土地流转"有形市场"初步形成。随后,河东区区乡两级建立了土地流转服务中心、村居建立了土地流转服务站。在市农业局的积极引导与推动下,目前临沂市农村土地流转"有形市场"正逐步形成,实施土地流转有了交易场所和交易平台。

3. 培植多元化的经营主体,增强土地流转的推动力

一是支持像郯城县种粮大户刘绍连这样,种植配套设施齐全,有经营能力,以独立经营为主的家庭农场式的经营主体。二是支持发展农业企业化经营主体。支持一批像河东区丰达园公司这样,通过租赁建立了占地 2200 亩的标准化出口蔬菜生产基础,每亩流转土地的价格达到 800 元,农民通过在基地打工还可获得劳动报酬 6500—8000 元。农业企业化是农业产业化发展的重要环节,企业通过合作社租赁方式,承接农户流转土地,建设农产品生产基地,流转土地的农户在获得土地租金的同时,也可以到企业打工挣钱。三是巩固培植农民专业合作社。培强一批像罗庄区有机"塘崖贡米"专业合作社这样,起到上连公司(临沂大源生物科技有限公司),下接 184 个农户,建立了水稻生产示范基地,打响了

"塘崖贡米"这一传统优质品牌,实现了公司＋专业合作社＋基地＋农户的优质经营模式。农民专业合作社是健全"两个市场",保障"两个权益",推进农村土地流转市场健康稳步发展最有效、最直接的载体。当前在稳住数量的前提下,要做好巩固和培强工作,突出做好农民专业合作社规范登记的引导工作,对取得合法的法人经营实体的专业合作社要给予鼓励和政策支持。四是加快国家地理标志保护产品认证。地理标志产品制度在国际上亦称为原产地命名制度或地理标志,作为世贸组织的通行规则,它是一项针对具有鲜明特色的名、优、特产品所采取的特殊产品质量监控制度和知识产权保护制度。临沂市作为农业大市,农产品出口大市,加强国家地理标志保护产品认证,对于提高和保护地理标志产品的知名度、质量信誉,提高农产品的无形资产价值,具有十分重要的意义。国家地理标志保护产品具有区域性、传统性、趋同性、唯一性;在一个地方一个区域有悠久的历史,广大农民有认同感,便于接受,技术便于推广传播。围绕申报国家地理标志保护产品,引入经营主体,可以起到申报一个标志产品,带动流转一大片土地的效果。五是支持土地以不同的方式向经营大户手中流转,鼓励农户联合与合作,实现土地资源配置效益的最大化。

4. 规范农村土地流转程序,创新增加农民财产性收入的思路

一是充分尊重农民的意愿。坚持土地流转中农民自愿、同意委托、自主签订流转合同,不得违背农民的意愿。二是依法规范农村土地流转的程序和行为。要严格按照《中华人民共和国农村土地承包法》及具体实施办法、《农村土地承包经营权流转管理办法》要求运作,严格农村土地流转申请、审核、信息发布、合同鉴定等流转程序。三是规范合同文书文本,在不增加农民负担的前提下,以县区为单位统一土地流转合同文书文本,明确工作流程,形

成一个适应农民特点、方便农民使用、具有法律效力的统一合同文书。四是创新思路,开辟农民资产性增收的渠道。党的十七届三中全会在会议决议中进一步明确了农民土地承包经营权、农户宅基地的权益,农民拥有了受法律保护的财产权,土地具有了市场要素的属性。在农村土地承包经营权流转的引导管理中,要进一步拓宽思路,激活土地、宅基地的市场属性,增加农民的财产性收入。五是探索逐步建立健全城乡统一的建设用地市场,体现同地同价的公平性。探索在城市建设用地对集体的补偿中,建立失地、无地农民生活保证基金。

5. 充分尊重农民的自主权,把推进农村土地流转与重视粮食生产安全并重

一是充分尊重农民的自主权。坚持以家庭承包经营为基础,统分结合的双层经营体制,现有土地承包关系要保持稳定并长久不变的基本原则;坚持依法自愿有偿的原则;坚持“三个不得”,即不得改变土地集体所有性质、不得改变土地用途、不得损害农民土地承包权益的原则;充分尊重农民的自主权。二是把推进农村土地流转与重视粮食生产安全并重。在调查中了解到,由于种植粮食的比较效益低,通过转包、转让、租赁等形式流转的土地种植粮食作物的少、土地流转后85%以上主要经营经济效益高的非粮食作物。应在积极稳妥推进农村土地流转的过程中,引导对粮食作物种植的积极性,培植支持鼓励一批像苍山种粮大户王善起这样,种植面积超过2000亩的种粮大户,通过提高科技种植水平,来提高粮食产量、提高种植效益,实现集约经营,确保国家的粮食生产安全。

6. 建立农民工融入城市的激励机制,缓解农村人地矛盾

目前土地经营规模限制了农业资本投入,使得农业生产中劳

动力丰富的优势,变成活劳动投入成本比例过高的劣势。建立城乡统一的就业机制,逐步建立完善的医疗、教育、保障机制,鼓励进城务工人员留在城市、融入城市。借助农村劳动力转移培训"阳光工程"等支农惠农政策,加大转移培训的力度,加快农村劳动力转移,围绕本地企业用工需求,集成有限的培训资源,为本地企业培养高素质的产业工人。特别是针对当前由于经济危机带来的影响,农民工返乡人员增多,"人地矛盾"的问题更加突出的势头,要有组织地开展返乡农民创业培训,制定返乡创业人员鼓励政策,积极支持他们创办自己的企业,对返乡创业人员参加土地流转的,给予政策、信贷、资金支持。同时发挥舆论宣传的导向作用,让更多的返乡创业人员从土地流转的市场上获得实现就业、开展创业的土地资源,缓解农村人地矛盾。

7. 加大对土地流转的政策支持力度

一是给予项目扶持。对流转土地的农民及土地流转后基地建设达到标准化生产和一定规模的,给予适当资金补助并优先安排国家、省、市支农项目资金的支持。二是给予税收、信贷政策支持。经营主体在生产原产品、加工产品销售时给予减税支持。农村信用社等金融机构对通过土地流转而形成一定规范的规模经营主体给予信贷支持,在安排农业信贷资金时优先解决他们季节性、临时性所需生产经营资金的不足。对于实力强、资信好的规模经营主体给予一定的信贷授信额度。三是给予用地政策支持。对因生产需要建造简易仓库、晒场等农业生产配套用房的用地,在符合土地利用总体规划的前提下,应视作农业生产用地给予支持。四是探索建立无地、失地农民的保障机制,建立并完善农村最低生活保障机制,逐步建立完善农村社会保障体系,弱化土地的福利性与社会保障功能,解决好出让土地农民的后顾之忧。

参 考 文 献

1. 阿·刘易斯:《二元经济论》,北京经济学院出版社 1989 年版。

2. 舒尔茨:《改造传统农业》,商务印书馆 1987 年版。

3. 周淑莲等:《中国城乡经济及社会协调发展研究》,经济管理出版社 1996 年版。

4. 林毅夫、蔡昉、李周:《中国的奇迹:发展战略与经济改革》,上海三联书店、上海人民出版社 1994 年版。

5. 杨雍哲、段应碧:《论城乡统筹发展与政策调整》,中国农业出版社 2004 年版。

6. 周琳琅:《统筹城乡发展理论与实践》,中国经济出版社 2005 年版。

7. 瞿振元、王孝东主编:《统筹城乡发展:2004 统筹城乡发展·北京论坛文集》,2005 年版。

8. 韩俊:《中国:由城乡分割走向城乡协调》,《中国经济时报》2004 年 3 月 19 日。

9. 姜作培:《制度创新是城乡统筹发展的关键》,《武汉大学学报》2004 年第 11 期。

10. 国家统计局:《中国统计年鉴(2005—2007)》,中国统计出版社 2007 年版。

11. 中国财政年鉴编纂委员会:《中国财政年鉴 2007》,中国统计出版社 2008 年版。

12. 陈锡文主编:《中国农村公共财政制度》,中国发展出版社 2005 年版。

13. 姚林香:《统筹城乡发展的财政政策研究》,经济科学出版社 2007 年版。

14. 杨斌:《返还间接税:形成城乡统一的公共财政体制的必要步骤》,《税务研究》2005 年第 6 期。

15. 李华:《中国农村公共品供给与财政制度创新》,经济科学出版社 2005 年版。

16. 朱钢、贾康:《中国农村财政理论与实践》,山西经济出版社 2006 年版。

17. 姚林香:《统筹城乡发展的财政体制改革》,《上海经济研究》2007 年第 12 期。

18. 赵春玲:《地方政府公共财政职能的定位及决策机制》,《当代财经》2002 年第 8 期。

19. 陶勇:《农村公共产品供给与农民负担——"三农"研究系列》,上海财经大学出版社 2005 年版。

20. 蒋定之:《探寻农村信用社改革发展之路》,《中国金融》2008 年第 19 期。

21. 张立军、湛泳:《我国农村金融发展对城乡收入差距的影响》,《财经科学》2006 年第 4 期。

22. 张立军:《金融发展影响城乡收入差距的实证研究》,《复旦大学》2007 年博士论文。

23. 田广宁、李建军:《农村非正规金融规模及对农村经济影响的调查》,《调研世界》2005 年第 4 期。

24. 钱水土、俞建荣:《中国农村非正规金融与农民收入增长研究》,《金融研究》2007 年第 5 期。

25. Fernando, Nimal A: *Understanding and Dealing with High Interest Rates on Microfinance: A Note to Policy Makers in the Asia and Pacific Region.* Asia Development Bank, 2006.

26. Morduch, J: *Microfinance Sustainability: A Consistence Framework and New Evidence on the Grameen Bank*, Discussion Paper from the Department of Economics and HIID, Harvard University, 1997.

27. Rosenberg, Richard: *Micro credit Interest Rates. CGAP Occasional Paper*, No. 1, World Bank, 2002.

28. 茅于轼:《为什么小额贷款必须是高利率的》,《农村金融研究》2007 年第 3 期。

29. David, Cristina, and Richard Meyer: *Mearuring the Farm-Level Impact of Agricultural Loans, In "Rural Financial Markets in Developing Countries".* Baltimore, Md.: Johns Hopking University Press, 1984.

30. Consultative Group to Assist the Poor (CGAP): *The Impact of Interest Rate Ceilings on Microfinance.* Donor Brief. No. 18. Washington DC: CGAP, 2004.

31. 周其仁:《农地产权与征地制度——中国城市化面临的重大选择》,《经济学(季刊)》2004 年第 4 期。

32. 浙江省农村社会经济调查队:《高度关注"失土农民"的切身利益———对浙江省"失土农民"的调查》,《调研世界》2003 年第 1 期。

33. 王国敏、岳缠:《我国失地农民利益补偿机制研究》,《农村经济》2004 年第 12 期。

34. 杨松龄:《农地变更使用增值利益回馈之研究》,台湾国立政治大学地政学系,行政院农业委员会补助研究计划,1994 年。

35. 刘红、周国新:《完善失地农民补偿机制》,《江苏农村经济》2004 年第 12 期。

36. 江帆:《农村征地补偿费分配管理中存在的问题及法律对策》,《农村经济》2006 年第 8 期。

37. 海南改革院:《推进城乡协调发展为农民提供基本而有保障的公共产品》,《宏观经济研究》2004 年第 1 期。

38. 刘伯龙、竺乾威等:《当代中国农村公共政策研究》,复旦大学出版社 2005 年版。

39. 康绍邦等:《中国社会公共服务》,中共中央党校出版社 2008 年版。

40. 刘苓玲:《中国社会保障制度城乡衔接理论与政策研究》,经济科学出版社 2008 年版。

41. Sanguan Nitayarumphong: *Private Public Mix in Universal Coverage Implementation and Health Insurance Regulation*. Conference paper. Asia Healthcare & insurance. 2003(6).

42. 叶英等:《巴西农村医疗卫生体制改革考察》,《国际医药卫生导报》2003 年第 7 期。

43. 周连第等:《农村公共产品政府投资优化配置》,中国经济出版社 2007 年版。

44. 李燕凌:《农村公共产品供给效率论》,中国社会科学出版社 2007 年版。

45. 世界银行东亚与太平洋地区:《改善农村公共服务》,中信出版社 2008 年版。

46. 许远旺、陆继锋:《公共服务方式的国际经验及对我国的借鉴》,《湖北行政学院学报》2007 年第 2 期。

47. 戚学森:《农村社区建设——理论与实务》,中国社会出版社 2008 年版。

48. 国务院研究室课题组:《中国农民工调研报告》,中国言实出版社 2006 年版。

49. 肖海英:《关于我国户籍制度改革途径的思考》,《浙江社会科学》2006 年第 5 期。

50. 白益民:《论户籍制度改革与城乡经济一体化》,《经济问题》2002 年第 12 期。

51. 课题组:《从人口大国迈向人力资源强国》,高等教育出版社 2003 年版。

52. 张玉林:《分级办学制度下的教育资源分配与城乡教育差距》,《中国农村观察》2003 年第 1 期。

53. 叶剑平、蒋妍、丰雷:《中国农村土地流转市场的调查研究——基于 2005 年 17 省调查的分析和建议》,《中国农村观察》2006 年第 4 期。

54. 钱忠好、曲福田:《规范政府土地征用行为　切实保障农民土地权益》,《中国农村经济》2004 年第 12 期。

55. 杨翠迎:《中国农村社会保障制度研究》,中国农业出版社 2003 年版。

56. 农业部软科学委员会:《加快农村劳动力转移与统筹城乡经济社会发展》,中国农业出版社 2005 年版。

责任编辑:方国根

图书在版编目(CIP)数据

城乡一体化体制对策研究/徐同文著. -北京:人民出版社,2011.4
ISBN 978－7－01－009533－2

Ⅰ.①城…　Ⅱ.①徐…　Ⅲ.①城乡结合-一体化-研究-中国
　Ⅳ.①F299.2

中国版本图书馆 CIP 数据核字(2010)第 245258 号

城乡一体化体制对策研究
CHENGXIANG YITIHUA TIZHI DUICE YANJIU

徐同文　著

人民出版社 出版发行
(100706　北京朝阳门内大街 166 号)

北京集惠印刷有限责任公司印刷　新华书店经销

2011 年 4 月第 1 版　2011 年 4 月北京第 1 次印刷
开本:880 毫米×1230 毫米 1/32　印张:11.5
字数:265 千字　印数:0,001-3,000 册

ISBN 978－7－01－009533－2　定价:32.00 元

邮购地址 100706　北京朝阳门内大街 166 号
人民东方图书销售中心　电话 (010)65250042　65289539